21世纪经济管理新形态教材·物流学系列

数字化供应链管理

刘常宝 ◎ 主　编

刘平胜　林子杰
张凤久　肖永添　◎ 副主编

清华大学出版社
北京

内 容 简 介

当前,伴随数字技术、物联网技术及区块链技术的广泛应用,先进技术对传统供应链管理理论与实践的影响愈发明显,以数字技术重构产业链与供应链成为行业、企业乃至高校专业教学面对的新课题。高校的学科专业改革与产业、行业技术变革应该保持高度的同步与互动,只有不断强化对包括数字化供应链在内新模式的深度理解,才能使高校教学科研活动深度全面赋能产业数字化的进程,并培养适合我国新技术革命和产业变革需要的应用型复合型人才。本书通过对数字化供应链系统的梳理与解析,借助各章节鲜活的行业案例,着力为读者设计体验式学习的场景,使教学活动具有时代性和情境性,帮助读者结合自身感受和认知,逐步构建数字化供应链的知识体系。本书基于应用型与复合型人才培养的要求,本着专业知识"够用、实用、管用"的原则,循序渐进地帮助读者完成从定性分析到模型量化的思维训练,实现理论性与实战性结合、非模型与模型整合的学习目标。

本书既可作为高等院校现代物流管理专业、供应链管理专业、企业数字化管理专业、电子商务专业、国际贸易、财务与金融专业教材,也可作为企业营销人员、管理者、经理人、研究人员、供应链管理师的培训教材和指导工具书。

本书封面贴有清华大学出版社防伪标签,无标签者不得销售。

版权所有,侵权必究。举报:010-62782989,beiqinquan@tup.tsinghua.edu.cn。

图书在版编目(CIP)数据

数字化供应链管理 / 刘常宝主编 . —北京:清华大学出版社,2023.4 (2025.1重印)
21世纪经济管理新形态教材. 物流学系列
ISBN 978-7-302-62791-3

Ⅰ.①数… Ⅱ.①刘… Ⅲ.①数字技术-应用-供应链管理-高等学校-教材 Ⅳ.①F252.1-39

中国国家版本馆 CIP 数据核字 (2023) 第 032668 号

责任编辑:付潭娇　刘志彬
封面设计:汉风唐韵
版式设计:方加青
责任校对:王凤芝
责任印制:沈　露

出版发行:清华大学出版社
　　　　网　　　址:https://www.tup.com.cn, https://www.wqxuetang.com
　　　　地　　　址:北京清华大学学研大厦A座　　　邮　　编:100084
　　　　社 总 机:010-83470000　　　邮　　购:010-62786544
　　　　投稿与读者服务:010-62776969, c-service@tup.tsinghua.edu.cn
　　　　质 量 反 馈:010-62772015, zhiliang@tup.tsinghua.edu.cn
印 装 者:三河市君旺印务有限公司
经　　销:全国新华书店
开　　本:185mm×260mm　　　印　张:15.5　　　字　数:382千字
版　　次:2023年4月第1版　　　印　次:2025年1月第2次印刷
定　　价:52.00元

产品编号:099559-01

前　言

后疫情时代，随着全球经济下行压力增大，我国经济发展也进入调整期，政府政策性红利的值域也逐渐放大。疫情客观上助推了我国数字化进程，基于现代信息技术的数字化转型成为企业未来发展主要方向，数字技术与管理手段实现深度融合的技术条件已经初步具备，而由数字技术衍生出诸多的商业模式、管理模式也在逐步颠覆传统业态模式。数字经济时代，众多企业顺应技术的加持与赋能，实现全产业链、全流程、全周期的数字化转型。数字化与供应链深度融合逐渐变成现实，两者的天然联系与逻辑关系逐渐被人们所认识。所以，本书首先把数字技术与管理手段相互赋能的交集功能单元整合在一起，然后将彼此孤岛式知识模块变成集约模式并进行疏解，保证知识体例与行业发展的现状及现代企业自身的特性相互对接。

高校的专业、课程设置必须以行业发展及企业岗位的要求为基准和依据，未来企业传统管理模式将会被企业数字化管理与供应链管理融合后的管理所取代，相应的复合型人才培养成为最紧迫任务。2021 年修订的职业本科专业目录中，许多专业名称发生质的变化，交叉融合性专业成为新亮点，新名称赋予了新专业更多的时代与技术内涵，其中包括供应链、区块链、大数据、智能化等核心元素融入，尤其是数字技术的融入。高校在相应的课程教学中也要倡导专业间的"跨界无界"的思想，将数字技术与传统管理理论融合成一门完整的课程，并对接相应的现代企业数字化管理实际，使高校的学科专业建设与企业、行业发展需求相互契合。

本书包括数字化供应链管理概述、SRM 与数字化供应链管理、生产运营数字化供应链、销售数字化供应链管理、CRM 与数字化供应链管理、逆向数字化供应链管理、全球数字化供应链管理、生态数字化供应链管理、虚拟供应链管理、智慧供应链十个章节，整个教材内容突显学科专业交叉融合、助推行业技术与模式创新的思想。

本书第 1 章至第 5 章由广州科技职业技术大学刘常宝老师编写，第 6 章由珠海市和道三赢商业经营管理有限公司肖永添编写，第 7 章由中山火炬职业技术学院刘平胜编写，第 8 章、第 9 章由珠海市和道三赢商业经营管理有限公司范大良、林子杰编写，第 10 章由山东商业职业技术学院张凤久编写，广州科技职业技术大学刘常宝负责全书的组织、统稿和协调，对全书进行最后专业勘正。

感谢中国地质大学（北京）李华姣博士百忙之中抽时间对本书进行审阅，并提出宝贵的修改意见。数字化转型是一个全新的课题，许多观点需要不断在实践中检验，本书尝试将数字化与供应链融合，由于作者能力有限，不当之处，敬请指正。

刘常宝

2022 年 8 月于广州

目 录

第1章 数字化供应链管理概述

1.1 数字化供应链概述 ·· 2
　1.1.1 数字化供应链思想的演进 ··· 2
　1.1.2 数字化供应链管理思想的核心 ··· 5
　1.1.3 数字化供应链技术应用 ·· 6
　1.1.4 我国行业数字化供应链运用现状与对策 ·· 7
1.2 数字化供应链管理内容 ·· 9
　1.2.1 数字化供应链管理的内容与价值分析 ·· 9
　1.2.2 供应链管理系统架构及设计 ··· 10
　1.2.3 数字化供应链网络价值 ··· 12
1.3 数字化供应链的行业应用 ·· 13
　1.3.1 数字化供应链在服务业中应用 ··· 13
　1.3.2 推动信息软件服务行业发展 ··· 14
　1.3.3 助推精益物流模式升级迭代 ··· 16
1.4 市场主导型的数字化供应链绩效评价体系 ··· 18
　1.4.1 市场导向型供应链绩效评价指标体系概述 ···································· 19
　1.4.2 市场导向型供应链绩效评价指标体系构成 ···································· 20

第2章 SRM与数字化供应链管理

2.1 SRM与数字化供应链管理概述 ·· 27
　2.1.1 数字化供应链下的SRM内涵与功能 ··· 28
　2.1.2 供应商关系管理的目标与作用 ··· 30
2.2 数字化供应链背景下SRM内容 ·· 31
　2.2.1 数字化SRM主要内容 ·· 31
　2.2.2 企业数字化SRM现状 ·· 32
　2.2.3 数字化SRM系统在供应商管理中的应用 ····································· 34
2.3 数字化供应链下的SRM系统 ·· 35
　2.3.1 SRM系统概述 ·· 35
　2.3.2 SRM系统模型价值与优劣势 ··· 36

2.4 数字化供应链下的 SRM 评价指标 ······ 37
 2.4.1 SRM 评估指标具体内容 ······ 38
 2.4.2 基于数字化供应链的 SRM 绩效管理模式 ······ 39
 2.4.3 SRM 绩效评价指标设计原则 ······ 41

第 3 章　生产运营数字化供应链

3.1 生产运营数字化供应链概述 ······ 45
 3.1.1 生产运营数字化供应链概念 ······ 45
 3.1.2 制造业数字化供应链系统管理的要求与构建 ······ 46
3.2 生产运营数字化供应链的预测 ······ 48
 3.2.1 生产供应链中预测的作用 ······ 48
 3.2.2 京东助力安利的供应链转型方案 ······ 49
3.3 生产运营数字化供应链需求分析 ······ 52
 3.3.1 需求驱动供应链框架 ······ 52
 3.3.2 生产数字化供应链管理主要工具 ······ 57
3.4 生产运营数字化供应链基本流程 ······ 58
 3.4.1 生产型数字化供应链形成过程 ······ 58
 3.4.2 生产型供应链数字化解决方案 ······ 60
 3.4.3 制造业数字化供应链应用 ······ 62

第 4 章　销售数字化供应链管理

4.1 销售数字化供应链 ······ 66
 4.1.1 销售数字化供应链基本模式 ······ 66
 4.1.2 不同销售供应链模式的效率分析 ······ 68
 4.1.3 M2C 极简模式的效率 ······ 70
 4.1.4 传统的渠道零售模式与 M2C 电商模式的对比 ······ 71
 4.1.5 混合模式分析 ······ 72
4.2 数字化销售供应链创新 ······ 73
 4.2.1 数字化时代的销售模式创新 ······ 73
 4.2.2 数字技术助推下的销售行业发展趋势与挑战 ······ 77
 4.2.3 流通行业数字化供应链模式创新 ······ 78
4.3 数字化销售供应链策略分析 ······ 81
 4.3.1 推动式销售供应链 ······ 82
 4.3.2 拉动式销售供应链 ······ 82
 4.3.3 销售数字化供应链策略选择 ······ 83
 4.3.4 销售供应链数字化转型 ······ 84

4.4 数字化销售供应链管理流程 ·············· 86
4.4.1 零售数字化供应链管理流程优化 ·············· 86
4.4.2 以数字技术为依托的流程重构 ·············· 88
4.4.3 数字技术赋能零售供应链设计 ·············· 90
4.4.4 销售数字化供应链解决方案 ·············· 91

第 5 章　CRM 与数字化供应链管理

5.1 CRM 与数字化供应链管理概述 ·············· 95
5.1.1 CRM 数字化供应链概述 ·············· 96
5.1.2 CRM 与 SCM 相互作用 ·············· 97
5.1.3 CRM 在 SCM 中的核心价值 ·············· 99
5.2 CRM 与数字化供应链的融合 ·············· 101
5.2.1 CRM 与 SCM 的融合模式 ·············· 101
5.2.2 SCM 与 CRM 相互赋能与资源整合 ·············· 102
5.3 CRM 与数字化供应链协同运作 ·············· 104
5.3.1 对 CRM 的再认识 ·············· 104
5.3.2 市场主导下的企业供应链一体化 CRM 实施 ·············· 105
5.3.3 供应链一体化 CRM 的模式与机制 ·············· 107
5.4 CRM 与数字化供应链运营 ·············· 111
5.4.1 CRM 运营机制分析 ·············· 111
5.4.2 电子商务环境下的 CRM 战略意义与实施途径 ·············· 113
5.4.3 CRM 系统平台的组成与组织构建 ·············· 116

第 6 章　逆向数字化供应链管理

6.1 逆向数字化供应链管理概述 ·············· 122
6.1.1 逆向供应链的概念 ·············· 122
6.1.2 逆向供应链的本质与特点 ·············· 124
6.2 逆向供应链的流程分析 ·············· 125
6.2.1 逆向供应链的实现形式 ·············· 125
6.2.2 数字技术背景下的逆向供应链 ·············· 127
6.2.3 逆向供应链问题解决方案 ·············· 129
6.3 逆向供应链与低碳经济 ·············· 131
6.3.1 低碳经济背景下逆向供应链的产生 ·············· 131
6.3.2 低碳经济环境下逆向供应链实施途径 ·············· 132
6.4 逆向数字化供应链管理模式 ·············· 134
6.4.1 低碳背景下的逆向物流与逆向供应链 ·············· 134
6.4.2 低碳逆向物流的创新模式 ·············· 135

6.4.3 制造业逆向物流供应链管理模式分析 136
6.4.4 逆向物流供应链模式的商业应用 138
6.4.5 逆向供应链发展趋势 141

第 7 章 全球数字化供应链管理

7.1 全球数字化供应链概述 145
7.1.1 全球数字化供应链的概念 145
7.1.2 全球供应链问题应对措施 147
7.1.3 全球数字化供应链的现状 147
7.1.4 全球数字化供应链架构建立 149

7.2 全球数字化供应链研究 151
7.2.1 全球数字化供应链研究概况 151
7.2.2 全球供应链问题研究过程 152

7.3 全球数字化供应链管理现状 154
7.3.1 全球数字化供应链趋势与格局 154
7.3.2 全球供应链资源整合 155
7.3.3 阿里巴巴全球供应链管理案例 157
7.3.4 思科全球供应链管理案例剖析 158

7.4 全球数字化供应链安全 160
7.4.1 安全供应链构建的逻辑方法与哲学思维 160
7.4.2 国际供应链的战略问题 163

第 8 章 生态数字化供应链管理

8.1 生态数字化供应链概述 168
8.1.1 "供应链+生态"模式概述 168
8.1.2 数字化供应链的生态型设计 170

8.2 绿色生态数字化供应链管理视角 172
8.2.1 绿色生态供应链管理的实质 172
8.2.2 绿色供应链的基本概念 173

8.3 行业生态供应链管理 174
8.3.1 供应链行业生态建设的维度 174
8.3.2 行业生态供应链构成的新路径方式 176
8.3.3 数字化背景下的生态供应链体系构建 178

8.4 生态数字化供应链管理策略 180
8.4.1 生态供应链的数字化途径 180
8.4.2 生态供应链数字化的重点 182
8.4.3 阿里行业生态供应链构建 185

第 9 章 虚拟供应链管理

9.1 虚拟供应链概述 193
9.1.1 虚拟仿真技术 193
9.1.2 虚拟供应链含义 195
9.1.3 虚拟供应链的结构 197

9.2 虚拟制造技术与虚拟供应链构建 199
9.2.1 虚拟制造与技术 199
9.2.2 数字化虚拟供应链建立 200
9.2.3 数字孪生技术在虚拟供应链中的应用 202
9.2.4 通过"数智化"实现虚拟供应链精益化 203

9.3 虚拟供应链体系构架 204
9.3.1 生产虚拟供应链结构 204
9.3.2 顾客需求管理虚拟供应链 206
9.3.3 虚拟供应链共享系统作用 207

9.4 虚拟供应链管理与运作 208
9.4.1 虚拟供应链管理主要内容 208
9.4.2 基于虚拟现实及仿真技术的生产物流管理 209

第 10 章 智慧供应链

10.1 物联网与智慧供应链 216
10.1.1 物联网与智慧物流供应链 216
10.1.2 物联网在农产品智慧供应链管理应用 218
10.1.3 物联网在医药品智慧供应链中的应用 219

10.2 区块链与智慧供应链 221
10.2.1 区块链含义与特点 221
10.2.2 区块链技术下的供应链流程优化 222
10.2.3 区块链技术解决供应链问题的途径 223

10.3 数字化背景下的物流供应链 224
10.3.1 数字化物流供应链的概念 225
10.3.2 数字化赋能物流供应链升级 226
10.3.3 我国物流数字化供应链发展现状 228

10.4 智慧供应链金融 229
10.4.1 智慧供应链金融概述 230
10.4.2 定制化的行业综合供应链金融解决方案 231

参考文献

第 1 章　数字化供应链管理概述

本章学习目标

通过本章学习,学员应该能够:

1. 了解数字技术与供应链的发展历史、演进逻辑以及方法论,掌握以 MRP 基本原理为基础的数字供应链的思维基础与分析方法,理解数字技术与供应链应用的范围。

2. 从实战角度出发,掌握数字技术与供应链的精髓,通过创新思维方式分析,培养创新能力。

3. 理解从跨界融合、产学融合、系统思考等角度认识数字技术与供应链的核心价值,通过结合实际行业运营情况,理解数字技术与供应链无缝对接的现实意义,感受现代企业经营的复杂性与融合性。

引导案例

京东数字融合供应链体系:供需两端全打通

上云只是数字化的第一步,在实际业务场景中,供应链往往是整个产业数字化过程中难度最大的部分,以供应链的视角来优化产业链效率,不仅要求贯穿始终的数字化改造,也对数据网络化、网络智能化等提出了进一步要求。

任成元认为,简单地进行数字化,对于企业将会是一种生产成本。同时,如果前端提高数字化,后端供应链不能做到"全国一盘棋,全渠道一盘货",那么就可能导致前端的营销、用户增长,后端的供应链能力跟不上。这就要求企业以供应链的思维来思考数字化转型,通过整体供应链大循环中的数字化管理,实现从供应链长链条中寻找增长机会,提升效率。

过去一年,京东云实现超过 110% 的高速增长,以数智供应链为特色的服务已经逐渐成为京东云的重要标签。实际上,依托京东云构建的数智供应链,已有众多客户实现了"商品生产和销售的价值链条重构,用最少的资源,满足用户最核心的价值需求"。

面向异常复杂工业品的采购管理,借助数智采购,京东已经为 100 多个品类、5000 多个品牌,管理着超 5000 万最小存货单位(stock keeping unit,SKU),实现采购全链路数智化;以协同研发为例,目前,京东用户直连制造(customer-to-manufacture,C2M)服务已覆盖超 70 个一级品类,与近 2000 家知名品牌达成合作,极大加快了新品开发速度、提高了新品开发成功率。

在兰州新区,多式联运平台连通欧亚;在陕西白水,智能供应链服务打开苹果产业销路,成为带动农民增收的主要抓手;在江苏常州,出口企业格力博借助"超级虚拟工厂",一举扭转疫情外销不利局面,成功转舵国内市场。

(资料来源:https://baijiahao.baidu.com/s?id=1750721630604087811&wfr=spider&for=pc)

1.1 数字化供应链概述

目前,数字化供应链已经是驱动产业数字化的重要一环,未来的产业竞争将不再是单一优势的竞争,而是整体产业效率的竞争。抓住数字供应链,就抓住了高效转型的先机。只有千行百业打造数字化供应链,才能助力产业重塑全球竞争力。

视频1.1

什么是数字化供应链

供应链管理(supply chain management,SCM)系统最初是由企业资源计划(enterprise resource planning,ERP)发展起来的,通过对物流、信息流、资金流进行管理,计划和协调与物流、信息流、资金流有关的所有活动,使其成为一个无缝连接的过程,而信息流就是数据流,就是供应链运营过程中产生的数据在各个环节中的有序高效增值流动。

1.1.1 数字化供应链思想的演进

数字化供应链的本质是"基础供应链管理+数字化",基础供应链管理的内容主要包括战略规划、寻源采购、生产制造、物流交付及售后支持;而数字化则是指应用信息通信技术(information and Communications,ICT)、物联网(internet of things,IoT)、大数据、云计算和AI等先进技术,对供应链管理中产生的数据进行即时收集、分析、反馈、预测与协同。

1. 数字化供应链转型的方法论

数字化基础逻辑,首先是对竞争战略梳理,供应链架构设计,组织和流程制度化、标准化的过程,这个过程如果没有设计好,那么后续所有的数字化管理都难以落地。

掌握供应链数字化转型方法论,也可以有效构建战略框架、优化目标。然后根据方法论并结合运营需要,设计供应链数据采集点,进而将收集的数据输入相关决策算法进行结构化处理,最终将数据反馈到决策运营单位进行运输的全过程。这个过程需要根据供应链架构与流程进行针对性设计,信息化管理软件系统才能最大限度地驱动供应链竞争力。供应链数字化转型方法论如图1-1所示。数字化转型方法论既是行动指南,又是行为准则。

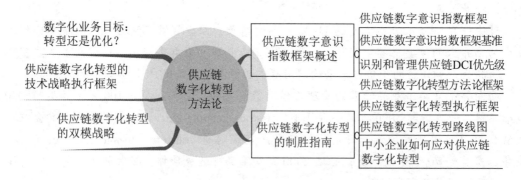

图1-1 供应链数字化转型方法论

数字化供应链推进的条件已经成熟,企业需要把数字技术与供应链理念有机融合,实现更高层面的竞争,同时,借助数字化供应链,完成自身的转型升级优化等一系列企业变革活动。

2. 数字化供应链的发展阶段

从数字化设计技术的发展历程可以看出，目前各种技术、思想层出不穷，但在意识层面、技术层面、应用层面上的协同始终是发展的主流。

1）数字意识层面

数字意识的发展阶段如图 1-2 所示。

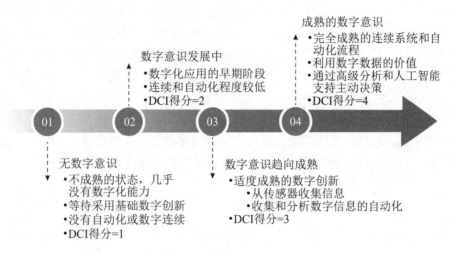

图 1-2　数字意识的发展阶段

2）技术层面

宏观上看，供应链数字化设计的发展历程相当于现代信息技术在产品设计领域中的应用由点发展为线，再由线发展为面的过程。

微观上看，仿真的广泛应用正在成为当前数字化设计技术发展的主要趋势。随着虚拟样机概念的提出，使得仿真技术的应用更加趋于协同化和系统化。开展关于虚拟样机及其关键技术的研究，必将提高企业的自主设计开发能力，推动企业的信息化进程，虚拟仿真供应链系统的应用也成为未来数字化供应链管理重要技术支撑。

3）应用层面

2013 年，德国首次提出工业 4.0 概念，以大数据、云计算 AI 为代表的第四次工业革命开始，从智能制造到智能仓储及物流，工业 4.0 使供应链中的一切都"智能化"，可以说工业 4.0 也是供应链 4.0。

（1）数字化设计初级阶段。20 世纪 40 年代时，企业为解决库存控制问题，人们提出了订货点法，当时计算机系统还没有出现。60 年代，随着计算机系统的发展，使得短时间内对大量数据的复杂运算成为可能，人们为解决订货点法的缺陷，提出了物料需求计划理论（material requirements planning，MRP），作为一种库存订货计划，即基本 MRP 阶段，也属于数字化设计初级阶段。

（2）数字化设计逐渐成熟阶段。20 世纪 70 年代时，随着人们认识的加深及计算机系统的进一步普及，MRP 的理论也得到了发展，为解决采购、库存、生产、销售的管理，发展了生产能力需求计划、车间作业月计划以及采购作业计划理论。

80 年代时，随着计算机网络技术的发展，企业内部信息得到充分共享，MRP 的各子系统也得到了统一，形成了一个集采购、库存、生产、销售、财务、工程技术等为一体的子系统，发展了 MRP Ⅱ 理论，作为一种企业经营生产管理信息系统——MRP Ⅱ 阶段。这一阶段的代表技术是计算机集成制造系统（computer intergrated manufacturing system，CIMS），这是数字化设计逐渐成熟阶段。

（3）数字化供应链趋于成熟阶段。进入 90 年代，随着市场竞争的进一步加剧，企业竞争空间与范围的进一步扩大，80 年代 MRP Ⅱ 主要面向企业内部资源全面计划管理的思想，逐步发展成为 90 年代科学有效利用和管理整体资源的管理思想，ERP 随之产生。ERP 当时的解释是根据计算机技术的发展和供需链管理，推动各类制造业在信息时代管理系统的发展变革，目前 ERP-SAP 技术，逐渐采用虚拟供应链技术，大大降低了供应链运作中的失误，减少了运作成本，提升了运作效率，这是数字化供应链成熟阶段。

3. 供应链数字化升级与迭代

在数字化供应链进入成熟阶段之后，21 世纪在信息技术与政策红利的双重加持之下，数字化供应链进入升级迭代阶段。供应链数字化升级与迭代如图 1-3 所示。

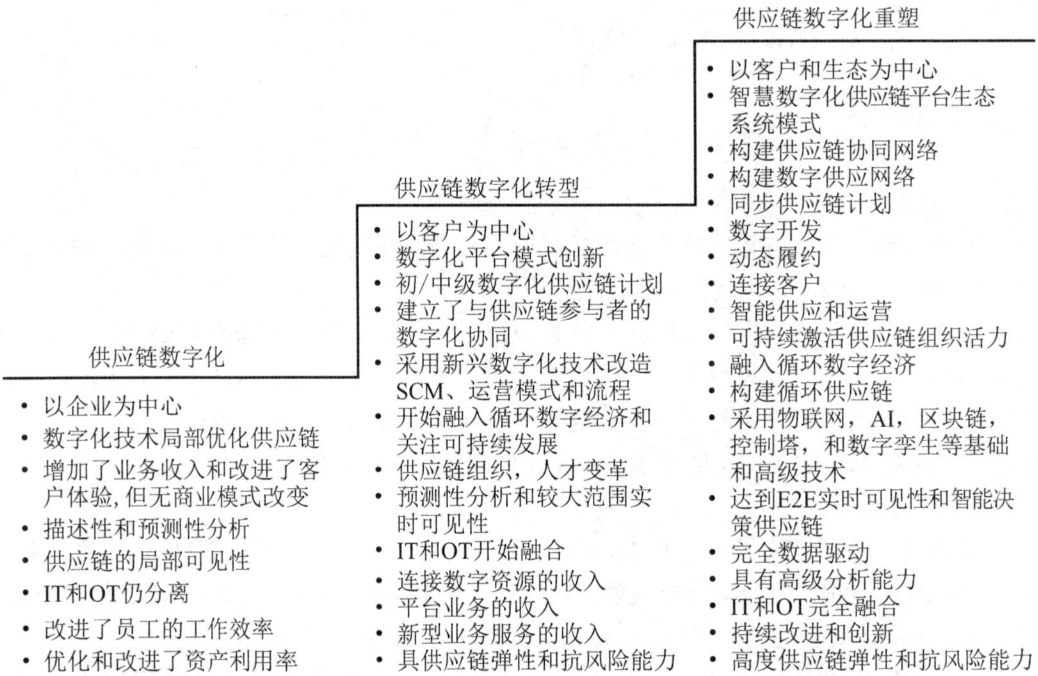

供应链数字化
- 以企业为中心
- 数字化技术局部优化供应链
- 增加了业务收入和改进了客户体验，但无商业模式改变
- 描述性和预测性分析
- 供应链的局部可见性
- IT和OT仍分离
- 改进了员工的工作效率
- 优化和改进了资产利用率

供应链数字化转型
- 以客户为中心
- 数字化平台模式创新
- 初/中级数字化供应链计划
- 建立了与供应链参与者的数字化协同
- 采用新兴数字化技术改造SCM、运营模式和流程
- 开始融入循环数字经济和关注可持续发展
- 供应链组织，人才变革
- 预测性分析和较大范围实时可见性
- IT和OT开始融合
- 连接数字资源的收入
- 平台业务的收入
- 新型业务服务的收入
- 具供应链弹性和抗风险能力

供应链数字化重塑
- 以客户和生态为中心
- 智慧数字化供应链平台生态系统模式
- 构建供应链协同网络
- 构建数字供应网络
- 同步供应链计划
- 数字开发
- 动态履约
- 连接客户
- 智能供应和运营
- 可持续激活供应链组织活力
- 融入循环数字经济
- 构建循环供应链
- 采用物联网，AI，区块链，控制塔，和数字孪生等基础和高级技术
- 达到E2E实时可见性和智能决策供应链
- 完全数据驱动
- 具有高级分析能力
- IT和OT完全融合
- 持续改进和创新
- 高度供应链弹性和抗风险能力

图 1-3 供应链数字化升级与迭代

第一阶段：以企业为中心构建数字化技术局部优化供应链，企业增加了业务收入、改进了客户体验，虽然商业模式没有改变，但是，优化和改进了资产利用率。

第二阶段：供应链数字化转型。企业以客户为中心，数字化水平平台模式创新，建立了与供应链参与者的数字化协同；开始融入循环数字经济和关注可持续发展；新型业务收入具有供应链的弹性和抗风险能力。

第三阶段：以客户和生态为中心，形成智慧供应链平台生态构建了数字供应链网络；注重数字开发和动态履约；采用 IoT、AI、区块链；具有高级分析能力、可持续改进与创新。

1.1.2 数字化供应链管理思想的核心

数字化供应链是"基础供应链管理+数字化"模式，基础供应链管理的内容主要包括战略规划、寻源采购、生产制造、物流交付及售后支持；而数字化则是指应用ICT、IoT、大数据、云计算和AI等先进技术，对供应链管理中产生的数据进行即时收集、分析、反馈、预测与协同。

1. 对数字化供应链的再认识

（1）现代供应链。伴随数字技术的广泛应用，供应链管理注重与其他企业的联系，注意了供应链的外部环境。人们普遍认为经济体应是一个"通过链中内外不同企业（行业）的制造、组装、分销、零售等过程将原材料转换成产品，再到最终用户的转换过程"，这是更大范围、更为系统的概念。美国的史迪文斯（Stevens）认为："通过增值过程和分销渠道控制从供应商的供应商到用户的用户的流就是供应链，它开始于供应的源点，结束于消费的终点"。伊文斯（Evens）认为："供应链管理是通过前馈的信息流和反馈的物料流及信息流，将供应商、制造商、分销商、零售商，直到最终用户连成一个整体的模"。这些定义都注意了供应链的完整性系统性，考虑了供应链中所有成员操作的一致性，这就成为数据链中成员的本质关系。

（2）数字化供应链。数字化供应链（digital supply chain，DSC）是全球化、智能化、柔性化生产的基础，通过数据平台可以实现公司对公司业务（business to business，B2B）或C2M的批量生产或是单件定制。DSC就是基于云端大数据实现智能机器人的处理及应用，只有把物数字化后才可能实现全球化智能化的生产。端到端的业务中（从买到卖），以数据化和数据模型为业务的基本载体，并植入可进行数据交互的信息化平台中，达到体验感极佳的供应链体系，即为数字化供应链。

2. 数字化供应链的价值空间

数字化供应链已经在区块链值域中得到更广的发展空间，供应链的概念不仅注重围绕核心企业的网链、块链关系，如核心企业与供应商、供应商的供应商乃至与一切纵向趋前的关系，与用户、用户的用户及一切纵向趋后的关系，而且对数字化供应链的认识形成了一个网链的概念。哈理森（Harrison）就将供应链定义为："供应链是执行采购原材料、将它们转换为中间产品和成品、并且将成品销售到用户的功能网"。这些概念同时强调供应链的战略伙伴关系问题。菲利浦（Phillip）和温德尔（Wendell）认为：供应链中战略伙伴关系是很重要的，通过建立战略伙伴关系，可以与重要的供应商和用户更有效地开展工作。

3. 数字化供应链的价值实现

数字化供应链的价值实现可分为两个步骤，第一步是实现供应链的业务数据化，第二步是处理第一步中积累的数据，将其反映出的信息价值反哺赋能给供应链各环节业务。数字化供应链管理本身就是一种系统化增值性的企业管理思维与方法。数字化背景下，企业不仅要知道生产什么、物料需求情况，还要了解企业供货商的生产情况，知道企业客户的需求情况，因此需要对企业生产的全部链条进行数字管理。

1.1.3 数字化供应链技术应用

基于物流数据处理过程衍生的数据供应链，通过电子标签（RFID）作为供应链管理系统过程中物品的信息载体，以数据采集器作为信息采集设备，实现在供应链管理系统过程中入库、出库、盘点、运输、移库、订单等关键作业环节中信息的快速、自动、有效、批量的采集，实现在物流供应链系统管理中信息采集的自动化管理，提升物流管理系统水平和效率。

1. 数字化供应链的技术内核

数字化供应链的技术内核是现代数字信息技术，而数字技术（digital technology）是一项与电子计算机相伴相生的现代科学技术，它是指借助一定的设备将各种信息，包括：图、文、声、像等，转化为电子计算机能识别的二进制数字"0"和"1"后进行运算、加工、存储、传送、传播、还原的技术。由于在运算、存储等环节中要借助计算机对信息进行编码、压缩、解码等，因此也称为数码技术、计算机数字技术等，所以数字技术也称数字控制技术。

2. 数字化供应链技术的应用场景

由于数据在各业务系统之间高度共享，所有源数据只需在某一个系统中输入一次，保证了数据的一致性；对公司内部业务流程和管理过程进行了优化，主要的业务流程实现了自动化；采用了计算机最新的主流技术和体系结构：浏览器/服务器模式（B/S）、Internet体系结构、Windows界面。在能通信的地方都可以方便地接入到系统中来。由此使整个系统具有集成性、先进性、统一性、完整性、开放性等特点。

3. 数字化供应链技术的应用特点

（1）一般都采用二进制，因此凡元件具有的两个稳定状态都可用来表示二进制。例如"高电平"和"低电平"，故其基本单元电路简单，对电路中各元件精度要求不很严格，允许元件参数有较大的分散性，只要能区分两种截然不同的状态即可。这一特点，对实现数字电路集成化是十分有利的。

（2）抗干扰能力强、精度高。由于数码技术传递加工和处理的是二值图像信息，不易受外界的干扰，因而抗干扰能力强。另外它可通过增加二进制数的数位提高精度。

（3）数字信号便于长期存贮，使大量可贵的信息资源得以保存。

（4）保密性好，在数码技术中，可以进行加密处理使一些可贵信息资源不易被窃取。

（5）通用性强，可以采用标准化的逻辑部件来构成各种各样的数码系统。

4. 数字化供应链管理系统

由于数字技术是多种数字化技术的集称，包括了区块链、大数据、云计算人工智能等，所以数字技术在供应链管理中应用的最大长处是能够大幅提高整体供应链管理效率。数字技术可以构建一个更加直接高效的管理网络，打破过去企业和企业之间、个人和个人之间、人和物之间的平面连接。而平面连接或者构架的问题是接点多、效率低。通过数字化技术，未来将建立起立体的、折叠的、交互式的管理架构。在此架构中，实现的点对点、端对端的交互式连接将更直接，省去中间节点，进一步提高管理效率。此外，叠加以区块链为基础的数学算法建立数字信任，将使得供应链运行实现更低成本、更高效率，带动社会迅速发展。如图1-4所示就是基于目标的供应链数字化转型的技术战略执行框架系统。

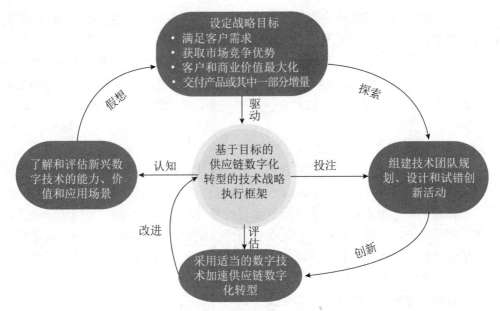

图 1-4 基于目标的供应链数字化转型的技术战略执行框架

1.1.4 我国行业数字化供应链运用现状与对策

近年来，我国跨业融合的趋势日益明显，促使行业、企业的生产经营规模急剧扩张，企业间的兼并重组成为潮流，企业出现了集团化的发展趋势，最大限度实现资源整合、加速产业供应链数字化转型成为企业生产经营需要关注的重要课题。

1. 我国行业数字化供应链运用现状

我国互联网技术的快速发展和移动支付的广泛应用，使得消费需求侧数字化进程发展迅猛。然而供给侧由于业务链条复杂、业态模式差异化明显，导致其数字化升级难度高、时间跨度长。

1) 供需结构匹配度有待提高

总体而言，国内供给体系质量与效率整体与需求结构仍不匹配，低端供给过剩和中高端产能不足，使得消费者日趋多样化、优质化的消费需求难以被满足，而这恰恰迫切需要供给侧改革升级。在这样的需求背景下，传统的企业供应链协同与管理难以为继，在供应链中的各个环节都暴露出亟待解决的问题：例如，采购环节如何及时响应需求变化，如何高效率、低成本采购；生产环节如何保障按时、高质量产出，同时避免资源浪费；分销环节如何解决层级冗杂、库存及资金压力大问题等等。

2) 整体效率有待提高

除了供应链各环节管理的难点外，更为艰巨的挑战是如何协同全链条作业、降本增效，如何解决供应链长鞭效应带来的"供需不对称—产能过剩—资源浪费"负循环。面对传统供应链承压困境，供应链上的各节点企业必须依靠新兴技术加持以及供应链平台赋能，逐步实现供应链信息化、数字化与可视化，从而进一步助推我国供给侧结构性改革，以实现供需两侧相匹配的完整数字经济，形成以终端需求驱动的"拉动式"新商业模式。

在我国，由于以现代物流为代表的第三产业的快速发展，数字技术在现代经济发展中的角色越来越明显。供应链早已成为现代经济的核心和纽带，数字产业日益成为现代经济的主导，这些都在客观上要求有一个具有多种解决方案的新型管理模式来与之相适应。因此数字化 SCM 就成为该阶段的主角，并把它的触角伸向各个行业，特别是第三产业中的金融业、通信业、高科技产业、零售业等，从而使数字化 SCM 的应用范围大大地扩展。

3）跨行业供应链的亟待构建

行业融合以及转型升级压力依然存在，与此同时，目前大多数行业的景气主要依赖于全产业链的中下游，且相对上下游均不具有较强的议价能力，很难实现外部超额利润。对于传统行业来说，由于其本身生产运营流程的复杂性，整体行业的数字化供应链进程一直处于摸索阶段，大多数产业链缺乏企业乃至行业的整体数字化的支持，无法实现系统高效的数字化供应链运维管理。所以，搭建跨行业数字化供应链协同平台已成为一体化企业十分紧迫的任务。

4）"双碳"背景下的利润空间拓展

同时在"双碳"背景下，机遇与挑战并存，由于各行业发展迅速，企业在创造营收的同时，也给生态环境造成了巨大压力。根据 Assent 等机构 2020 年企业调查表明，中国工业排放的二氧化硫、氮氧化物、粉尘分别占排放总量的 90%、70%、85%，资源环境能力接近极限。

虽然国家已经出台了一系列政策措施，推动企业开展绿色供应链管理工作，但无论是政府、企业还是消费者，对绿色供应链的认知，更多还停留在低层面。

大多数情况下，政府虽然关注供应链末端的环境治理工作，但并不能从根源层面推动企业发展绿色供应链。绿色供应链涉及多主体、多环节，要求企业具有较高的管理能力、协同能力。除此之外，绿色供应链模式要求每个环节都要"绿色化"，要求企业进行创新，对原有的生产技术进行改造升级，这对企业造成沉重负担。

借助新一代信息技术推动传统工业经济向数字经济过渡，并进一步挖掘产业链中的潜在利润空间，是每个企业都亟须重视的课题。

2. 我国行业数字化供应链构建的对策

企业可借助专业的第三方平台的技术支撑，搭建数字化供应链协同平台，为行业打造全场景体验式数字化应用示范，供应链系统基于最新的微服务技术架构方案，可以融入大数据分析、云计算等创新技术，帮助企业创新管理模式，提升企业管理的精益化水平，实现 SCM 供应链平台、客户关系管理（customer relationship management，CRM）/供应商关系管理（supplier relationship management，SRM）等供应链平台的商业数字化升级。跨行业数字化供应链协同平台具有如下功能。

1）覆盖全链路，消除"信息孤岛"

数字化供应链系统全链路数字化覆盖打破了"信息孤岛"，数字化平台通过企业内部供应链智慧管理系统，聚焦采购协同管理，通过询比价、合同管理的规范化，实现 SCM 平台信息化高度集成。行业数字化供应链协同平台拥有高效安全的供应链风险监控，可基于大数据进行前瞻性预测分析，实时洞察潜在的风险等优势。供应链系统链接所有上下游企业，使得整条产业链信息互通，数据可信。借助企业供应链智慧管理系统可视化信息数据且实时共享,使得产业链各个环节及时获得准确的信息,全链路数字化覆盖,通过数字化供应链系统实现企业供应链管理效能的成倍提升。

2)交易双向制,实现一站式闭环

双向机制交易体系,可以使供应链系统建立一站式交易闭环模式。数字化供应链系统提供市场商品服务信息,实现市场前端预测、在线询价管理、订单管理、支付管理、电子合同、评价体系等全流程数字化管理,通过企业供应链智慧管理系统简化供采双方交易路径,在供应链系统上实现交易智能化,帮助企业建立数字化供应链系统。

数字化供应链系统扩大了企业数据信息采集的范围,使供应链系统效率大大提高,同时,企业供应链智慧管理系统减少了上下游企业的线下交易环节,进而加快信息数据传输速度,优化行业 SCM 供应链平台功能架构,简化企业的工作流程和工作量,通过 SCM 供应链平台有效提高经济效益,使整个供应过程快速、准确、公开、透明。

3)企业数字化协同,数据服务于决策

数字化供应链协同平台实施先进数据采集作业,借助数据实施科学决策。在跨行业背景下,数字化转型并不仅仅是单个企业进行信息化改造,而是要在现有信息化的基础上,完成整个行业链条上的"数据驱动业务流"的数字化升级。如果企业供应链智慧管理系统采用先进的 RFID 数据采集作业方式,在供应链系统上实现包括仓配管理系统中各个关键作业环节数据的快速、准确的采集。数字化供应链协同平台使企业及时准确地掌握库存的真实数据,为企业经营决策提供有效依据。

数字经济已成为大趋势,跨行业资源整合作为经济转型的重要形式,客观上需要加速数字化转型。企业间通过搭建 SCM 平台,进一步推动信息技术与企业的融合创新,助力传统企业完成新一轮的商业模式、管理模式的变革,继续优化行业数字化转型生态。

1.2 数字化供应链管理内容

数字化供应链管理要在满足企业一定的客户服务水平条件下,使整个供应链系统成本达到最小,同时把供应商、制造商、仓库、配送中心和渠道商等有效地组织在一起来进行的产品制造、转运、分销及销售数字化管理。

视频 1.2 数字化供应链管理内容

1.2.1 数字化供应链管理的内容与价值分析

在传统经济形式下,是大鱼吃小鱼,由传统 IT 架构支撑;现在我们处于数字经济时代,是快鱼吃慢鱼,IT 架构是双模式 IT + API 的模式;明天,我们可能处于智能经济时代,将是一个聪明的鱼吃笨鱼的时代。而在未来的生态经济中,将会是合作生态战胜所有,而数字化供应链将进一步演变为:双模式 IT+API+AI+ 区块链,也可能更进一步推进到 + 元宇宙时代。

1. 数字化供应链核心要义

数字化供应链是基于互联网、物联网、大数据、人工智能等新一代信息技术和现代化管理理念方法，以价值创造为导向、以数据为驱动，对供应链活动进行整体规划设计与运作的新型供应链。数字化供应链以数字化手段提升供应链的速度和效能，不仅为企业带来经济效益，而且在更大范围内和更深层次上影响着国民经济循环的速度和质量，提升流通效率，是推动产业升级的题中应有之义。

在我们所生活的这个时代，所有制造业发达的国家都面临着新一轮的制造业复兴和革命。美国的工业互联网，英国的制造业创新计划，法国的未来工业革命，德国的工业4.0，日本的工业 4.0 联盟。而我国则是《中国制造 2025》、互联网 + 行动计划。

2. 数字化供应链的维度

供应链是一种以客户为中心的平台模型。它可以获取和充分利用不同来源的实时数据；数字化供应链可以刺激、匹配、感知和管理需求，提高绩效，降低风险。我们的核心优势是能够出色地满足客户的需求。也就是说，它能更敏锐地了解客户，更高效地生产产品和提供服务，让客户快速访问，这是双向的。

从另一个维度来看，数字供应链是一种互联网架构和云架构，支持全业务数据流通，实现商品、库存、物流支付的全渠道连接。供应链以成员、商品和订单为线索，通过对需求的感知和理解、需求的选择、需求的实现、生产、交付和后续服务，实现供应链的透明化和可视化。在这个过程中，关键是沉淀大量的数据，这些数据可以帮助企业做出预测和决策。

3. 数字化供应链的核心内容

数字化供应链有三个核心内容，首先，人们正在努力应对前所未有的变化，即我们不断增长的联系、竞争和消费能力。其次，数字化是体验，不仅是为员工和企业，也是为客户。越来越多的竞争和消费情况的变化侵蚀了基于传统产品的优势，迫使企业转移到一个新的战场也就是客户体验，这就是我们需要整合整个业务场景来展示每个客户的接触点的价值。为了让客户和员工得到最好的体验，客户和员工应该做好交付。最后，前台、中台和后台的联系。一个特殊的前端必须有一个特殊的中后台支持，我们需要匹配新的专业知识、流程和系统以及潜在的新的应用模型。

4. 数字化供应链内涵扩展

现代商业环境给企业带来了巨大的压力，不仅仅是销售产品，还要为客户和消费者提供满意的服务，从而提高其满意度，让其产生幸福感。科特勒表示："顾客就是上帝，没有他们，企业就不能生存。一切计划都必须围绕挽留顾客、满足顾客进行。"要在国内和国际市场上赢得客户，必然要求供应链企业能快速、敏捷、灵活和协作地响应客户的需求。面对多变的供应链环境，构建数字化供应链成为现代企业的发展趋势。

就某单个企业而言，物流信息是驱动供应链运行的动力源，对宏观环境下的供应链而言，基于计算机技术、物联网技术、网络技术的信息平台，则拓展了供应链的作用范围，在更广的范围内实现了供应链的价值。

1.2.2 供应链管理系统架构及设计

网络信息技术的推广进一步加快了产业的全球化、网络化、数字化进程。虚拟组织、动态联盟等商业模式的出现，更加迫切需要新的管理模式与之相适应。传统的企业组织中的采购（物资供应）、运营与生产、销售等看似是一个整体，但却是缺乏数字技术黏合的系统性和综合性的企业运作模式，已经无法适应新的商业模式发展的需要，所以，数字化供应链管理系统架构及设计就显得十分重要。

企业数字化运营也已经不再局限于某一个部门，而是发展成驱动公司整个生产方式、管理方式、组织方式和商业模式的一场变革。数字化供应链作为贯穿企业运营的载体，已经成为推动供应链竞争变革的关键要素。明确供应链数字化的正确路径需要完成以下工作。

1. 数字化供应链系统设计与环境因素

一个设计科学的供应链系统在实际运行中不一定能达到预期的效果，这是主观设想与实际效果的差距，原因不仅源于设计理念，还有可能源于环境因素。因此构建和设计一个供应链，一方面要考虑供应链的运行环境（地区、政治、文化、经济等因素），同时还应考虑未来环境的变化对实施供应链的影响。因此，我们要用发展的、变化的眼光来设计供应链，无论是信息系统的构建还是物流通道设计都应具有较高的柔性，以提高供应链对环境的适应能力。

2. 供应链设计赋能企业再造工程

从企业的角度来看，供应链的设计是一个企业的改造问题，供应链所涉及的内容任何企业都结合自身实际在逐步推进。供应链的设计或重构不是要推翻现有的企业模型，而是要从管理思想革新的角度，以创新的观念赋能企业。比如动态联盟与虚拟企业，这种基于系统进化的企业再造思想是符合人类演进式思维逻辑的，尽管业务流程再造（business process reengineering，BPR）教父哈默和钱皮一再强调其彻底的、剧变式的企业重构思想，但实践证明，实施 BPR 的企业最终还是走向改良道路。因此在实施供应链的设计与重建时，需要的是在保留原有合理运作模式基础上运用新的观念、新的思维和新的手段，这是我们实施供应链管理所要明确的。

3. 供应链设计与先进制造模式的关系

供应链设计既是从管理新思维的角度去改造企业，也是先进商业模式的客观要求和推动的结果。如果没有全球制造、虚拟制造这些先进的制造模式的出现，集成化供应链的管理思想是很难得以实现的。正是先进制造模式的资源配置沿着劳动密集 - 设备密集 - 信息密集 - 知识密集的方向发展才使得企业的组织模式和管理模式发生相应的变化，从制造技术的技术集成演变为组织和信息等相关资源的集成。供应链管理适应了这种趋势，因此，供应链的设计应把握这种内在的联系，使供应链管理成为适应先进制造模式发展的科学管理思想。

4. 供应链创新设计的思路

要有清晰的企业竞争战略与供应链架构，并在企业运营中得到实际检验；能够不断优化支撑供应链的流程与组织；科学有效分解与设计运营数据采集点，针对性选择或开发供应链管理系统，以保证数字化落地与反馈及优化。

经济全球化正在向区域化转型，互联网、物联网、人工智能、机器学习和云计算的推动转型升级，企业创新面临的现代商业环境对精细化、精益化管理提出了更高要求。传统供应链中，数字垃圾/数据垃圾阻碍了智能化供应链应用的潜力。数字化供应链使用物联网和其他先进技术，自动收集和处理信息，利用人工智能和大数据算法提升有效数据价值，减少数字垃圾的产生，并自动支持决策制定和其他活动。

1.2.3 数字化供应链网络价值

供应链数字化通过改善企业敏捷性来提升企业运营质量和效率、降低生产成本、提高资金流的灵活性，推动企业高效运营并成功实现转型升级。

数字化供应链的网络价值主要体现在通过智能和数字化提升供应链管理和供应链服务能力。供应链管理人员可充分利用可用数据/信息，加强端到端的客户参与，改善生产和服务各环节的互动方式。数字技术也为供应链管理者提供前所未有的透明化信息，并可根据需求建立需求感知功能，预测未来生产或服务各环节的变化和趋势，提高预测质量和运营效率。例如，供应链终端跟踪系统可随时发送有关订单的详细更新。

1. 数字化供应链网络价值的体现

应用数字化的智能供应链实现自动化，大幅降低企业生产成本。根据麦肯锡的预测，通过应用先进的方法计算和优化策略，对线路进行智能规划，可使运输和仓储成本降低可多达30%。同时借助先进的数字化系统支持，80%～90%的任务和工作计划的执行可以实现自动化。与人工操作相比，建立在实时更新的方案基础上的自动化供应链决策流程，信息更加准确及时，同时系统还能检测到需要即刻干预的异常状况。自动化操作简化供应链专业人员的工作，使他们能够专注于更有价值的任务。例如，数字解决方案可以配置为自动处理实时信息、自动化准备和工作流程管理，从而消除收集、清理和输入数据的手动工作。

企业应用数字化的智能供应链可缓解资金流压力。生产和商业企业的资金流压力大部分来自于库存。实施新的生产计划算法，可精细化生产和制造过程中需求和供应的变化，实现库存的最小化。另外，由于需求/供应的预测准确度大幅提高，流程中的不确定性得以大幅降低，对安全库存的考量也相应减少甚至消失，这使得零库存计划成为营运选择之一。根据麦肯锡全球研究院的预测，应用数字化供应链管理，整体库存将减少75%，极大缓解了企业的资金流压力。

2. 网络价值与数字化供应链网络价值的界定

梅特卡夫定律科学完整地描述了网络技术发展规律与趋势，在他的网络价值定律中提出：一个网络的价值等于该网络内的节点数的平方，且该网络的价值与联网的参与者数量的平方成正比。

我们将梅特卡夫定律应用于供应链数字化的研究中，在传统供应链向数字化供应网络变革跃迁的过程里，围绕着一个核心企业会产生若干一级节点企业，在数字化平台及数字技术加持下，各节点企业信息连接、协同作业。

同时一个一级节点企业又会作为一个新的中心，向外延伸出若干二级节点企业，最终形成一张庞大而连接紧密的数字化供应网。

我国供应链数字化处在发展早期，边际成本递减效应尚不凸显，而未来随着数字化供应网络的发展延伸，其价值将成指数级增长，为企业、产业带来巨大收益。

3. 数字化供应链实现网络价值的途径

数字化供应链系统的基本结构不仅仅是静态的结构，系统内的活动，各个不同节点之间的互动，也在影响其结构，围绕系统提供的数字—服务—产品包，消费者和消费者之间、企业和企业之间、数字智能产品和产品之间、数字智能设备之间都有互动价值活动。

（1）从供给侧来看，新兴数字智能技术的应用推动了数字智能设备之间的互动。比如，工业互联网通过自动化智能对象来感知、收集和处理通信工业系统中的实时事件，数字孪生、协同机器人、数字和物理系统相互映射，不断提高供应链中数字世界和物理世界的互动能力。

（2）从需求侧来看，越来越多的产品具有了基于数字智能技术的互动特性，这里面既有智能手机、智能电视等大家习以为常的智能终端，也有在万物互联时代围绕人们日常生活的衣食住行越来越多的新加入的数字智能产品，冰箱、洗衣机、空调、卫浴设施、汽车、可穿戴设备，各种原本相互之间没有空间关系的产品，通过数字技术手段，越来越成为相互影响、相互依赖的相关产品；语音识别、图像识别、虚拟现实、增强现实和混合现实等技术的不断应用，都在推动着产品与产品、人与产品的互动。

（3）从供应关系来看，基于具有复合扩展功能的数字—服务—产品包，不同互补产品和服务的供应商、制造商、零售商和客户相互之间形成物流、信息流和资金流频繁的价值互动。

1.3 数字化供应链的行业应用

2022年政府工作报告指出，"促进数字经济发展"。统筹推动5G网络、人工智能、大数据等新型基础设施布局，协同推进数字产业化和产业数字化，打造数字经济新优势。维护网络安全。健全完善规则制度，提升监管能力和水平，推动平台经济规范健康持续发展。持续深入推进国家数字经济创新发展试验区建设，实施数字化转型试点。加快构建全国一体化大数据中心体系，促进算力资源布局优化。

视频1.3
数字化供应链在服务业的应用

1.3.1 数字化供应链在服务业中应用

数字化供应链在数字技术与人工智能双重加持下，增加了行业的价值宽度，尤其在服务业，其应用规模不断增加。据2022年统计，数字化供应链已经在信息流、物流、资金流供应链数字化服务共同构造2.8万亿市场（2022年中国供应链数字化升级行业研究报告）。

2021年，不同类型参与者进行供应链数字化服务的收入约为2.8万亿元人民币，同时，供应链数字化服务可以按照对信息流、物流和资金流的数字化改造划分为对应的三部分。

1. 数字化供应链在服务业应用的技术基础

不断扩展的数字技术和人工智能、物联网、大数据实现了云端智能供应链服务，提供了越来越多的数字解决方案，满足了供应链管理需求。

（1）机器学习系统可以为供应链管理者建议如何处理特定情况，例如根据新客户订单更改物料计划和采购计划，或者完全自动化进行决策。

（2）自动化决策系统可以跨职能部门进行调整，以提升效率。功能强大且用户友好的分析工具可以编译大量非结构化数据，并从中提取有用的见解。人工智能应用程序可以自动跟踪性能问题，查找根本原因，然后向管理人员推荐纠正措施。

（3）云端数字技术比以前更容易设置和使用，也更能提供个性化的产品和服务。例如，基于云的产品可以随时进行试点，然后在各组织之间快速扩展。许多新技术可以使用标准应用程序编程接口（API）连接到 ERP 系统，与现有系统或软件包轻松集成。

2. 数字化供应链在服务业的应用范围

"数字技术+供应链"的有效组合，客观上扩大了数字技术在行业应用范围，也为供应链的进一步创新迭代提供了坚实技术基础。

1）信息服务行业

信息技术与信息服务是数字技术研发与应用的一体两翼，其中，信息流供应链数字化服务的参与方主要是各类软件服务商和部分产业链上核心企业，该部分收入反映为软件与技术服务费。

2）物流服务行业

物流服务是数字技术最理想的应用场景，也是最具有客户体验感的领域。物流环节的供应链数字化服务通常由第三方物流企业开展，且通常将数字化改造服务与物流服务融为一体提供给需求企业，所以物流部分的供应链数字化收入则直接反映为物流费。

3）金融服务行业

物流与区块链技术最佳应用领域就是金融，金融业态本身就具有数字元素渗透与接入，大量的资金流的供应链数字化服务收入中，包括了支付机构提供支付链路收取的支付手续费和金融机构提供的数字化供应链金融服务的信息费。从结构占比与增长性上，尽管物流环节供应链数字化服务的占比最高，但信息流和资金流的供应链数字化服务具备较强的增长性。

1.3.2 推动信息软件服务行业发展

信息流的供应链数字化服务主体包括了各类软件服务商，为企业直接提供的不同部署方案的供应链数字化相关软件应用，从交易环节入手的消费互联网，以及产业互联网平台对交易流程进行改进而提供的线上交易服务。

1. 网络基础建设不断加快

我国大量企业仍处于供应链数字化改造的早期阶段，受预算限制不会直接采购完整的供应链全流程数字化改造方案，对供应链数字化产品的接受能力还在逐步拓展与市场教育阶段。产业互联网及消费互联网平台提供的线上交易对供应链数字化改造的直接效能更加明显，更易被接受；传统 ERP 厂商凭借其原始客户资源积累，可以有效向供应链数字化软件扩展；而一些深耕供应链数字化领域的软件服务商，为了让客户更加容易接受自身产品也会以 ERP 等基础软件作为突破口。

2. 客户需求进一步明确

基于供应链管理模式进行企业数字化管理时，管理人员需要基于客户需求开展各项工作，在具体落实企业数字化管理工作时，相关人员需要基于企业发展方向和供应链特点，全面整合各项数据信息，并对其进行充分利用。

管理人员在具体进行企业数字化管理时，需要对不同客户需求信息进行全面收集，并以此为基础重构整个数字化体系和数字化流程，各级管理人员还需要和客户进行更为有效的交流和互动，进行潜在客户的深入挖掘，进而保障价值流具有更高的完善性，优化企业软件产配服务链条，以客户整体需求为基础进行管理工作，确保能够对数字化进行更为有效的管理，同时还需要在具体实践中进行企业数字化管理方法和企业数字化管理模式的有效落实，使其应用价值得到更为充分的发挥。

3. 数字化管理生态需要重构

在我国现阶段，经济从量的扩张走向质的提升，数字化管理也迎来了新的挑战，与此同时，相关企业面临着日益激烈的市场竞争，供应链是各行各业竞争的本质与焦点。在企业建设过程中具体应用供应链管理时，相关单位需要对市场运行规律进行深入分析，同时还需要与自身实际情况有效结合，对内部管理模式进行深入分析，确保供应链管理和数字化具有更高的适配性，同时，有效结合企业数字化模式，在明确软件产品定位的同时，确保整个数字化系统具有更高的合理性，进而确保更好地实现宏观战略规划。

4. 科学构建配套管理制度

为确保数字化供应链配套制度的完善，应对其各个环节进行有效的监管和约束，为各部门具体工作提供必要的参考依据。除此之外，企业还需要进行供应链管理模式和现代数字化模型的重构，与数字经济的发展规律紧密结合，对其内部环境因素进行更为深入的分析。如图1-5所示的三流合一物流供应链运作流程是确保生态系统价值实现的基础。

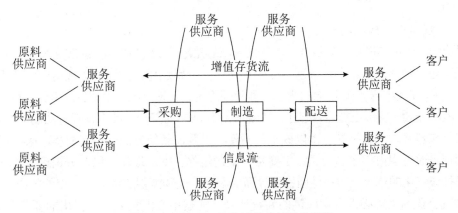

图1-5　三流合一的物流供应链运作流程

5. 引导多方协同与合作

基于全球数字化供应链视角，各个国家之间具有极为紧密的联系，在此过程中，企业需要进行多方合作关系的合理构建，确保企业具有更高的竞争力。各级企业管理人员在基于供应链管理模式进行数字化管理时，应该深入分析不同地区的产品需求，确保能够和各个区域客户进行更为有效的联系和沟通，推进现代企业发展。科学改革和创新数字化体系，确保企业生产管理模式能够有效联系多方利益，对其原有信息化、数字化模式中的管理方法进行科学改变，和各个客户进行更为有效的合作，实现利益关联机制的合理构建，确保能够合理配置相关资源，使数字化产业链条具有更高的竞争力。

总之，在信息化数字化及智慧化的时代，人们在日常生产生活中会产生了大量的信息数据，其应用途径也在不断增多。企业需要对其供应链管理和现代数字化的本质进行深入分析，基于现有信息管理模式进行现代科技装备的合理应用，实现信息共享的有效增强，确保供应链管理系统具有更高的信息化水平，进而确保上下游单位能够有效参与各项工作，使其管理工作更加透明化，从而实现信息交互关系的有效形成。

与此同时，基于现代信息数据支撑，相关企业可以及时进行自我调整，进而实现共赢，在此过程中，为了对数字化供应链进行更为有效的控制，在管理过程中，还需要科学开发电子商务平台，使其中间渠道有效减少，进而降低企业运营成本。

1.3.3 助推精益物流模式升级迭代

物流领域是供应链最初也是最佳作用场景，而伴随物流管理模式创新，数字技术产生的价值也成几何倍数增长。精益物流是21世纪在供应链领域中备受追捧的一种全新的管理模式，也是供应链逐渐从粗放模式走向精益化的管理模式。更标志着物流企业管理的成熟，标志着经济社会形势下，物流企业数字化管理为适应市场发展形成了一种新的管理模式。精益物流供应链管理模式本质突出的是物流效益、数字价值，通过控制成本、减少浪费、提升速度，发挥客户价值等措施，实现物流协作共同体的利益最大化。

1. 精益物流供应链管理模式

在数字时代大背景下，物流企业在共享信息资源的同时，一方面冲击着企业之间原有的界限和壁垒；另一方面也为构筑起全新的企业协作模式，挖掘新的竞争优势开创了崭新局面。

1）内部各个集成面的整合

供应链管理内集成界面的整合，保持供应源的充足。物流内集成供应链的实际运作，主要在采购运作管理的基础上，分别进行生产运作、分销运作等方面的集成运作。在不同的管理界面中，都包含着战略层面的内容，如管理思想、管理组织、管理方法等。在企业中制定集成战略计划，实际上就是对以上三个管理运作战略的整合。其中管理方法的实际整合，主要在供应链管理思想指导下，以成本、质量、以及创新等方面的相互权衡，来实现精确化的管理。而管理内界面的集成，主要是在采购运作、生产运作、以及分销运作管理基础上，进行统一化的整合，该种供应链内界面的融合，是物流供应链战略管理的核心内容。

物流企业的采购必须有供应链的要货计划，配送中心汇集供应链提出的要货计划后，结合市场供应的情况，制定采购计划统一向市场采购商品和物料。对物流企业而言，采购环节是一个创造性部门，其所经营的商品均需通过采购环节的引进来创造效益。然而很多物流企业的现状是，很难准确掌握供应链的商品和采购信息，出现库存不足而影响销售。因此，精益物流供应链管理必须克服此情况的发生，保持供应源的充足。

2）界面的介质与实体价值的整合

供应链管理界面的介质与实体价值活动的整合，保持一定的仓储量。在供应链管理界面中，包含很多介质，这些介质都是真实存在的，如物质实体、信息及资金等。对这些实体介质进行相互整合，需要在价值实体下来实现，最为常见的方式就是产品的加工与生产等。对于物质实体的整合，其实际的结果就是产品，通过生产线上的制造，以贯穿于物流体系中的设计，来实现生产计划。以资金流为例，资金流的整合，是在产品订单履行的环节中，将付款及结账相互融合到物流信息中来，进而促进供应链中资金流的良性循环。

企业供应链与商品流通一样，需要有常年可以销售的在库商品，以及季节性的商品存在。如果对常年销售的商品，在供应链每次发出要货请求后，配送中心就到市场上采购，势必增加成本和采购费用，也不可能最大限度的享受到批量优惠。这就要求配送中心在保证商品储存品质的限度内大批量购进，在供应链提出要货请求后，就直接调运分送。对季节性商品，配送中心也应保持一定的仓储量，以保证异时销售的需要。

3）集成管理模式的一体化整合

物流集成供应链运作管理模式的整合，提供安全可靠、高效率的配送体系。物流集成供应链运作管理模式的整合实际上是指对采购运作、生产运作以及分销运作等环节的整合。整合模式主要通过管理思想、管理组织以及管理方法，对管理界面中的各种介质进行分析，针对界面中的非实体活动价值特点，并结合外部供应和销售市场环境中诸多变化，逐渐形成能够适应实际物流集成供应链运作的管理模式。

实践证明精益经营的发展离不开物流配送供应链，合理的物流配送使经营中的统一采购、统一配货、统一价格得以实现，能否建立高度专业化、社会化的物流配送中心关系到精益经营的规模效益能否充分发挥。配送中心的建设是整个物流体系的重点。因此，物流企业要重视配送中心建设，根据物流企业的经营状况合理确定配送中心规模，建立安全可靠、高效的配送体系。

2. 精益物流供应链管理策略

科学管理是企业运营的基础，只有采取正确、科学的管理理念与方法，企业才能走向可持续性的发展轨道，才能帮助企业在日益复杂的市场环境和具有挑战性的全球化环境中顺势发展。而精益物流供应链管理，则是推动物流走向精益化运作的助力器。

1）信息平台化促进利益最大化

完善物流信息平台，创造客户企业利益最大化。精益物流供应链管理，首先要强调产需结合，其次要突出物流经营方式由原来的投资模式向实需模式转变。同时需要积极完善信息网络平台建设，为精益物流供应链管理提供信息支持，实现需求、反馈、产生、包装、配送等环节一条龙的信息、网络化，提升对市场需求把握的精确度，提高为客户服务质量的满意度。从双方的角度出发，创造客户企业利益最大化。

2）结构优化激发员工创新性

优化精益物流结构，调动全员工作的创造性。优化精益物流结构，是数字经济时代物流服务企业变革的必然要求，数字化企业也必须遵循这一组织进化迭代的自然法则。职位的设置要科学合理，要有弹性，能够随时根据工作需要做调整；组建临时工作小组，以适应组织环境和工作任务的要求；在服从组织目标的前提下，力求减少管理层次，精简管理机构和人员设置，提高管理效率，降低管理成本；在物流组织结构完善的过程中，必须充分考虑管理者和员工的个性特点，最大限度调动全员工作的积极性和创造性。

3）提升服务实现过程零缺陷

提升精益物流服务，实现服务过程"零缺陷"。在竞争愈演愈烈的形势下，客户个性化、特色化需求越来越突出，多品种、小批量的市场需求给物流运作带来了新的挑战，这就要求物流服务更加精益化。在保证整个物流流程不断优化的前提下，进一步明确供应链上、中、下游各环节的服务需求，规范服务流程，明确服务目标，细化服务内容，注重特色服务，建立覆盖整个供应链的质量保障体系，严把关口，实现大物流服务过程"零缺陷"。

4）建立流程推进卓越目标实现

建立精益业务流程，可以实现物流企业卓越运营目标。基于精益物流供应链管理与传统的供应商到批发商、批发商到零售商、零售商到消费者的单方向运营流程截然不同，它需要将供应商、批发商、零售商和消费者等销售渠道中的各个相关参与者有效地结合在一起，联动起来，并且以达到调退、生产、销售、物流一体化的全程最优状态。因而，所有业务环节都要执行精益的流程标准，在做好"标准运作"的同时，注意发现问题，及时更改，依照实际情况选择最优方式，不断通过流程优化、流程改进、流程再造等方式，使物流在成本、质量、服务、速度等关键指标上自始至终保持良好状态，依次实现物流企业运营最终目标。如图1-6所示为生产现场的精益数字化物流供应链作用特点及输出结果。

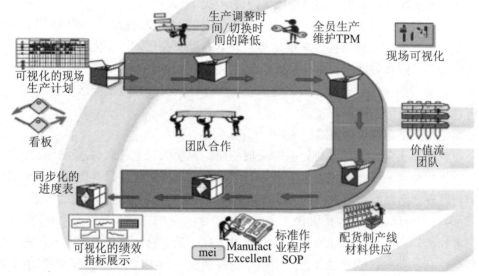

图1-6 生产现场的精益物流供应链

5）夯实文化基础改善企业行为效能

打造精益企业文化，提升物流队伍执行能力和执行效果。企业文化是企业的精神基柱。精益物流供应链建设要承载一种追求完美的企业文化，管理者和员工需要具备良好的团队协作意识，从企业利益出发，树立"多品种、高品质"的精益理念，形成以"理念精益"拉动"物流精益"的企业文化。在这一方面，精益物流的数字化供应链管理模式是适应数字经济时代发展的产物，也是提高现代物流企业发展能力，提升物流企业综合竞争能力的关键。因此，要求物流企业管理者审时度势、高瞻远瞩，充分利用数字技术，分享供应链数字资源，及时发现数字化管理中存在的问题，不断完善和优化精益物流供应链管理模式，保证精益物流供应链健康发展，为企业创造更大的经济效益。

1.4 市场主导型的数字化供应链绩效评价体系

2000年以来，随着市场经济的发展，卖方市场变成买方市场。市场变成以消费者为中心，企业要发展赢利就必须满足众多消费者差异化的需求。零售商与消费者进行直接交流，因此成为零售商和需求不断变化的消费者之间的有力连接，并且随着零售商规模越做越大，资本越来越集中，他们在市场上占据的地位也越来越重要。

视频1.4
数字化供应链的绩效评价

1.4.1 市场导向型供应链绩效评价指标体系概述

数字经济背景下，供应链上的主导权逐渐从制造商转向了零售商，甚至终端客户，供应链的运作不再都是从制造商到消费者的推式运作模式，出现了从消费者到零售商再到制造商的拉式模式，即以市场需求为主导的供应链模式，数字化供应链作用的点、线、面也按照市场导向的逻辑构建，评价指标体系逐渐趋于网络化和立体化。

以市场需求为主导的供应链是指以零售商为核心企业，以零售商的物流、供应链的组织为中心，大型零售商凭借其资金、信息、渠道等优势，对整个供应链的运营和管理拥有主导权，成为整个供应链网络的协调中心。它通过制定供应链衔接规则、建立信用关系以及对供应链体系中成员企业的作业流程进行控制和引导，鉴别并剔除整个供应链上的冗余行为和非增值行为，从而实现降低供应链成本，提高整个供应链的效率和竞争力，达到供应链整体价值最大化的目标。因此零售商主导型供应链是处于外部集成阶段的集成化供应链，是典型的拉动式供应链，是一种以市场为导向的供应链。

1. 影响供应链绩效的因素

在了解市场导向型供应链绩效评价框架之前，我们先分析影响供应链绩效的因素。一般来说，可分为外部因素和内部因素。

外部因素一般包括顾客、技术、竞争者和社会经济因素等；内部因素一般包括流程、合作伙伴、供应链战略和主导企业等。归总起来认为影响市场导向型供应链绩效的因素主要顾客、技术、流程、伙伴和主导企业，并以此作为构建框架的基础，构建的市场导向型供应链绩效评价框架。如图1-7所示为数字化供应链绩效评价与传统供应链绩效评价的比较。

比较方面	传统供应链	数字化供应链
商业模式	管道，自营+外包	数字平台，数字平台生态，供应链作为服务(SCaaS)
组织视图	从左到右线性（链），资产驱动型	动态网状（网），客户为中心
信息共享	信息孤岛，非实时信息交换，结构性信息	大数据、物联网、数字化协同平台，实时信息互换
沟通效率	信息会延迟，因为它在线性组织机构中传递	信息在所有供应链相关部门中实时传递
合作模式	交易多而战略少	趋向战略性，共生共赢
战略协作	联合定制计划和流程，非实时，非智能认知分析和预测	网络扩展，数字化协同及人工智能，机器学习帮助提高未来预测准确性
管理模式	偏重精益，缺乏灵活性	偏重敏捷并寻求最佳战略匹配
管理工具	传统ERP，多系统集成，扩展性差，不支持集团复杂性，运维成本较高，技术传统，开发成本高	全渠道供应链数字平台，互联网结构，云端架构，支持业务发展，全业务域数据流通
透明度	有限的供应链可见性和可视化	端到端的供应链可见性和可视化
响应机制	根据已知需求被动迟缓响应	根据已有数据主动预测，敏捷响应

图1-7 数字化供应链绩效评价与传统供应链绩效评价的比较

2. 评价的阶段性目标

企业可以通过初步建立数字化的模型，回溯企业经过的不同发展阶段，为设计和执行评价指标奠定基础。

第一个阶段，自主研发，打开国内市场。很多企业在成立之初，被束缚或者限制在自己擅长的区域，通过自主研发一些产品交付给客户。在这个阶段，企业已经面临三个挑战：一是无纸化程度比较低，文件传输作业效率低，人为出错率高；二是多种事务处理软件协同性差，导致仓储配送效率低，运输周期长；三是订单及时交货率只有50%。业务变化体现在两个方面：一是企业的业务分布广，从原来的一个小区域，扩展到全国各地；二是成为国内市场领导者，发货量增大。

第二个阶段，区域经营，走向国际化。企业进入国际市场，也会拥有更多的海外仓，甚至多地都有工厂或者物流转接点。在这个阶段，企业面临三个挑战：一是库存准确率和周转率低；二是供应链系统多，信息孤岛，效率低下；三是网络质量差，无法支持24小时业务处理。企业的业务变化体现在两个方面：一是业务遍及全球发展中国家；二是海外业务量增大，海外库存量增加。

第三个阶段，产品系列化，走向全球化。中国加入WTO以后，中国的商品在国际市场上有很好的销售前景，也逐渐形成系列产品和良好品牌效应，逐步提高了国际市场的份额。在这个阶段，企业面临三个挑战：一是数百个仓库里的超百万级产品编码等海量数据带来的数据响应及时性和准确性差；二是全球运输业务的复杂度及运输成本的增加，物流成本率高；三是供应链全球分布，可视化程度低。业务变化体现在两个方面：一是产品种类更加丰富；二是客户精细化需求，如条码精细化、定制条码等。

1.4.2 市场导向型供应链绩效评价指标体系构成

在前面的分析中，我们给出了零售商主导型供应链绩效评价的框架，主要从财务、顾客绩效、运营流程、核心企业能力和伙伴关系五个方面来构建零售商主导的供应链绩效，结合当前的对供应链绩效评价指标的运用实际，并结合企业实际，设计零售商主导型供应链绩效评价的指标体系。

1. 财务方面

财务绩效评价主要是为了满足各企业的所有者及其相关管理人员的需要而进行的，其评价的主要目的是反映零售商主导型供应链的资产运营能力、赢利能力和发展能力，结合零售商主导型供应链的特点，参照供应链财务绩效评价研究中的指标设置，本文选取了如下三个评价指标。

（1）净资产收益率。该指标是指供应链在一定时期内净利润同平均净资产的比率，反映了供应链各成员企业运用净资产获得收益的能力，突出反映了投资与回报之间的关系。一般情况下，供应链净资产收益率越高，供应链各成员获得收益的能力越强，对所有者权益的保证程度越高。

（2）资产周转率。该数字指标是指一定时期内销售收入同平均资产总额的比值。它是综合评价供应链全部资产经营质量和利用效率的重要指标。供应链的资产周转率越高，利用相同的资产在翌年内给供应链带来的收益也越多。

（3）利润增长率数据。反映供应链净利润的增长速度。利用本期利润与上期利润的差值与上期利润的比值来衡量。

2. 顾客绩效方面

市场导向型供应链中顾客与供应链的联系，主要是通过与终端零售商的接触及其通过售后服务业务，因此顾客的满意度也主要是通过这两项业务的绩效表现出来的。经过初步的筛选，确定的顾客绩效方面的指标如下。

（1）退货报修率。反映顾客使用产品一段后的满意程度的指标。顾客在购买产品后一旦发现产品存在质量问题，便会提出维修或退货的要求，这里用一定时间内累计报修退货的次数与这段时间总交易次数的比值来表示。

（2）顾客抱怨率。用顾客抱怨率指标来描述服务品质，反映了顾客对于供应链提供的产品和服务的满意程度。顾客抱怨率可用一定时期内顾客抱怨次数与总交易次数的百分比来表示。

（3）交货柔性。该指标反映供应链对顾客在时间上的满足程度，采用松弛时间与总交货时间的百分比来表示。

（4）处理顾客问题满意度。该指标反映出对顾客信息的反馈能力，也是描述服务质量的一个指标。它属于一个定性的指标，可以通过问卷方式由市场调查获得。

（5）顾客价值率。是顾客对供应链服务的满意度与服务过程中发生的成本的一个权衡比较。该指标比服务质量或顾客满意度等单独因素更能反映供应链服务的质量和效益。顾客价值率可以通过问卷调查形式来获得。

3. 运营流程方面

对于市场导向型供应链的运营流程绩效的考察主要可以从物流信息流的整合能力和运营效率来进行。经过统计结合理论分析，筛选出来的指标如下所示。

（1）库存周转率。该指标是指一定时期内的销售成本与平均库存的比率反映了供应链物流中的存货情况，体现了存货成本在供应链运作中的占比，该指标越高，表示降低了供应链的库存成本。

（2）订单到货周期。该指标是供应链成员企业接到顾客订单时刻起，到顾客收到产品时刻止的时间段，缩短订单到货周期可以减少整个供应链的反应时间，减少其中不必要的时间浪费，提高运作效率，获取竞争优势，该指标值越小则说明供应链的运作效率越高。

（3）准时交货率。反映了供应链中物流的协调能力，也是供应链物流是否通畅的一个衡量指标，用一定时间内供应链准时交货给顾客的次数与这段时间里总交货次数的比值来表示。

（4）信息共享度。反映了供应链上的节点企业之间的信息共享水平，也是对供应链信息化水平的描述。它对供应链对市场需求的反应力，供应链成本降低，效率的提高都有显著影响。

（5）信息准确率。信息准确即正确的信息能在正确的时间传到正确地方，反映了供应链上节点企业之间共享信息的及时性和正确性，也是对供应链消除"牛鞭效应"能力的描述。

4. 核心企业能力方面

核心企业是零售商主导型供应链的价值集成者，它作为整个供应链信息中心、协调中心、物流中心、结算中心，其各方面能力对于供应链的形成和发展具有重要的统领作用，是供应链能持续经营和营利的关键性因素。这里我们运用理论分析方法，结合零售商主导型供应链实现条件来构建核心企业能力方面的指标。

（1）配送性能。该指标是反映核心企业配送功能强弱的一个指标，用准时足额发货的订单数量与全部订单总数来表示。

（2）预测正确率。该指标用来反映零售商的市场洞察力，它是衡量零售商对市场需求敏捷反应力和准确预测的能力。

（3）市场占有率。是反映企业竞争实力的重要指标。该指标不仅体现了企业在同类产品市场或服务市场上的竞争地位，并且在一定程度上代表了企业未来的现金流量。市场占有率可以表示为某地区某零售商所销售的产品占该地区同类产品的比率。

（4）市场声誉。市场声誉是零售商的品牌基础，良好的市场声誉可以为零售商打造品牌效应提供强有力的支持。

（5）门店数目。该指标用来反映零售商的规模，用零售商所拥有的门店数来表示，门店数目越大，零售商形成规模效应的可能性也越大。

（6）技术投入比率。零售商对信息技术的应用是其竞争力的一个表现，在这里用零售商每年投入用来建设供应链信息系统的费用与零售商营业收入净额的比值来表示。

5. 伙伴关系方面

零售商主导型供应链是一个协同合作的整体，企业成员之间合作伙伴关系的好坏对供应链绩效会产生直接的影响。因此就有必要对供应链内合作企业间的伙伴关系进行评价。

（1）文化战略兼容性。该指标反映出供应商在对未来发展规划和文化上与核心企业零售商的一致性。供应商发展战略与核心企业同步有利于合作关系的长远发展，也有利于降低供应链的成本。

（2）信息平台兼容性。指信息内容、载体形式、处理方式、存储媒介、传递渠道及利用方式等的兼容，反映供应商实现与核心企业信息共享可能性的一个指标。这是个定性的指标，可以设计调查问卷建立评语集进行评价。

（3）相互信任度。该指标是反映企业间合作关系的一个重要指标，它可以通过对企业间的合作时间、合作深度、共享信息程度和合同履约的情况几方面来综合反映，在这里也把它当成一个定性的指标，通过设计调查问卷建立评语集进行评价。

（4）合作企业成本费用利润率比值。反映供应链成员企业为获得利润所付出的代价比值。其中成本费用利润率是指企业一定时间内的利润总额同企业成本费用总额的比率。

2020 年以来的新冠肺炎疫情肆虐，对线下实体产业及社会发展带来较大冲击，但同时也加速了我国数字化发展进程，我国数字科技创新及国家战略措施升级等因素为数字化发展带来更大机遇，而且《中华人民共和国国民经济和社会发展第十四个五年规划和 2035 年远景目标纲要》中明确提出要"加快数字化发展"，并对此做出了系统部署。

（5）产业数字化发展营造了良好的环境。市场导向型供应链体系自 20 世纪 80 年代以来随着市场经济的发展所新兴起来的一种供应链模式。在之前的传统推式供应链中，制造商作为最强大的供应链成员，零售商只是处于依附的地位，制造商生产什么，零售商就销售什么。

随着数字化进入发展"黄金期"，社会各方为产业数字化发展营造了良好的环境，能否更好将新技术与实体产业相融合成为竞争关键。包括物流业在内的现代服务业，成为数字化供应链重要的应用场景，数字化也将成为供应链相关产业升级的关键。随着数字经济发展的不断深入，供应链行业即将进入全新的"数治化"阶段，把业务治理作为核心目标，把数据治理视作核心手段，关注数据质量，合理控制数据的生命周期，从最终应用场景出发重新定义数据资产的价值。图1-8就是展示数字化经济特征与供应链数字化改革内容。

数字经济的五大变革与创新特征	如何推动供应链数字化变革
组织方式：产业链式转变为网络协同式。从传统的基于产业链的层级式、离散式、中心化和规模化的全球专业化分工与集聚模式，逐步转变为基于互联网的平台化、协同化、分布式、定制化的贯通研发、设计、生产、流通的全球资源与服务协同模式	促使供应链从链式转变为网状的结构。基于互联网和物联网的数字平台已成为供应链新的协同的服务模式
生产要素：出现了自生长的数据要素。数据要素成为新型的生产要素，但并非所有的数据在任何场合都能成为生产要素，而是必须建立在实时在线、共享交互、加工处理的基础上	数据成为供应链变革的驱动力。例如阿里菜鸟供应链用数据打通从采购、仓储、交付物流到售后服务整个过程，提供了端到端的实时/分时可见性，提高了顾客满意度
生产方式：自动化+标准化+集中式转变为：智能化+定制化+分布式 • 自动化生产将转向智能化生产 • 标准化生产将转向定制化生产 • 集中式生产将转向分布式生产	给供应链带来的变革： • 智能供应链计划和物流 • 数字化采购，动态的物料配送 • 数字化供应链协同，共赢网络

图1-8 数字经济特征与供应链数字化改革内容

案例讨论 1

供应链控制塔：以数据治理为核心

中国物流行业起步相对较晚，但是改革开放以来发展速度很快，伴随新一轮产业结构调整，我国物流体系迅速完善，不断规范。但物流领域依然存在"传统"的现状，其中数据的采集及管理更是一大难题，导致供应链管理困难重重，很多信息无法被数字化或无法被有效使用，更提不上基于数据的分析做出全盘优化及全景展示。

正是基于这样的认知，易流科技推出"供应链控制塔"，给企业提供较为明确的"数治化"产品形态，也为企业改革提供了方向。

1. 易流"供应链控制塔"，优化物流交付及供应链履约链路

供应链控制塔并非一个全新的概念，在供应链管理领域也有相当数量的公开资料与讨论（图1-9），例如，Gartner的定义是将供应链控制塔核心认知为"一个物理或虚拟仪表板"强化了供应链控制塔的可视化特性，相对弱化了其在整体链路运转中的控制性；埃森哲的定义则是"一个共享服务中心"，其定义更加突出供应链控制塔的综合业务指引指导能力，并没有特别强调"可视化"的实现手段。易流科技则结合数字经济与IoT技术的深入应用，以及十五年来在物流数字化领域的深厚积淀，给予了供应链控制塔新的内涵。

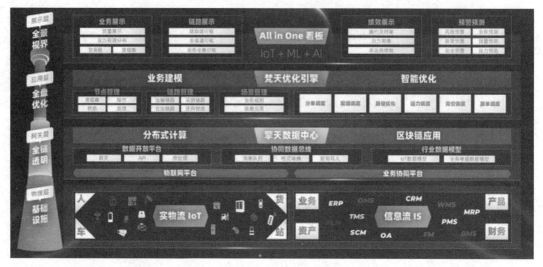

图 1-9　易流供应链控制塔基本结构

易流供应链控制塔以物流管理的视角为出发点,将"交付"的质量与效率视为企业供应链管理的终究目标。换言之,易流科技认为是否能够做好"交付"这项工作,不仅关系到货主企业的经营效益,更长远地影响着企业品牌与市场影响力。交付不仅取决于物流过程,更是受到生产、流通、消费等多个环节的影响,因此,从物流的交付链路到供应链的履约链路,以"数治化"为终极目标的控制塔能够充分保证交付质量与效率的不断提升。

2. 三大核心功能,辅助供应链环节降本增效

易流科技认为,一方面物流行业发展存在"数字化渗透不深""数字化发展不均"的问题;另一方面物流企业主动数字化的需求基本基于甲方货主的要求或是自身某些单一的诉求,换句话说,甲方货主是物流企业提升数字化的原动力。

所以从这个层面看,IoT 一定是供应链物流数字化的核心,除了把在供应链物流过程中的诸多要素进行连接以外,业务层面的数字化还会倒逼企业的管理体系、制度和组织架构改变。但目前大部分企业并没有足够的决心和勇气摒弃传统低效的"人治"手段,对"数治"手段接受程度不高,这也导致了后续的"信息孤岛"、"一把手工程"等一系列问题。

此次易流发布的供应链控制塔是包含软硬件产品于一体的完整解决方案,相比易流以往的产品更加注重生态级的开放与融合。供应链控制塔能够帮助企业实现三大目标:全链透明、全盘优化与全景视界。在功能模块上,主要包含擎天数据中心、梵天优化引擎与 All in One 看板。

擎天数据中心为原本是"孤岛"的多个信息系统架设了高质量的桥梁,海量多模态数据通过擎天流入控制塔,而梵天优化引擎则按照易流丰富的行业经验,基于擎天的数据与计算能力,对供应链物流的中观与微观实操提供了优化模型。最终,在 All in One 看板中,企业高层管理者可以通过全景视界,完成对企业供应链宏观层面的监测、部署与优化。

供应链控制塔广泛适用于快消、电子等多个领域的货主企业,可以为其提供全链透明、全盘优化、全景视界的"三全"服务,监测供应链条上各环节的时效。通过监测、预测交付风险，结合数据做进一步分析，优化解决方案，将部分时间/流程并行，应用供应链控制塔的企业最终能将流通环节的时间缩短30%~40%，大大提升货物流通周转效率和成本。

3. 持续产品创新，奠定"数治化"基础

随着国内企业出海的增加，供应链物流管理的辐射范围也必然会加快向全球布局的步伐。在易流科技看来，辐射范围越大，越需要提升数字化程度，因为管理的难度会几何级别的增加，而全链透明、全局优化和全景视界就是解决这个问题的最主要方向。

对于行业来说，供应链控制塔是全新的产品，而对于易流来说则是更高维度的整体架构，为未来易流的产品创新走向"数治化"划定了方向与目标。

"只有行业里的中小企业也能实现数字化，中国的物流行业才真正算是实现了数字化。"易流认为，最终承载每一公里运输、每一批商品的仓储、每一个包裹配送、每一个容器流转的绝大多数都是最基层的中小微企业，所以易流也非常关注产品创新的成本。前沿技术很美好，但如果落地成本太高，那还是天方夜谭。借助供应链控制塔，易流希望为行业提供通用的数据与业务治理模型，不仅服务于头部顶尖企业，也能够让标准化产品驱动更多中小企业高质量发展。假以时日，供应链物流行业真正实现"积沙成塔"，"数治化"才能真正成为驱动中国经济腾飞的重要动力。

（资料来源：https://www.sohu.com/a/458579174_115035）

问题：

1. 怎样理解易流科技推出"供应链控制塔"？供应链控制塔能够帮助企业实现的三大目标是什么？为什么将"交付"的质量与效率视为企业供应链管理的终究目标？

2. 供应链控制塔适用于哪些领域？为什么？易流科技如何解决"信息孤岛"问题？

3. 为什么说易流科技"持续产品创新，奠定"数治化"基础"？保证技术落地的基础是什么？

思考与练习

1. 供应链思想演进主要分为哪几个阶段？有何特点？
2. 以市场导向为评价依据的供应链评价体系主要包括哪几个方面？
3. 数字化供应链实现网络价值的方式是什么？
4. 精益物流供应链管理模式是什么？

扩展阅读1.1 案例分析

即测即练

第 2 章　SRM 与数字化供应链管理

本章学习目标

通过本章学习，学员应该能够：

1. 了解 SRM 与供应链的历史演进基本过程，掌握供应链前端的 SRM 对数字化供应链的基础与引领作用，理解 SRM 与数字化供应链相互作用方式与协同系统模型。

2. 熟悉 SRM 与数字化供应链的运作流程与构建原则，明确 SRM 对提高数字化供应链运作效能的重要性。掌握 SRM 与数字化供应链协同关系、评价指标、诉求响应以及数字化跟进等问题解决方式。理清 SRM 的评价指标体系。

3. 从实战角度出发，掌握 SRM 与数字化供应链的内在关联，通过 SRM 与数字化供应链关系分析，倡导协作共赢，共担责任意识。

引导案例

高效协同的供应链打破供需"信息孤岛"

鹏飞集团是中国及全球市场前列的回转窑、粉磨设备生产商之一，经营范围包括建材、冶金、化工、环保等领域设备的设计、制造、服务，主要以 EPC 服务供应商身份提供设计、采购、建设及试运营的定制一站式解决方案。在成立的几十年中，鹏飞集团先后完成 100 多条水泥生产线项目建设，产品出口世界 70 多个国家，足迹遍布全球。

精细化管理供应链 跟上鹏飞集团业务扩张步伐

在"一带一路"政策的催化下，鹏飞集团的业务进一步向海外市场扩张，随之而来的除了日益增多的订单量，还会带来一系列的管理问题。公司十分重视技术进步和管理创新，日益深觉有必要推进精细化管理，尤其是供应商的管理及物资采购的过程管理，急需形成一套较为系统的、先进的管理体系，以适应公司快速发展和供应链管理发展进步的需求。

携客云的顾问团队与鹏飞集团高层进行深度交流后，锁定了三大供应链管理难题：

难题一：招标询价效益低

鹏飞集团传统的招标询价方式效益极低。采购员一般通过邮件或传真的方式和供应商进行询价、回复报价。这种方式不仅操作烦琐、流程复杂、采购周期长，还会出现供应商投标报价不规范、不专业、缺乏联合竞价的痛点，耗费大量人力物力后，采购成本仍无法有效压缩，无法获得良好的招标效益。

难题二：供需协同难度大

由于缺乏供需协同一致性平台，鹏飞集团采购员每天需耗费将近 80% 的时间来跟进大批量采购订单的情况。虽然借助了 WMS、ERP 系统来管理订单、仓库，但由于各系统之间相互独立，信息无法进行实时共享，信息透明度不足，订单信息很难实时跟踪等难题给鹏飞的供应链管理带来了极大挑战。

难题三：供应商绩效难评估

对现有的供应商，鹏飞集团缺乏有效的数据考核，手工统计绩效的结果总是差强人意。仅在把控来料质量方面，鹏飞集团的物控人员就要耗费大量的时间和精力记录不良，采购员也不能在第一时间与供应商就不良信息进行及时/详尽地共享，现实需要有专业的软件可以帮忙管理供应商、分析供应商，从而优化供应链管理体系。

充分考虑公司与供应商之间业务管理的特点后，鹏飞集团认为携客云 SRM 平台符合其整体 IT 规划及实际业务需求，决定通过携客云 SRM 平台建设符合鹏飞集团与供应商之间沟通和管理业务需求的信息化管理平台，完善其数字化供应链，建立透明化、精益化、数字化的供应链协同流程。

携客云 SRM 平台 提升企业采购数字化运营能力

针对鹏飞集团供应链管理的痛点问题，携客云顾问团队给出了定制化的解决方案：

在线招投标 高效高质满足采购诉求

针对招标效益低这一窘境，携客云帮助鹏飞集团打造企业公开采购门户，让询价和招标过程变得更加规范、公平、公正。

鹏飞集团可选择将招标信息发送至原有的供应商伙伴、潜在供应商，或者公开发布至携客云 SRM 平台的 6w+ 注册企业，从而拓宽选择范围；也可以通过竞标模块，让供应商伙伴在线竞价，进而选出性价比最高的原材料。

新一代软件和产业平台 低成本快速实现供需协同

携客云供应链协同平台是新一代高性价比的 SRM SaaS 产品，与传统的 IT 管理系统相比，可降低 90% 以上的软件投入成本与实施风险。同时系统可与鹏飞集团应用的 ERP 进行集成，一天即可上线，配置个性化数据后，进行动态化使用，一键解决信息软件不互通的问题，使供需双方可在线实时协同订单的信息。

规范供应商管理绩效 及时优化供应链管理体系

携客云 SRM 供应链协同平台会记录交期准时率、送货及时率和满足率等评估供应商的诸多参数，省去手工整合、统计、评估数据烦琐的过程。通过携客云 SRM，鹏飞集团可根据自己的需要自行设定评估供应商的参数，快速评判供应商的优良情况，及时优化供应链管理体系。

（资料来源：https://new.qq.com/omn/20210322/20210322A0AWLB00.html）

2.1 SRM 与数字化供应链管理概述

SRM 是一个全新的企业管理理念，目前在中国还处于推进阶段，随着供应链全链路管理理念的深入，SRM 也已经引起了各方的广泛关注，SRM 的底层逻辑就是供应商管理系统，SRM 的价值就在于能够改善企业与供应商之间的关系、降低产品生产成本，从而提高整个供应链运作效率及企业的收益。

视频 2.1
SRM 与数字化供应链管理

2.1.1 数字化供应链下的SRM内涵与功能

目前,各个行业数字经济发展迅猛,为我国经济增效降本贡献了重要力量。在企业供应商管理中,为了提高供应商的管理水平,既要重视SRM理念的不断创新,同时也应重视SRM系统应用,强调供应商管理的科学性与规范性,进而实现供应商管理的信息化。对企业供应商管理的经验与具体操作步骤进行分析,可以为后续供应商管理提供重要保障。

1. SRM的基本概念

SRM重点是用来改善与供应链上游供应商的关系的,它是一种致力于实现与供应商建立和维持长久、紧密伙伴关系的管理思想和软件技术的解决方案,它是旨在改善企业与供应商之间关系的新型管理机制,实施于企业采购业务相关的领域,并通过对双方资源和竞争优势的整合来共同开拓市场,扩大市场需求和份额,降低产品前期的高额成本,实现双赢的企业管理模式。

SRM系统又是以多种信息技术为支持和手段的一套先进的管理软件和数据技术,它将先进的电子商务、数据挖掘、协同技术等信息技术紧密集成在一起,为企业产品的策略性设计、资源的策略性获取、合同的有效洽谈、产品内容的统一管理等过程提供了一个优化的解决方案。实际上,它是一种以"扩展协作互助的伙伴关系、共同开拓和扩大市场份额、实现双赢"为导向的企业资源获取管理的系统工程。

2. SRM的基础功能与运作风险

在国际经济由全球化转向区域化情况下,供应链中供应商的关系管理仍然是不可忽视的方面。许多世界五百强公司都非常重视与供应商的关系,尤其是战略性供应商的关系管理,与主要供应商的关系更靠近合作伙伴、甚至是同盟关系,而非简单的价格竞争关系。

1)数字化SRM系统的基础功能

利用数字化SRM系统,供应商管理提供了从采购需求到计划,从计划到执行,从执行到协同的一体化信息解决方案。通过供应商管理、采购需求管理、资源计划管理、在选寻报价、竞价、比价以及采销协同等业务数据,协调各方资源,指导生产,提升供应链整体作业效率,从而实现降低企业成本,提升生产效率,增强企业的竞争力。如图2-1所示为数字化SRM系统的基础功能。

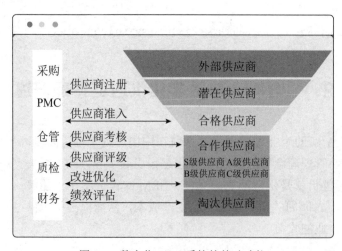

图2-1 数字化SRM系统的基础功能

在供应商考核环节，SRM 系统记录供应商在协作过程中的行为情况数据，包括资质审核、交易额、价格、产品质检评分、合同履约、售后服务数据等，企业针对重点的项目进行赋分和权重设定，搭建自定义的考核模型，模型通过采集各项目数据自动完成周期性的绩效考核。

绩效考核完成后，还应搭建可视化的绩效考核看板，采购人员可通过供应商考核看板对供应商的"优胜劣汰"进行决策。

2）数字化 SRM 系统运作风险

在内卷成为客观存在的时代，供应链竞争更多会偏向存量竞争，竞争的激烈也会导致过剩产能中大量的供应商被淘汰，整个供应链中各级供应商的规模可能会两极分化。过分强调客户价值，或者仅在成本、而非创造价值上与供应商建立关系的话，将可能给公司的供应链带来高度的风险和不确定性，导致公司的竞争力严重削弱。对供应商的关系进行管理的模式，更多则应该是开放的、协作协同，数据资源共享的多方位合作，这样关系才能更加牢固，实施供应商管理的关键价值驱动，可以在高风险和高不确定性的环境下，分散、缓解供应链风险，增强供应链各方的核心竞争力。如图 2-2 所示。

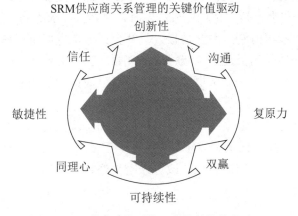

图 2-2　供应商关系管理的关键价值驱动

如图 2-3 传统供应链管理模式 PK 供应商关系管理模式可知，如果仅仅以价格维系着和供应商的关系，那么，将使得供应商的销售与客户的采购之间，就像是竞争对手一样，缺少交流、合作，以及资源共享，关系脆弱而容易导致更高的供应中断风险。

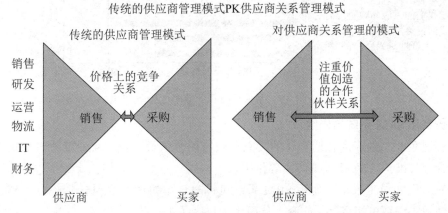

图 2-3　传统的供应商管理模式 PK 供应商管理模式

2.1.2 供应商关系管理的目标与作用

企业实施供应商的关系管理，首先要立足于"关键价值驱动"因素，围绕着降低缓解经营过程中的"业绩风险"，基于信任、沟通、双赢及同理心，拓展包括创新性、可持续性、敏捷性和复原力四个方面的内在价值。

1. 数字化供应链系统的目标

如何通过提高产品的供应能力和竞争优势，有效启动供应商关系管理，并能达成预期目标，根据2022年普华永道公司的一项调查数据表明，供应商的关系管理的目标如下。

（1）充分利用供应商的能力或者资源。使得供应、采购的流程效率更高；库存减少的直观效益；提高客户满意度，增强客户黏性。

（2）实现降低系统总成本的目标。从供应端开始改善整体供应链的准时交付业绩；更好地进入新产品/新市场，提高竞争力。

（3）完善供应链的保障，确保供应链的不中断。保持更加可持续的产品或流程；更好地获得技术创新的机会；抢占市场先机；同时，对客户需求的响应能力更强，更快。

（4）消除行业内卷。内卷，本意是指人类社会在一个发展阶段达到某种确定的形式后，停滞不前或无法转化为另一种高级模式的现象。当社会资源供给无法满足所有人的需求时，人们通过内部竞争来获取更多资源。针对供应链中的内卷问题，建立并保持合作、协同的合伙人关系，将给企业带来新的竞争优势。

综上所述，数字化供应链系统是企业与供应商为实现双方利益最大化而构建的系统（图2-4），企业对供应商进行全阶段管理的系统，且在实时供应链部署层面，最好选用专业团队，可以为企业和供应商带来：改进采购战略、缩短周期时间、降低流程成本和单位价格的商业价值。

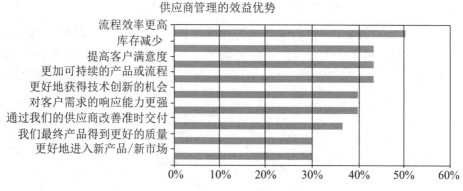

图2-4 供应商管理的效率优势

2. 数字化SRM系统的作用

要实现企业与供应商长期合作的关系、双方的价值最大化，企业就要对与供应商的关系做管理与维护。SRM系统的主要作用如下。

（1）对采购员工来说，使用SRM系统可以对订单协调和交付计划一目了然，从而有针对性地跟踪订单和督促供应商，从而大大提高了工作效率。

（2）对采购主管而言，在定期对卖方进行评估、跟踪卖方的业务和工作效率时，通过 SRM 可以跟踪订单管理和采购来源，从而清晰明了地查看所有卖家的业务情况，并定制考核指标，系统再根据指标进行科学评估，简化了管理模式。

（3）对公司管理者：通过 SRM 系统的业务报告和采购分析清晰可见，随时随地进行查看业务运营，为下一步的业务决策提供重要的参考依据。

3. 对供应商的作用

供应商不再需要专门的人员与采购企业的相关部门（包括财务部、采购部、质量部）不断打交道，通过 SRM 可以及时共享对账协调和采购门户信息，可以及时查看采购企业的库存信息，从而降低库存风险，帮助企业很好地防范运营风险。

2.2 数字化供应链背景下 SRM 内容

在当今的商业市场上，基于需求的企业数字化运营活动在供应链中的地位日益增长。这种需求增长的一个主要原因就是经营决策对企业的收益越来越重要。

视频 2.2
数字化供应链管理中的 SRM

2.2.1 数字化SRM主要内容

SRM 的最基本内容包括以下几个方面，即：供应商分类选择、战略关系发展、供应商谈判、供应商绩效评价、与供应商建立合作关系和与供应商达成采购意见。

1. 供应商分类选择

供应商的分类与选择应该确定符合公司战略特征的供应商，对所有供应商进行评估，可以将供应商分成交易型、战略型和大额型。一般来讲，交易型是指为数众多，但交易金额较小的供应商；战略型供应商是指公司战略发展所必需的少数几家供应商；大额型供应商指交易数额巨大，战略意义一般的供应商。供应商分类的目标是为了针对不同类型的供应商，制定不同的管理方法，实现有效管理。这种管理方式的转变，应该首先与各利益相关方进行充分沟通，获得支持。

2. 战略关系发展

与供应商建立合作关系，确定对各类供应商采用何种关系和发展策略，可以通过几个步骤来进行：

首先，与战略供应商和大额增长型供应商在总体目标、采购类别目标、阶段性评估、信息共享和重要举措等各方面达成共识，并记录在案。

其次，与各相关部门开展共同流程改进协调会议，发现有潜力改进的领域。再次，对每位供应商进行职责定位，明确其地位与作用。

最后，双方达成建立供应商关系框架协议，明确关系目标。在这一部分可以做的工作包括：建立供应商的管理制度；供应商绩效管理；供应商的合同关系管理；采购流程的设计与实施。SRM 能够使采购流程透明化，并能提高效率和反应能力，降低周转时间，提高买卖双方的满意度。

3. 供应商谈判

根据前面各步骤的工作完成情况可以与供应商通过谈判达成协议。SRM 能够帮助企业跟踪重要的供应商表现数据如供应商资金的变化等，以备谈判之用。SRM 在采购过程中还可以实现公司内部与外部的一些功能。公司内部的功能包括：采购信息管理；采购人员的培训管理和绩效管理；供应商资料数据实时查询；内部申请及在线审批。公司外部的功能包括（与供应商之间的）：在线订购；电子付款；在线招标。

4. 供应商绩效评价

供应商绩效评价首先应该确定符合公司战略的供应商特征，并对所有供应商进行评估，可以将供应商分成交易型、战略型和大额型。

一般来讲，交易型是指为数众多，但交易金额较小的供应商；战略型供应商是指公司战略发展所必需的少数几家供应商；大额型供应商指交易数额巨大，战略意义一般的供应商。供应商分类的目标是为了针对不同类型的供应商，制定不同的管理方法，实现有效管理。这种管理方式的转变，应该首先与各利益相关方进行充分沟通，获得支持。

5. 与供应商建立合作关系

确定对各类供应商采用何种关系和发展策略，这可通过几个步骤来进行：

首先，与战略供应商和大额增长型供应商在总体目标、采购类别目标、阶段性评估、信息共享和重要举措等各方面达成共识，并记录在数据库中备用。

其次，与各相关部门开展共同流程改进培训会议，发现有潜力改进的领域。再次，对每位供应商进行职责定位，明确其地位与作用。

最后，双方达成建立供应商关系框架协议，明确关系目标。在这一部分可以做的工作包括：建立供应商的管理制度；供应商绩效管理；供应商的合同关系管理；采购流程的设计与实施。SRM 能够使采购流程透明化，并能提高效率和反应能力，降低周转时间，提高买卖双方的满意度。

6. 与供应商达成采购意向

SRM 在采购过程中还可以实现公司内部与外部的一些功能。公司内部的功能包括：采购信息管理；采购人员的培训管理和绩效管理；供应商资料实时查询；内部申请及在线审批。公司外部的功能包括与供应商之间的在线订购；电子付款等。

2.2.2 企业数字化SRM现状

据有关数据显示，全球每年大宗商品的产出值大约在 10 万亿～20 万亿美元，占世界 GDP 的 20%。主流大宗商品中，我国基本占据全球大宗消费的 50% 以上。2022 年 1 月，中国大宗商品价格指数更是达到 152.53 点，创下近 7 年历史新高。

然而，可观的数据表象之下，难掩大宗商品行业数字化 SRM 程度低的瓶颈。在 2022 年以来新冠疫情反复，全球通胀大环境下，全球大宗商品价格快速抬升，部分大宗商品价格持续上涨，给很多大宗商品企业生产经营带来了困难。

1. SRM 的痛点

事实上，不仅是生产用料企业，其他大宗生产和流通企业也面临诸多问题，不同库区的管理水平存在很大的差别，SRM 方面普遍存在以下几个痛点。

1）供应商管理分散

大宗商品行业供应商管理分散，没有集中的供应商主数据管理，信息无法共享，且缺乏统一的供应商管理体系，资质认证不规范，供应商管理风险难度大。

2）采购过程环节多

大宗商品采购过程涉及流程环节较多，生产商采购的初级产品普遍存在质量差、价格高等现象，采购过程很难控制。同时，不同的采购类型都有不同的管理规范要求，从采购需求、采购立项、采购招标、采购合同签订再到采购订单执行各个公司的需求均不一致。

3）数字化采购战略难以执行

由于各个公司的核心业务不同，采购业务逻辑往往也不同，外加行业属性、企业文化、组织结构等因素的影响，一个企业内部往往存在多种采购业务规则，且不同企业之间的差距很大，这就造成企业数字化采购需求相当复杂，且这种复杂性体现在操作层面，致使预期的数字化采购战略难以执行。

4）对供应商的品质管控不足

部分大宗商品企业存在供应商独家供货情况，独家供货的供应商若发生产能异常或者品质问题，对企业采购产生的影响是不可预估的，同时在供应链下游及品质监控部门对独家供货的供应商管理过程中，议价、奖惩激励、日常管理均会处于被动状态。

5）采购过程签署文件多且繁杂

大宗商品采购过程中涉及合同签署、招标文件、中标通知、采购招标公告、对账付款单签署、订单签署等其中大量文件需要盖章。传统方式下，主要依靠人工的方式完成打印、盖章，工作量大且效率低，还容易出现失误。

大宗商品的供应商管理具有一定的典型性，采购企业可以通过对自身传统采购流程进行整合和梳理，根据企业物料需求特点，借助数字技术，优化供应商资源配置，使企业SRM成熟度逐渐提升，真正达到降本增效，释放数字化SRM转型带来的收益。

2. SRM 采购管理策略

具体来说，企业可通过以下几步实现商品SRM采购管理模式的有效落地。

1）改变传统采购观念

传统采购模式下，供需关系的地位是不对称的，是居高临下的命令式，是一次性或者短期的合作关系。企业在采购活动中，需要付出更多时间，与供应商讨价还价、频繁更换以及解决日常问题。新型采购观念则应该是采购业务行为基于"总成本最低"原则而不单只是追求"采购价格最低"。不仅要关注显性成本，更要注重"看不见"的隐性成本。

另外，采购成本的控制不仅只是采购部门的事，全公司上下均应该转变落后的采购理念，承担一些全面成本管理的责任，要有控制总体成本的远见，能够对采购流程中所涉及的关键成本环节和其他相关的长期潜在成本进行评估。

2）明确采购战略目标

大宗商品企业应将SRM采购管理上升为企业发展的核心战略，明确定义SRM采购的价值，即规模效益、供应商管理、降低采购成本、提高采购效率、统一企业产品标准和培养企业战略协作方，并通过企业内部战略宣讲，让集团、各个分公司、各项目组都能清晰认识其重要性，为后续推行SRM采购管理系统做充足的铺垫。

3）构建 SRM 采购管理系统

大宗商品交易系统开发是实现企业采购成本控制的基础工作，且有利于建立完善的采购系统管理体系。在实施采购业务活动之前，做好 SRM 采购管理系统的建设是十分必要的基础工作，是大宗商品企业有效控制采购成本的前提。

企业在构建 SRM 采购管理系统后，能够端到端跟踪从寻源到合同，从采购到付款，以及供应商全生命周期管理的整个采购管理的流程，帮助采购团队通过系统提供的可靠数据和信息做出明智的采购决策。

2.2.3　数字化SRM系统在供应商管理中的应用

为实现企业供应商管理的规范性与现代化，必须建立相配套的供应管理制度，设定规范性的供应管理流程，严格约束与规范各部门的职责、义务，做好责任的分配与归属，这就需要配备一定的考核机制，从而提高企业供应商管理水平。

1. 构建完善的管理机制

企业供应商管理工作的实施，应实现管理的系统化，将 SRM 系统这一重要软件贯彻其中，从源头上加以控制，从而形成更为健全的供应商管理机制。为实现供应商管理的信息化，相关人员必须及时更新管理理念，意识到供应商管理信息化的重要性，能熟练掌握 SRM 系统，实现供应商管理系统的科学性建设，从而打造一支专业而高效的供应商团队，进而提高企业的竞争力。

2. 供应商的主数据管理

在"互联网+"时代，企业可以在官方网站上发布供应商注册链接等相关的信息，潜在供应商可以从中获取相关信息。对供应商的基本信息、产品信息、资质结果等信息进行登记，可以建立潜在的合作关系。经批准后，企业可以审查供应商并且相互建立合作关系。

企业可以通过建立 SRM 供应商管理系统，达到了解供应商的产品性能、生产能力、生产效率、金融信息和服务质量等，来判断是不是符合企业的需求，从而建立战略合作关系。

3. 供应商数据来源管理

企业可以建立供应链采购协同平台，采购人员可以根据平台模板和文档来组织采购活动，通过平台向供应商发送信息。然后供应商做出相应的项目报价，公司也可以随时访问该平台，查看供应商的反馈，参与采购管理。企业负责人需要对其进行评价，通过自动计算获得每个供应商的得分，为采购决策提供参考。

4. 供应商协同管理

供应商关系管理系统需要管理采购订单、合同、合同履行、合同结算和售后服务。对专门的管理模块进行设置，让所有参与者能够了解采购订单，通过模块系统了解合同执行和售后服务信息，并且根据实际需求下达指令，从而改变交货，合同变更、合同结算的应用，它可以在一定程度上提高内部和外部的协同效应。采购订单处理方面，确保信息畅通，能够及时了解采购项目的最新进展。

在数字化、智能化大背景下，企业供应商管理逐渐开始全面改革，实现供应商管理的信息化，借助信息化载体来进行管理，提升管理效率和水平。当前，将 SRM 系统应用于供应商管理中，需要制订完善的供应商管理方案，设计完整的流程，要求各个流程都要严格按照一定的规范进行，将 SRM 系统融入其中，能大大提高运行效率与管理效率，从而推动企业供应商管理工作的高效实施。

2.3 数字化供应链下的 SRM 系统

2.3.1 SRM 系统概述

SRM 系统即供应商关系管理模型设计，是基于企业采购相关业务，涵盖企业、供应商管理、寻源、招标、供应链协同等方面，为匹配企业数字化转型全面需求。通过扩展协作互助、共同开拓和扩大市场份额、降低产品前期的高额成本，从而实现双赢（图 2-5）。

视频 2.3
数字化供应链管理中的 SRM 管理模式

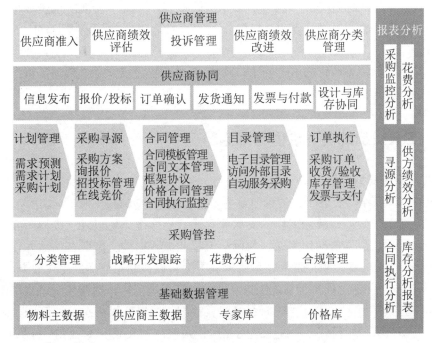

图 2-5　基于 SRM-CRM 的数字化供应链平台

1. SRM 系统的价值

数字 SRM 是用来改善与供应链上游供应商的关系的管理模式，它是一种致力于实现与供应商建立和维持长久、紧密伙伴关系的管理思想和技术的解决方案，它旨在改善企业与供应商之间关系的新型管理机制，实施围绕企业采购业务相关的领域，目标是通过与供应商建立长期、紧密的业务关系，并通过对双方资源和竞争优势的整合来共同开拓市场，扩大市场需求和份额，降低产品前期的高额成本，实现双赢的企业管理模式。

2020 年由于受疫情的影响，很多国家、地区以及企业都认识到了供应链的重要性。其中供应商是供应链的重要组成部分。现在由于疫情导致企业不能面对面接触，如何向供应商传递采购和需求信息就显得格外重要。

2. 系统模型基本功能

SRM 供应商管理系统已成为企业的亟需引进的管理系统，而在国内的相关系统市场上，SRM 供应商管理系统的厂商很多，如 SAP、企企通、一采通等，并且随着时间的推移，供应商已经做出了非常标准化的供应商管理系统，可以根据同行业、不同规模的企业，选择使用不同的标准化供应商管理系统，为企业供应商管理提供专业性的模块。

（1）基础数据管理。基础数据管理支持企业性质维护、供应商分类维护、币别维护、结算信息维护、支付方式维护、基础信息同步、资质文件设定等功能，以此进一步优化资源配置，增强买卖双方的竞争优势。

（2）供应商数据管理。供应商管理是对信息进行统一整合，通过对重点流程进行管控，实时掌控供应商动态，提高供应商的管理效率，为公司的管理决策提供信息支撑。

（3）供应商协同。通过对供应商的质量要求、需求预测、结算信息、订单收货等进行协调，使其需求方案完美匹配最适合的供应商。增强了集团管控的力度、提高了采购的协作能力。

（4）报表分析。通过开发多维度、多角度的报表，实现了灵活的报表分析功能，能够对系统采购、寻源、成本/支出、绩效、过程执行等进行分析，极大程度地提升了采购的效率。

（5）其他支撑，系统可与 ERP 系统、财务系统、招投标网站、移动手机端等无缝对接，实现信息资源共享。

2.3.2 SRM系统模型价值与优劣势

1. SRM 系统模型价值

供应商管理系统给企业带来的价值，主要由以下几个方面。

（1）提高工作效率、减轻工作。采购业务线上化操作交易记录全过程，业务信息提前知道提前互动，数据自动化生成，勾稽全流程业务数据链，集成在供需方双方，智能高效完成采购办公，通过供应商系统管理解决方案可以帮助企业提高工作效率。

（2）SRM 供应商关系管理系统让整个采购全流程规范化、透明化。每次采购都涉及金钱交易，且数字巨大。通过供应商系统留存数据，同时匹配人员各司其职，就能清楚哪些人做过哪些事，如何做。全线上透明化过程跟踪，大大减少违规情况的发生。

（3）实现捆绑上游供应商形成群体模式。通过供应商平台，数据打破距离，可以完成信息共享，即时沟通，大家一起共同成长。在这模式下，打造互联网供应体系结构。基于 SaaS 供应链管理软件，核心企业协调不同的 ERP 平台，实现上下游企业的信息共享，多层级的供应商协同，形成网状的供应协同，提升供应体系效率。

（4）供应商系统降低运维成本。交易系统很容易因为一个数据而出错，企业内部每个系统都需要 IT 人员运维，甚至一个 IT 人员需要运维多个系统，出错率高。一般来说，企业可以把 SRM 供应商平台交由专业的厂商来维护。SRM 供应商关系管理系统采用 SaaS 模式，灵活部署高效快捷，满足远程、在线等多种办公形式，数据共享，功能与时俱进，可大大降低企业的运维成本。

（5）帮助企业降低运营成本。这涉及多个方面的运营成本降低，包括供应商管理库存（vendor managed inventory，VMI）、寄售采购策略降库存、招投标、询报价、供应链金融付款、延长付款、减少系统后期运维投入，降低 SRM 供应商系统及升级投入。

通过供应商管理软件的建设将帮助企业实现采购数据的电子化、可视化，保障公开性，通过项目实施，供应商系统规范采购流程，设置全面合理的监控点，建立集体决策机制，最大限度降低人为因素的影响，保障公正性，最终帮助企业建立公平、公正、公开的阳光采购环境。

2. SRM 系统的优势与劣势

在商品流通行业 SRM 供应商管理系统能做到前期满足市场需求，在中期当企业发生需求变化，也可自由调整，并且在需求调研期间，企业有任何的需求更改都可以自由更改，只需有权限的普通员工即可更改需求。可视化的操作系统，员工即可搭建。

采用 SRM 供应商管理系统的优势：改善与供应商的协作；降低整体的采购成本；对供应商进行实时的监控。

采用 SRM 供应商管理系统的劣势：系统有多个不同的固定模板，满足不同的客户需求；与其他管理系统的集成性低；系统不能满足成长型企业的需求；支撑技术应用不足；持续每年交租，费用成本高昂；技术成本及对组织进行变革调整的成本提高。

Teamface 企典 SRM 供应商管理系统的优势如下。

（1）可自定义 SRM 系统应用字段/块/业务类型/角色布局/流程/规则/关联性等。

（2）可根据企业的供应商来源，个性搭建渠道管理/库存管理/生产管理/进销存管理等。

（3）可针对不同的流通行业定制更适合企业的解决方案。

（4）可自定义企业供应商生命周期画像，如客户画像分析/季度业绩统计/回款情况等画像。

（5）系统集成，与其他外部系统打通，满足企业的业务扩展需求。

（6）拖拉拽搭建，全模块化定制，即搭即用，交付快，周期短，可在系统中自定义 CRM+HR+OA+PMP+SCM+ 其他定制系统，需求与应用随删随改、增加等。

（7）按需定制，去除不需要的功能，大大节约企业成本，减少浪费。

2.4　数字化供应链下的 SRM 评价指标

数据供应链管理系统的业务模式可以分成若干大类，不同的业务模式的绩效考核结果会有所差异，也就是系统的侧重各有所不同。

一般来讲，SRM 系统具体评价最简单的办法就是衡量供应商的交货质量、及时性、价格和售后服务。较先进的供应商考核系统则要进一步扩展到供应商的支持服务、供应商参与本公司产品开发的表现等，也就是把考核订单、订单实现过程延伸到产品开发过程。采购人员通常从价格、品质、交货期和服务水平几个方面来考核供应商，并按百分制的形式来计算得分，至于如何分配，各公司可视具体情况自行决定。

视频 2.4

数字化供应链管理中的 SRM 评价指标

2.4.1 SRM评估指标具体内容

SRM 评估指标可分为"定性"和"定量"两种类型，定量是指可以根据具体的公式或者算法得出准确的结果，而定性却需要人为进行判定。传统企业使用的 ERP，对以下的公式参数的条件，部分无法给出明确的值，而 SRM 作为 ERP 的必要补充，可以提高公式算法的完整度，并且对很多需要定性判断的也可向定量判定转化，使得评价标准更客观、更准确。

1. 价格

此处的价格是指供货的价格水平。考核供应商的价格水平，可以和市场同档次产品的平均价和最低价进行比较，分别用市场平均价格比率和市场最低价格比率来表示。

平均价格比率＝（供应商的供货价格－市场平均价）／市场平均价 × 100%

最低价格比率＝（供应商的供货价格－市场最低价）／市场最低价 × 100%

2. 品质

品质是供应商考评的最重要的因素，在评估期内，主要加强对产品质量的检查。品质的好坏可以用质量合格率、平均合格率、批退率及来料免检率等来描述。

（1）质量合格率

如果在一次交货中一共抽检了 N 件商品，其中有 M 件是合格的，则质量合格率为：

$$质量合格率 = M / N \times 100\%$$

显然，质量合格率越高，表明其产品质量越好，得分越高。

（2）平均合格率

根据每次交货的合格率，再计算出某固定时间内合格率的平均值来判定品质的好坏，如 1 月份某供应商交货 3 次，其合格率分别为 90%、85%、95%，则其平均合格率 =（90%+85%+95%）/ 3=90%，合格率越高，表明品质越好，得分更高。

（3）批退率

即退货批量占采购进货批量的比率。如上半年某供应商交货 50 批次，返退 3 批次，其批退率 =3/50×100%=6%，批退率越高，表明其品质越差，得分越低。

（4）来料免检率

来料免检率 = 来料免检的种类数 / 该供应商供应的产品总种类数 × 100%

3. 交货期

交货期也是一个很重要的考核指标。考察交货期主要是考察供应商的准时交货率、交货周期等。

（1）准时交货率。准时交货率可以用准时交货的次数与总交货次数之比来衡量。

$$交货准时率 = 准时交货的次数 / 总交货次数 \times 100\%$$

（2）交货周期。交货周期是指自订单开出之日到收货之时的时间长度，常以天（d）为单位。有些公司还将本公司必须保持的供应商供应的原材料或零部件的最低库存量、供应商的后勤体系水平、供应商所采用的后勤系统（ERP）、供应商本公司是否实施"即时供应"（JIT 供应）等也纳入考核。

4. 服务水平

同其他考核指标一样，考核供应商在支持、配合与服务方面的表现通常也是定性的考核，相关的指标有：沟通手段、信息反馈时间、合作表现态度、参与本公司的改进与开发项目、售后服务等。

（1）沟通手段。是否有合适的人员与本公司沟通，沟通手段是否符合本公司的要求（电话、传真、电子邮件以及文件书写所用软件与本公司的匹配程度等）。

（2）信息反馈。对订单、交货、质量投诉等反应是否及时、迅速，答复是否完整，对退货、挑选等是否及时处理。

（3）合作态度。是否将本公司看成是重要客户，供应商高层领导或关键人物是否重视本公司的要求，供应商内部沟通协作（如市场、生产、计划、工程、质量等部门）是否能整体理解并满足本公司的要求。

（4）共同改进。是否积极参与或主动参与本公司相关的质量、供应、成本等改进项目的活动，或推行新的管理做法等，是否积极组织参与本公司共同召开的供应商改进会议、是否配合本公司开展的质量体系审核等。

（5）售后服务。是否主动征询本公司意见、主动访问本公司、主动解决或预防问题。

（6）其他因素。其资金资源、承诺、所体现出的能力等，是否与本公司提出的相一致，是否积极提供本公司要求的新产品报价与式样，是否妥善保存与本公司的交易记录。

5. 信用度

信用度主要考核供应商履行自己的承诺，以诚待人，不故意拖账、欠账的程度。信用度可以用以下公式来描述：

$$信用度 = 供货期失信的次数 / 供货期交往总次数 \times 100\%$$

6. 配合度

企业在与供应商相处过程中，经常因为环境的变化或具体情况的变化，需要把工作任务进行调整变更。这种变更可能导致供应商的工作方式的变更，甚至导致供应商利润损失。依此可以考察供应商在这些方面积极配合的程度。另外如工做出现了困难或者发生了问题，有时也需要供应商配合才能解决。这些时候，都可以看出供应商的配合程度。

较先进的供应商考核系统则要进一步扩展到供应商的支持服务、供应商参与本公司产品开发的表现等，也就是把考核订单、订单实现过程延伸到产品开发过程。采购人员通常从价格、品质、交货期和服务水平几个方面来考核供应商，并按百分制的形式来计算得分，至于如何分配，各公司可视具体情况自行决定。

企业生产规模不同，供应商供应的原材料也不同，因此针对供应商表现的考核要求也不相同，相应的考核指标设置也不一样。如：oracle 的供应链系统基本还是基于 marketing place 模式，以集中电子交易、电子集市、电子企业门户为主解决企业供应链；I2 的供应链系统严格执行订单模式和订单的分解，实现传统意义上的供应链解决；MYSAP 的供应链系统以 ERP 功能的外延和电子企业门户模式解决供应链上协同问题。

2.4.2 基于数字化供应链的SRM绩效管理模式

基于过程监控的供应链绩效管理，通过对行动过程中各项指标的观察与评估，保证供应链战略目标的实现。另外，基于事实的管理（MBF）与目标管理（MBO）的结合，基于 HR 的绩效管理更注重结果和目标的管理。

1. SRM 绩效评价模式发展阶段

SRM 绩效评价经历了几个发展阶段，是随着评价理论的发展同步发展的。主要阶段国内研究界比较认同的为四个。

（1）观察性绩效评价阶段：主要在 19 世纪以前，企业规模小，对其评价意义不大，故评价以观察为主。

（2）统计性绩效评价阶段：19 世纪工业革命后，企业规模扩大，评价工作愈显重要，企业设计了一些统计性的业绩评价指标，但这些指标与财务会计无必然联系，只是统计性的。

（3）财务性绩效评价阶段：20 世纪 50～60 年代，进入卖方市场，以低成本实现利润最大化，企业以财会指标（投资报酬率、经营收入、投资回收期等）来衡量经营管理绩效。

（4）财务指标和业务指标相结合的综合绩效评价阶段：20 世纪 70 年代后，进入买方市场，由成本管理向客户关系管理发展；80 年代后期和 90 年代，设计出综合的企业绩效评价指标体系。

2. 供应链绩效评价主要模型

供应链管理的绩效评价目前研究界主要有以下模型。

1）供应链运作参考模式（supply-chainoperations eference model，SCOR）

由供应链协会制订的指标，包括从周转期（cycle time）、成本、服务/品质、资产等项目评估供应链管理绩效。但而后由 PRTM 的子公司 PMG 进而发展成为供应链管理绩效计分卡。PRTM 在 SCOR 模型中提出了度量供应链绩效的 11 项指标，它们是：交货情况、订货满足情况（包括满足率和满足订货的提前期）、完美的订货满足情况、供应链响应时间、生产柔性、总物流管理成本、附加价值生产率、担保成本、现金流周转时间、供应周转的库存天数和资产周转率。目前，供应链委员会（Supply Chain Council）的 170 多个成员企业在使用该评价指标。在供应链建模方面，目前使用的绩效评价指标主要是成本和顾客满意度。

2）平衡计分卡（balanced score card，BSC）模型

平衡记分卡自诞生以来获得企业界普遍认可。目前应用在很多企业绩效的评价领域。平衡计分卡，于 1992 年由 Robert S.Kaplan 与 David & P.&Norton 等提出，可从财务（Financial）、顾客（Customer）、内部流程（Internal Processes）、创新与学习（Innovative & Learning）等四大层面，检视供应链管理的平衡度。

3）罗杰（Roger）模型

罗杰（Roger，1999）年认为，客户服务质量是评价供应链管理应用绩效的最重要手段。具体来说，主要应从以下 7 个方面进行。

（1）有形的外在绩效（tangibles），评价供应链管理的具体功能、易用性。

（2）可靠性（reliability），评价供应链管理的质量与绩效的稳定性。

（3）响应速度（responsiveness），数字化供应链管理本身的响应速度以及企业通过供应链管理对客户提供服务的迅捷性，时间是该指标的主要度量变量。

（4）能力（competence），既定的服务水平必须掌握的技能和知识。

（5）可信性（credibility），企业按时交货的能力。

（6）安全性（security），保证企业以及相关方的信息安全能力。

（7）可接近性（access），反映了供应链管理平台的信息共享和管控能力。

从上面三个模型，我们看到对 SRM 供应链绩效的评价主要集中在订单反应、客户

服务质量、财务等几个方面的指标。但是客户服务质量难以量化考核，需要通过二级指标综合获得；财务指标由于信息系统效益的综合性、不确定性也很难明确归属考核。

而作为供应和销售渠道来说，最重要的莫过于订单的反应，包括反应速度、反应质量、反应处理等；订单反应指标明显和客户服务质量和财务是正相关的；从评价理论来看，根据指标之间的相关性要小，覆盖面要全的要求，我们可以考虑用订单作为供应链的 KPI 来设计实际可用而且有效的绩效评价指标体系。

2.4.3　SRM绩效评价指标设计原则

数字化管理是当今企业提升核心竞争力的关键，但随着企业供应链规模的增大与信息化技术协同难度的增加，供应商管理的复杂程度日益凸显，科学的供应商管理能推动企业与供应商之间关系的可持续发展。

对任何事物的评价都要抓住它的关键点，明确它的主线。供应链绩效评价也是一样，VMI、SRM 只是供应链管理的延伸，主线还是订单和计划。供应链管理作为一个多主体参与的协同业务管理系统，最大的实现难点在于供应链管理的覆盖面和渠道深入梯度。供应链效益的实现和网络经济学比较相似。网络外部的梅特卡夫法则，使得网络的效益和使用的人数成正比。网络的正反馈使得用户更多地接纳它使用它，形成强者愈强的特性。

供应链管理系统构建符合这个原则，核心企业使用了数字化供应链系统，就会要求关系紧密的供应商和经销商也使用此类系统，而供应商的供应商、经销商的经销商等这个效应会沿着供应链网络向上下游传递。

而 BS 结构、企业门户、消息队列（MQ）等技术的出现，使得上下游诸多小企业使用供应链协同系统，不用如 ERP 一样花巨资去独立实施，只要简单使用网络访问核心企业的供应链管理 SRVER 段就可以完成订单任务。

基于这样的业务模式，我们参照供应链绩效评价指标其参考模型的制定原则如下（图 2-6）。

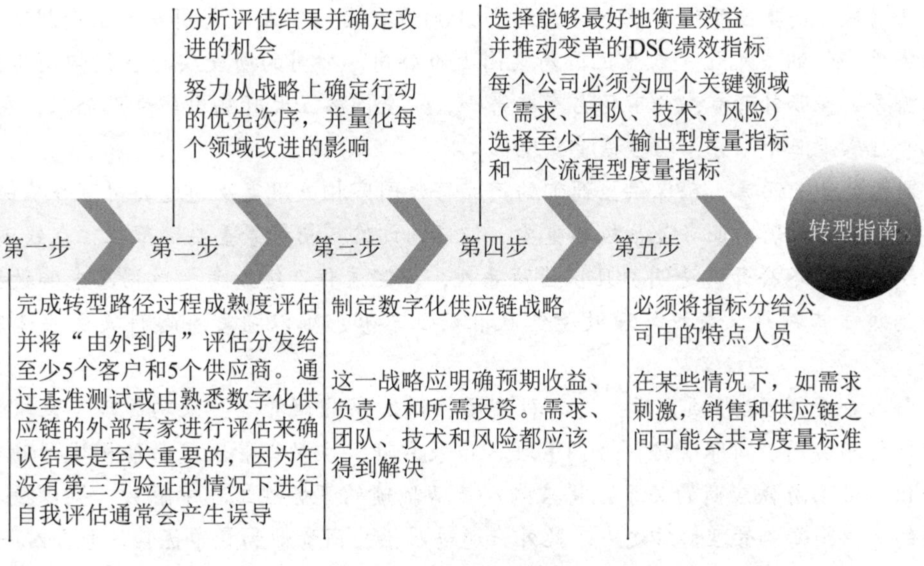

图 2-6　数字化转型下的指标体系可拓展可延续性

1. 指标体系的适用性

SRM 指标体系的设计，充分考虑我国供应链实践的具体情况，同时遵循国际供应链绩效评价的一般原则。指标体系使政府了解供应链绩效状况为进行相关决策服务，为企业提高供应链管理水平服务，从领导、战略、应用、效益、人力资源、信息安全等多个方面，推动我国供应链管理的健康发展。

2. 指标体系的简约性与可操作性

SRM 指标体系要简约，尽量选取较少的指标反映较全面的情况，为此，所选指标要具有一定的综合性，指标之间的逻辑关联要强。

所选取的指标应该尽量与企业现有运营数据衔接，必要的新指标应定义明确，便于数据采集、存储、提取、清洗等。

3. 指标体系可延续与可拓展性

所设计的指标体系不仅可在时间上延续，而且可以在内容上拓展。伴随信息技术的飞速发展，客户期望值的逐渐提高，供应链上的合作企业必须同步、协调地运行，才有可能使链上的所有企业都受益。传统意义上企业与企业的竞争模式将彻底改变，供应链与供应链之间的竞争逐渐取代原有的竞争模式，成为经济全球化、区域化条件下企业间竞争的主流趋势。

案例讨论 1

海思科集团 SRM 项目

良好的供应商关系是构建供应链的基础，越来越多的企业认识到供应商关系管理平台建设的重要性。近日，国内医药巨头海思科医药集团股份有限公司正式与企企通签约 SRM 项目，以期完成建设一体化上下游供应链管理平台的目标，实现内部协同生态，合规保供，降本增效。

1. SRM 系统助力药企巨头提升效率

海思科医药集团股份有限公司成立于 2000 年，是一家集新药研发、生产制造、销售等业务于一体的多元化、专业化医药集团上市公司。公司的研发实力在化学制药行业中名列前茅，在肠外营养细分市场占有率第一，是全国第五大肝病用药生产企业，在肝病、消化和抗感染三个细分市场占据重要地位。

对医药企业而言，确保供应商们的产品符合国家相关规定及通过公司审查确保供应，并建立长期、紧密的业务关系极其重要。但采购询价，招标等重要环节往往在线下进行，容易造成过程不公开、透明。且供应商导入，评定流程，绩效考核数据及采购数据报表依然通过手工统计，数据处理效率低且准确性不够，难以满足海思科集团快速发展的需要。

引入企企通 SRM 项目后，海思科集团将通过供应商管理、采购管理、询报价、招投标、订单协同、对账管理、合同管理、报表管理、主数据管理等功能模块帮助企业改善与供应链上游供应商的关系，将采购人员从烦琐的事务性工作中解放，得以投入更具价值的寻源判断和管理协作之中。此外，通过对供应商资源和竞争优势的整合统一平台，打通海思科集团内部采购业务从需求提报、寻源定价到履约送货付款的全流程,全面优化采购效率。

2. 数字化高效管理,赋能供应链协同生产

在医药生产领域,传统的生产协同需要大量的数据报表,且涉及供应商资源、招标竞价、来料管理、计划协同,管理操作复杂。借助企企通 SRM 的数字化解决方案,可以实现从潜在供应商、评估的引入到供应商正式交易及推出的全流程管理,让供应商每笔来料都简晰,可控。同时,在供应链绩效管理中及时发现供应链的短板,实时优化。

同时,在询价、招标竞价过程中,海思科集团还可随时跟进管理每个招标项目,监督在线报价与投标,开展在线比价评标,确保采购环节过程公开、透明,为重大采购和企业管理提供有力保障。

当前,SRM 平台已成企业生产"智"造的主流。企企通 SRM 系统不仅适用于大型生产制造领域,而且也适用于医药制造等科技含量高的领域。企企通将持续加强与产业伙伴的合作,共同促进企业管理水平的提升和商业成功。

(资料来源:http://www.cb.com.cn/index/show/gd/cv/cv1361242001490)

问题:

1. 企企通的 SRM 系统的主要作用是什么?如何助力药企巨头提升效率?
2. (SRM)项目的主要功能有哪些?采购人员业务转型到哪里?
3. (SRM)的数字化解决方案主要包括哪些?SRM 平台如何助力智能制造?

思考与练习

1. SRM 系统设计的依据以及主要思想是什么?
2. SRM 系统管理的主要内容是什么?
3. SRM 评价指标体系的评价模型有哪些?
4. SRM 绩效评价指标设计原则是什么?

第 3 章 生产运营数字化供应链

本章学习目标

通过本章学习,学员应该能够:

1. 了解生产运营数字化供应链的概念、过程、原则,掌握以产业链为基础的物流供应链的思想基础与分析方法,理解制造业供应链应用范围的扩展与延伸。

2. 掌握从实战角度出发,把握生产运营数字化供应链的核心流程,理解生产运营数字化供应链的核心价值所在。

3. 从实战角度出发,以系统思想分析不同企业生产运营供应链的特点,掌握数字化供应链的精髓,通过创新思维方式进行科学分析,培养创新能力。

引导案例

兰州牛肉拉面产业供应链数字平台投入运营

为使牛肉面实现生产加工配送一体化,总投资 8 000 多万元的兰州牛肉拉面产业现代供应链共享体系建设试点项目日前投入运营,这意味着兰州牛肉拉面产业发展所需的食材、设备、人员、制度等都可通过该服务平台实现"一站式"解决,有效促进全省牛肉拉面产业发展。

1. 企业纷纷入驻供应链平台

为落实财政部、商务部决定开展流通领域现代供应链体系建设意见,兰州市政府将最具地域特色和发展潜力的兰州牛肉拉面产业供应链列为现代供应链体系建设试点项目。经过招标,由甘肃金味德拉面文化产业集团公司、甘肃阿索食品集团公司等 4 家牛肉拉面企业及面粉、调味品生产供应企业入围承建。

项目总投资 8000 多万元,由各入围企业自主投资,政府适当补助方式建设。经过近两年的建设,日前,由甘肃金味德拉面文化产业集团承建的兰州牛肉拉面食材供应链共享服务平台正式投入运营,各面粉、调料、牛肉、菜籽油、辣椒、厨房设备、餐具、拉面技能培训、拉面人才输出等企业纷纷入驻,经过项目试点,不断完善顶层设计,高起点、高标准编制兰州牛肉拉面食材公共集配供应链体系建设项目等操作规范和管理办法。

2. 全部投入运营可降低综合成本

兰州牛肉拉面产业(食材)供应链链主企业金味德集团董事长梁顺俭介绍说,通过兰州牛肉拉面食材供应链共享服务平台,可保证将所有相关产品在一周内送达国内牛肉面企业或经营店,有效节约运营成本及时间等,提高配送效率。

据悉,兰州牛肉拉面产业供应链项目的主要建设内容有:共享仓库及配套仓储、设备设施、配送体系、标准化包装分拣中心、供应链公共服务管理平台等。项目全部建成投入运营后,可降低供应链综合成本 10% 以上,预计年销售收入超百亿元,可实现兰州牛肉拉面食材配送比例达 30% 以上。为终端店面创造千万元以上利润,对整合、推动兰州牛肉拉面行业发展具有重大意义。

（资料来源：https://baijiahao.baidu.com/s?id=1683749602078743908&wfr=spider&for=pc）

3.1 生产运营数字化供应链概述

3.1.1 生产运营数字化供应链概念

视频3.1
生产运营数字化供应链

进入数字化时代，企业生产运营全过程对数据的依赖越来越强。随着企业发展，制造业供应链管理流程复杂度越来越高，数据也越来越庞杂，而大数据技术可用于供应链从需求产生、产品设计到采购、制造、订单、物流以及协同的各个环节，通过大数据分析，实现库存信息、订单信息、配送信息等的数字化、可视化、信息化，最终达到降本增效、提高产品品质的目的。

供应链管理与应用开发平台服务商，具备海量数据管理、敏捷开发、数据分析挖掘能力，能够结合制造业特点，为制造业赋能，助力工业企业由传统制造到智能制造转型升级。同时，众多企业在数字化转型过程中，遵循企业生产链的内在运营规律，抓住转型中的阶段性难点，寻求在转型的各阶段渗透数字化精髓要义，在数字化转型中提升企业战略的价值水平与组织成熟度（图3-1）。

图3-1描绘了数字化供应链转型路径过程三级成熟度进阶模型，描述了四个关键领域的基本成熟度。数字化供应链绩效度量指标是评估衡量转型路径过程成熟度的基础，在度量公司数字化转型成熟度时，供应链绩效结果被重复和不断改进，以满足不断变化的商业场景。因此两者的紧密结合才能为公司提供一种全面的方法来衡量DSC的进展及其对业务的影响。

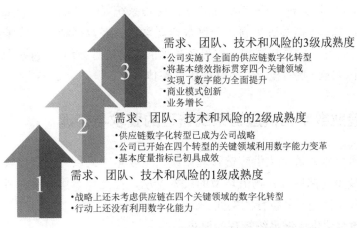

图3-1 企业数字化供应链转型路径过程的成熟度进阶

1. 数字化生产的基本含义

数字化生产是指在数字化技术和制造技术融合的背景下，并在虚拟现实、计算机网络、快速原型模型、数据库和多媒体等支撑技术的支持下，根据用户的需求，迅速收集资源信息，对产品信息、工艺信息和资源信息进行分析、规划和重组，实现对产品设计和功能的仿真以及原型制造。进而快速生产出性能达到用户要求的产品整个制造全过程。

数字化生产本质上就是指制造领域的数字化，它是制造技术、计算机技术、网络技术与管理科学的交叉、融和、发展与应用的结果，也是制造企业、制造系统与生产过程、生产系统不断实现数字化的必然趋势。

2. 生产运营数字化供应链面临的挑战

随着工业 4.0 时代的到来，数字化已经成为我国工业产业的发展共识。供应链作为工业企业核心成本支出之一，是成本控制的重要环节，过去由于数字技术的作用不足，工业品供应链管理效能低下，从而影响企业的经营效益。如何运用新一代信息技术，搭建企业供应链系统赋能供应链数字化转型，成为我国工业企业亟须解决的重要课题。无论是流程型制造业，还是离散型制造业，或者混合型制造业，每天都会产生大量的数据。伴随生产的流转，数据在不断变化。

目前在数据的管理上，生产型企业还存在很多不足，主要体现在如下几个方面。

（1）挖掘数据价值难度高。来自仪器仪表、设备、工业机器人的数据部分已经进入生产信息系统或制造执行系统，但多用于在线监控和历史数据查看，无法做到海量数据分析。

（2）信息孤岛现象严重。制造业各个信息系统，如工厂制造执行系统（manufacturing execution system，MES）、客户关系管理系统（customer relationship management，CRM）等，存在大量生产经营数据，这些数据往往是被割裂开的，即使部分系统间有交互，但交互的信息很少，信息孤岛现象严重。

（3）缺乏科学的数据管理手段。制造业拥有很多生产系统、自动化设备，着力点主要是生产，很多时候忽视了在数据管理方面人员和技术的投入，不能有效管理数据资源和建立数据管理机制，为生产经营提供有效的数据指引。

所以，只有通过整合企业现有业务系统的数据，才能打通各个系统内部数据关系，实现全域数据要素的整合。针对生产企业运营实际，对接 MES、企业资源计划系统（enterprise resource planning，ERP）、工程生产管理系统（production management system，PMS）等系统，生产数据实时更新，一键数据观察，掌握数据结构，零编码实现数据进行关联、追加、合并、汇总与透视，也可对数据的内容进行分组、分段、过滤、替换等。管理人员通过不同客户端看板，实时掌握生产整体状况。

3.1.2　制造业数字化供应链系统管理的要求与构建

制造业之所以需要数字化供应链管理系统，主要是因为供应链平台管理可以帮助制造业企业尽量减少仓储库存、物流环节的成本支出，提高环节协同运作效率，这其中也涉及了供应链管理计划及其执行的层面。

1. 制造业数字化供应链系统管理的要求

（1）供应商采购过程公开化、标准化。为新产品、优化成本而寻找新的合格供应商满足生产需求；同时，通过供应商平台绩效评估和合同管理，使采购过程规范化、标准化、可视化。

（2）协调管理供应商各方关系，互惠互利。良好的供应商关系是消灭供应商与制造商间不信任成本的关键。双方库存与需求信息交互、VMI 运作机制的建立，将降低由于缺货或积压造成的生产损失。

（3）生产订单数据可视化。制造过程中的采购订单与生产订单通过各种渠道快速、准确的反应能力在当前集团化、全球化，多组织运作的环境下尤为重要，订单处理的速度在某种程度上能反映供应链的运作效率。

（4）原料计划、订单排程同步化。有效的供应链计划系统集成企业所有的计划和决策业务，包括需求预测、库存计划、资源配置、设备管理、渠道优化、生产作业计划、物料需求与采购计划等。企业根据多工厂的产能情况编制生产计划与排程，保证生产过程的有序与匀速，其中包括物料供应的分解和生产订单的拆分。在这个环节中企业需要综合平衡订单、产能、调度、库存和成本间的关系，需要大量的数学模型、优化和模拟技术为复杂的生产和供应问题找到优化解决方案。

（5）仓储库存合理优化。成熟的补货和库存协调机制消除过量的库存，降低库存持有成本。通过从需求变动、安全库存水平、采购提前期、大库存设置、采购订购批量、采购变动等方面综合考虑，监控并优化库存结构和库存水平设置。

（6）高效的物流配送管理体系。物流配送体系的合理化是提供高质量生产性服务的关键，这其中包括合理的运输管理、道路运力资源管理、全业务流程的可视化、合理的配送中心间的货物调拨，以及正确选择和管理外包承运商和自有车队，提高企业对业务风险的管控力，改善企业运作和客户服务品质。

（7）对供需市场精准的需求预测。需求预测是整个供应链的源头，整个市场需求波动的晴雨表，销售预测的灵敏与否直接关系到库存策略，生产安排以及对终端客户的订单交付率，产品的缺货和脱销将给企业带来巨大损失。企业需要通过有效的定性和定量的预测分析手段和模型，并结合历史需求数据和安全库存水平，综合制定精确的需求预测计划。

2. 制造供应链网络体系构建的作用

对于准备投资和扩建供应链系统的企业而言，从供应链角度分析的成本、产能可以更直观、更丰富也更合理分析其自身网络建立的规模。企业需要应用足够多的情景分析和动态的成本优化模型，帮助企业完成配送整合和生产线设定决策。定制供应链管理系统对不同行业的好处直接体现在，根据行业的特点和特性来调整线上、分销的环节，甚至在冷链及其配送环节、库存管理方面也可以做到优化。

（1）灵活的大数据管理。企业可以采用一站式大数据管理，并提高应用开发能力，让数据整合、分析挖掘、任务调度等变得轻松便捷，使业务人员更专注业务数据应用，提高效率。

（2）实现数字化工业互联网。系统能够帮助企业在工业互联网之上实现智慧互联，如设备健康管理，产品全流程追溯，优化生产工艺，提高良品率等，全面提升智能制造水平。

（3）强化敏锐的洞察分析。整合内部生产经营数据，结合外部市场环境数据，帮助决策者以更高、更全面的视角洞察生产、产品、市场数据，提升产品和企业的市场竞争力。

3.2 生产运营数字化供应链的预测

供应链决策就是在需求实际发生之前根据预测做出的,它是利用历史需求信息来预测未来需求以及这些预测结果对供应链的影响程度。

3.2.1 生产供应链中预测的作用

生产运营企业通过对市场需求的预测,可以获取大量一手数据,作为提升市场相应程度的依据,从而提高企业产品与服务的客户匹配度。

1. 需求预测可以有效满足客户需求

需求预测是所有供应链计划的基础,供应链中推动流程就是根据对顾客需求的预测来进行的,然而,拉动流程都是根据对市场需求的响应来进行的。

(1)对顾客的需求进行预测。对于推动流程,供应链管理者必须对生产、运输或任何其他需要计划的活动的预期水平进行计划;对于拉动流程,供应链管理者必须计划的是可获得的产能和库存水平,而不是执行的实际数量。不管是推动式供应链还是拉动式供应链,供应链管理者必须做的首要工作都是对未来顾客的需求进行预测。

如服装企业通过对顾客订货的预测来采购面料和辅料,然后根据顾客的实际需求进行服装的最后选型设计。服装公司正是通过对未来需求的预测,来决定追溯到供应链的上游,服装生产企业同样需要进行需求预测以确定它们的产量和库存水平,服装生产企业的供应商也需要进行需求预测。

(2)协作预测可以提高生产与需求的适配度。当供应链中的每一环节都独立进行预测时,这些预测值之间往往存在很大差异从而导致需求与供给不匹配。而当供应链的各个环节协作进行预测时,预测结果将会准确得多。精确的预测可以使供应链更好地响应并有效地服务于顾客。从电子产品的制造商到销售包装食品的零售商,很多供应链的参与者都是通过协作预测来提高供给与需求匹配的能力的。

(3)持续有效的预测可以降低预测误差。像食用油、面粉这些需求量稳定的成熟产品,很容易做出需求预测并且误差较小。但是,当某些产品的原材料供给或者成品需求数量难以预知时,如果不能采取持续有效地预测,就会产生较大的误差,导致营销决策的错误。对包括时尚商品和许多高科技产品在内的商品,在生命周期内进行持续预测,可以保证预测误差缩小。所以,为了使得预测能够更好地反应顾客需求,需要识别哪些预测方式容易导致误差,并确定预测方式可以缩小误差,保证预测的准确性和有效性。

2. 需求预测的基本步骤

比如便利店给零售店经理提供了一套先进的决策支持系统,以进行需求预测并提供建议性订单。然而最终做决策和下订单的是零售店经理,因为只有这些零售店经理才有条件了解有关市场状况的信息,而这些信息是不可能存在于历史需求记录中。

生产企业在选择合适的预测方法之前必须了解以上这些因素。例如,通过顾客历史需求数据,如了解到一家经营方便面的需求淡季在 7 月,需求旺季在 12 月和 1 月。如果该企业决定在 7 月对产品进行打折促销，那么情况可能会发生变化，一些未来的需求可能会转移到 7 月，那么，该企业在进行预测时必须考虑到这个数据因素。

（1）确定预测目标。应注意需求的波动，因为产品需求的变化会给供应链带来诸多问题。如需求旺季大量缺货，淡季库存过多，这些问题增加了供应链成本，降低了市场供应链的响应性。而目标是平衡供给和需求以实现利润最大化。可以通过调整产能、转包、建立库存、延期交货来实现供给管理，也可通过短期价格折扣和促销来实现需求管理。

（2）整合供应链的需求计划与预测；对供应链计划的全周期管理、全流程管理、全要素管理，并将各阶段预测数据进行有效整合，实现预测计划的整体价值。

（3）识别影响需求预测的主要因素，如考虑影响促销时机的因素，以及促销活动对需求的影响。

（4）以合适的综合水平进行预测，如设计合理的库存持有成本、改变产能水平的成本以及产品利润。

（5）建立需求预测绩效与误差衡量标准。

3.2.2 京东助力安利的供应链转型方案

近年来京东物流致力于供应链管理的探索，通过数字化和智能化技术为客户的供应链管理赋能，从而实现全渠道 + 全链条的数字化供应链价值增值服务。

2018 年京东物流承接了安利全国所有成品的仓储物流业务，双方就此建立了良好合作关系。在此基础上，2019 年双方进一步深化合作。京东物流利用其在电商模式积累起来的丰富需求预测、补货与库存管理经验，并结合京东物流的大数据智能算法能力，为安利定制化开发了销量预测与智能补货调拨系统，简称智能预测补调系统，并全面承接安利的供应链分销计划工作，协助安利做好工厂到仓、仓到仓及仓到店的补货和调拨业务。

1. 京东数字智能赋能方案

数字智能解决方案并非单方面仅强调算法工具的先进性，而是大数据算法的能力与商业逻辑的紧密结合（图 3-2）。过去安利的人工分销与补货管理背后蕴藏着其多年业务经验沉淀下来的管理逻辑，这部分需要提炼和保留，但过去人工分销计划管理在速度、效率和精准度层面，渐渐无法适应电商场景下消费者需求特征的多样化，特别是在面对复杂和快速变化的市场情况下。因此大数据、人工智能与商业逻辑的紧密结合才是符合企业变革的解决方案的方向。京东物流在为安利制定解决方案之前，先对安利库存计划团队的人工补货逻辑及整体库存策略进行了详细调研分析，并通过算法模型，初步佐证了通过数字化智能算法解决方案与安利业务策略的结合，将有效提升安利供应链运营成效。

2. 京东智数解决方案的详细内容

京东数字智能整个解决方案包括多个部分：商品布局、销量预测、智能补货与调拨系统、经营看板、库存仿真、库存健康诊断系统方案，以及结合各仓差异化备货策略而制定的 B2C 订单拆单方案（图 3-3）。

京东物流：中国领先的技术驱动的供应链解决方案及物流供应商

京东物流发展大致可分为三个阶段：
- 1PL，第一方物流阶段（2007年至2010年）：京东为提高消费者的购物体验，开始自建物流体系，为自营商品提供物流服务
- 2PL，第二方物流阶段（2010年至2016年）：随着第三方卖家在京东电商平台上占比提升，京东物流逐渐开始为其提供服务
- 2PL+3PL，介于第二方、第三方物流之间的阶段（2017年至今）：京东物流子集团成立并独立运营，对外承接社会化订单，跃升为独立的物流企业

京东物流自身已成为成熟的第三方综合快递物流服务商，并能够组织社会快递物流力量服务于京东商城和客户，其中源自京东集团的关联性收入低于50%，未来将朝着京东物流的第四阶段，即3PL+4PL的方向发展

2007	2010	2012	2014	2016	2017	2018	2020	2021
•开始自建物流，落地第一个仓库	•在全球率先推出当日达（211限时达）服务，成为电商物流配送服务新标杆	•正式注册物流公司 •"青龙系统"上线，实现商品从发货到收货物流配送全链条管理	•首个智能物流中心"亚洲一号"在上海正式投入运营	•成立X事业部，打造智能仓储物流系统 •大件物流完成中国大陆地区所有行政区县全覆盖	•京东物流集团成立，全面开放服务 •小件物流网络中国大陆行政区县全覆盖 •建成全国首个全流程无人仓	•发布全球化战略，推出京东供应链、京东快递、京东快运、京东冷运、京东云仓、京东跨境六大产品 •完成A轮优先股融资，融资总额约为25亿美元	•发展战略：体验为本，效率制胜，技术驱动 •国内首个5G智能物流示范园区投入运营建设 •发布供应链产业平台	•在港交所提交IPO申请

图3-2 京东物流供应链的数字化解决方案递进过程

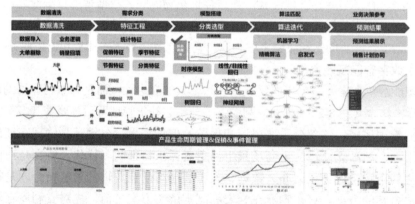

图3-3 智能预测工程化方案

（1）商品布局：通过销量预测、库存计划、运营模拟，基于时效、成本、服务水平等因素，提供商品入哪里（选仓）、入多少（库存）的最优供应链决策建议。

（2）销量预测：以京东物流大数据平台、算法平台、预测中心为基础，结合京东物流积累的行业数据，综合考虑品类、品牌、产品生命周期、价格、销售计划、营销计划、配额、节假日、市场环境等各种因素，输出销量预测。预测主要的步骤为数据清洗、特征工程、分类选型、算法迭代以及输出预测结果。

（3）数据清洗：是指对历史数据中的大单进行剔除，以及对因为缺货导致的销量损失进行的量数据回填，同时把异常的数据通过一定规则做数据预处理。

(4) 特征工程：是指梳理数据层面的特征，以便于识别。

分类选型：将数据特征与对应的算法模型进行匹配，输出对应的模型和权重后，选择结果最优的一个或几个组合模型，对 SKU 进行预测。

(5) 算法迭代：是指模型确认后进行训练和学习，算法模型持续调优的过程。

(6) 智能补货：根据安利业务特点提供多样化的补货策略，深入融合业务进行算法模型优化，系统会依据历史销量、销量波动程度两个因素输出 SKU 颗粒度的补货参数缺省值（也可根据业务需求自主设置）。系统依据智能预测结果，结合补货规则，指导每个 SKU 在仓库维度的采购建议量，协助计划人员进行补货决策，为计划人员输出智能化、自动化的补货建议，提高计划人员的决策能力，提升补货的精准度，在提高现货率的同时有效降低库存周转天数（图 3-4）。

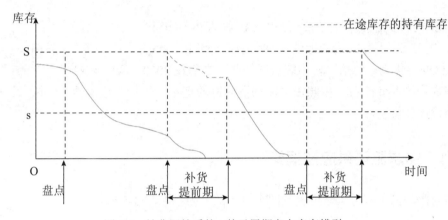

图 3-4　补货调拨系统 - 基于周期盘点库存模型

主要的补货策略为：基于销量预测和库存策略计算下游的补货需求，工厂库存供应充足时，按照下游补货需求进行满足；工厂的库存供应不足时，按照各仓由远及近优先级或者需求比例的方式修正下游的补货需求，同时会考虑总仓的可配出库存，启动总仓补货，将工厂无法满足的需求由总仓进行支援，如果总仓也不能够满足下游剩余需求，系统还有最后的全国均衡的兜底逻辑进行补充。

(7) 库存虚拟仿真：采用供应方、仓库和需求方三类基本逻辑单元建立库存系统的仿真模型，并定义各单元的属性参数，基于事件调度法，并借鉴进程交互法的处理方法，实现库存系统仿真的算法，从而解决复杂模型的优先级处理、仿真运行状态存储以及库存策略的实现等问题，实现正向的运营结果模拟和逆向的系统配置参数推荐。

(8) 经营看板：针对安利供应链各环节各部门的生产、业务、销售等数据进行 360 度全景展示，并根据数据分析后的结果进行方案建议和后续执行。

整个解决方案除了技术方面还包括业务策略与流程方面的调整和适配，异常情况的处理机制，以及绩效考核机制等方面。

3. 转型成果与总结

经过京东物流的价值供应链分销计划团队与安利的共同努力，从调研论证，到解决方案设计，再到落地运营。根据 2020 年中的绩效数据来看，安利供应链转型成效已初步呈现。

(1) 安利成品物流费用节约 10% 以上。

(2) 库存周转天数从 75 天下降至 45 天。

(3) 同时现货率从原先的 97%～98% 提升并维持在 99.5% 及以上水平。

(4) 分销计划人员数量较之前减少一半,并有望进一步提升。

安利(中国)和京东物流价值供应链的这次合作是一个很好的标杆,为安利中国业务特别是电商渠道业务的更快速的发展提供了强有力供应链的支撑,并且安利期望未来与京东物流展开更广阔的合作。而对京东物流而言,这个案例充分展示了京东物流在原有先进物流管理服务能力的基础上通过数字化和智能化技术为客户供应链管理赋能,助力客户实现数字化供应链的转型,并创造更高业务价值的能力。

3.3 生产运营数字化供应链需求分析

需求驱动供应链,作为一种供应链管理的理论和方法,已经被世界制造业巨头广为接受,如西门子、伊顿、ABB、施耐德、EMERSON、华为、海信、格力等跨国企业。它们在 2000 年初,就针对如何提供产品和服务,按照需求驱动供应链的理论,进行了根本性的重新设计和转型。

视频 3.3
生产运营数字化供应链需求分析

3.3.1 需求驱动供应链框架

需求驱动的供应链策略设置了四个对应的象限,如图 3-5 所示。

与客户互动、更好理解客户独特需求	高效集成开发IPD流程/产品设计满足客户需求
策略 1.市场管理和产品需求管理 2.客户价值评估 3.需求预测管理 最佳实践 1.S&OP流程 2.客户价值评估	策略 1.用集成产品开发流程构筑供应链响应柔性和成本优势 2.公用技术平台(CBB)、器件复用 3.供应商早期参与合作 最佳实践 1.集成产品开发流程(IPD) 2.采购前期介入研发
策略 1.精益推行 2.看板、VMI拉式系统 3.现场管理 最佳实践 价值链图分析 价值流图分析	策略 1.优选供应商&优选器件 2.供应本地化或区域化 3.可靠物料'流' 最佳实践 1.物料编码A/B/C/D分层管理 2.供应商绩效与组合管理 3.两小时供应圈
通过精益实践和拉式系统践行对客户承诺	规划可靠、快速、柔性的供应网络,满足客户要求
基础:领导变革 ‖ 流程 ‖ 组织 ‖ 系统/I.T. ‖ 项目纵深推广	

图 3-5 需求驱动的四个象限的策略与实践

1. 第一个象限

客户需求管理:以终为始,供应链始于"理解市场和客户需求",满足客户需求是企业生存的唯一理由，企业的商业模式是以客户需求为导向，如图 3-6 所示。

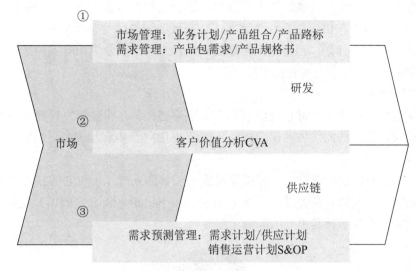

图 3-6　以顾客为导向的需求管理价值图

企业的商业模式是以客户需求为导向的，所以供应链也不例外。客户的需求管理分为三个层次。第一个层次是市场管理和产品需求管理；第二个层次是产品价值评估和客户价值评估；第三个层次是需求预测管理。

1）第一个层次：市场管理和产品需求管理

市场管理是一套系统的方法，对广泛的市场机会进行选择甄别，制定出一套以市场为中心的、能够带来最佳业务成果的战略与计划。

构建市场管理层次的具体步骤包括：理解市场、市场细分、组合分析、产品线规划、执行与监控，它的最终输出是战略级的业务计划、产品组合和产品路标规划。产品需求管理就是将客户的需求，转换成排序的产品设计要求，它是集成产品开发（integrated product develoment，IPD）流程的重要输入。

客户需求分析是从产品的价格，可获得性、包装性能、易用性、保证性、生命周期成本和社会接受程度 8 个方面来了解客户对产品的需求，并依此与业界主要对手进行对比分析，确定细分市场的产品需求定位和竞争策略。它的最终输出是产品需求和产品规格书。

2）第二个层次：客户价值评估

客户价值评估是企业对销售的产品或服务客户需求执行情况的专项评估，它以产品为维度，通过对现行和潜在客户去理解影响客户选择的决定驱动因素和杠杆因素。

客户价值评估包括 7 个因子。第一是销售质量；第二是可获得性；第三是价值与价格；第四是交付质量；第五是产品质量；第六是产品支持；第七是维护以及整体绩效。

通过对客户价值的评估，我们就能找出某产品客户需求执行的情况，与客户期望的差距，这就是需求驱动供应链按照客户需求维度实施的有效推进。

3）第三个层次：需求预测管理

对销售而言，企业不能仅仅以销售目标实现为价值导向。而生产制造同样不能把目光仅仅聚焦在产品生产上，对整个 S&OP 而言：生产与销售既是一体两面，也是在需求预测中辩证分析的起点，但不是终点。

需求预测管理一个主要的流程是销售与运作计划，也就是我们常常说的 S&OP。S&OP 消除了生产与销售问题的形而上倾向，通盘地考虑销售计划、生产制造、采购等方面的资源，对需求与供应进行综合平衡，以实现公司总体经营战略目标。S&OP 的输入是战略计划和业务计划，当月及中短期的供应和需求。企业更加看重的是当月的供应和需求，S&OP 的输出就是可行的发货计划。

2. 第二个象限

精益研发设计：在新产品研发阶段构筑其供应链优势。精益研发设计是指在新产品研发阶段构筑起供应链的优势。我们知道 IPD 经过 IBM 公司和华为公司的实践，已经被广为熟知。

IPD 是一整套包含企业产品开发的思维模式工具的系统工程，它的核心思想之一是基于平台的异步开发模式和公用技术模块（common building block，CBB）策略，这个核心思想对供应链产生了极其重要的影响（图 3-7）。

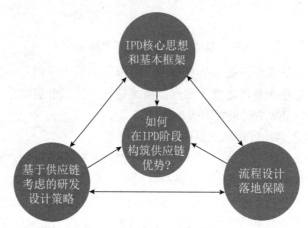

图 3-7　集成产品开发流程的优势保障三角形

具体来说，华为公司将其分为三个方面。

第一个方面，基于供应链考虑的研发设计策略；

第二个方面，如何用 IPD 核心思想"基于平台的异步开发模式和公用技术模块重用"来降低供应链的复杂程度；

第三个方面，就如何在新产品研发阶段构筑其供应链优势做好流程设计落地保障。

1）基于供应链考虑的研发设计策略

企业产品质量是设计出来的，不是检验出来的，这也成为 Design for X 的运作思路。

Design for X 是一种系统工程的思想。也就是说我们在研发的设计阶段去考虑如何实现产品的可采购性、可制造性、可安装性、可配置性、可使用性、可维护性、可服务性、可升级性和可淘汰性。以可采购性为例，设想一下，如果开发工程师前端把本可以避免的独家器件设计进了产品的物料清单（bill of material，BOM），后端产品转量产以后，采购工程师的价格谈判就变得困难重重。如果研发工程师在把器件生命周期即将进入衰退期或者结束期的器件设计进产品的 BOM，那么我们产品后续的供货就难以得到保证。如下图所示，产品全周期的数据化跟踪与分析，使供应链数据在各阶段问题解决方案中实现更理想的价值目标（图 3-8）。

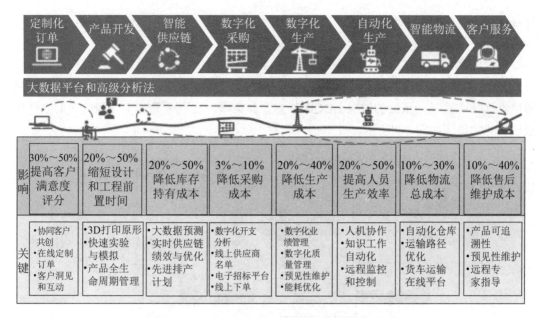

图 3-8 基于数字化供应链各阶段功能与关键示意图

所以我们在研发阶段就要考虑如何实现可采购性的策略,避免把产品衰退期的产品设计进流程中。

2) 如何用 IPD 核心思想"基于平台的异步开发模式和公用技术模块重用"来降低供应链的复杂程度

通过新产品和现有产品的设计来降低供应链的复杂程度。复杂供应链的复杂度是业务发展的自然结果。如果不加调控,复杂度就会随机扩展到无法控制的程度。

例如:某公司的产品线大约是 10 条,主力产品 50 多个,但产品的铭牌标签、螺钉、螺母器件的品种都高达数百种。经过物料的归一化以后,产品的铭牌标签减少到 20 多种,螺钉、螺母可以减少到 50 多种,完全可以满足产品的需求。所以,如何通过公用技术模块和器件重用策略来降低供应链的复杂程度,是企业着重考虑的。企业可以通过共用的技术、共用的技术模块和公用的器件、共用的组装生产、共用的用户界面来降低生产供应链的复杂程度。

以汽车制造业为一个例子,大众汽车集团已经进入了汽车模块化生产时代。造车就像拼乐高、搭积木一样,MQB 是大众集团最新的横置发动机模块化平台,这个平台将许多汽车的零件设计参数标准化,能够跨越多个不同品牌与不同的汽车级别,让汽车厂商长期实现零部件共享。同时也提供新汽车科技快速导入各类量产车型的优势。生产平台目前可以应用于各种迷你车型和小型车型,像 POLO、甲壳虫、高尔夫、上库、捷达、途观、途安、夏朗、帕萨特和大众 cc 等系列。

3) 流程设计落地保障

开发阶段构建供应链优势的策略包括:①客户货期/需求预测管理;②成本控制;③订单履行;④基于平台产品开发&器件重用;⑤延迟定制化;⑥供应商早期介入;⑦构筑供应速度与柔性、满足客户期望货期;⑧优选供应商、可靠物料计划;⑨制造策略。

流程设计落地保障就是:通过流程设计,把这些策略通过前期介入研发预研、计划、开发设计、验证发布各阶段实施,通过阶段评审点保证这些策略工具具体实施。

3. 第三个象限

规划可靠、快速柔性的供应网络以满足客户需求。供应网络规划模块我们可以分为三个方面:第一,优选供应商:如何选择正确的供应商;第二,如何对供应商进行正确的地点选择;第三,正确的物料 ABCD 分类管理策略,实现采购方企业和供应商之间形成可靠的物料流如图 3-9 所示。

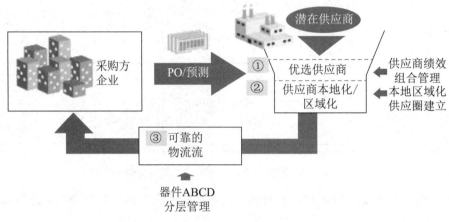

图 3-9 供应网络规划模块的基本构成

1)如何选择正确的供应商

潜在的供应商可以通过供应商最低资质标准、供应商认证步骤和集体综合评估决策的评价,达到技术、质量、响应、交付、成本、环境、社会责任和网络安全的综合最优(图 3-10)。最后我们可以将这样的供应商确定为合格供应商,对已经开展合作的合格供应商,我们通过绩效管理和组合管理,一方面将供应商的真实绩效表现量化,指导业务分析,便于供应商清楚自己的不足之处,利于监督供应商改进。另一方面,经过不断筛选,对绩效结果表现很差的供应商,我们例行清理,避免选择劣质供应商,挑选优质的供应商。

图 3-10 供应商绩效评估的表格模块

2）供应商选址

供应商选择正确的地点，原则上需求预测越不稳定的期间，越需要考虑本地化和区域化寻源，甚至考虑自制，以增强供应的可靠性，需求预测很稳定的器件。只要总体成本（total cost of ownership，TCO）有竞争性，可以考虑全球采购。但从目前去全球化浪潮的兴起，建立区域化或本地化的供应网络，已经成为趋势。

3）正确的物料 ABCD 分类管理策略

根据器件的需求预测稳定性，即采购金额大小，将器件分为 ABCD 四个层级，不同层级的物料制定不同的管理策略，包括用不同的订单频次，政策，制定不同的目标库存在库天数（days on hand，DOH），设置不同的安全库存、决定全球化采购还是本地化或区域化采购，或是自制的采购政策，根据不同的 ABCD 分类管理，我们可以形成可靠的物料流。

4. 第四个象限

通过精益的方式，减少浪费和提升速度和效率，持续为客户提供价值；"速度"是精益的主要目标，降低所有业务流程周期（cycle time）是现代制造业一个差异化竞争的关键点，要提升效率和速度，可以通过消除浪费、创造工作流、客户拉动式、持续改进等途径（图 3-11）。

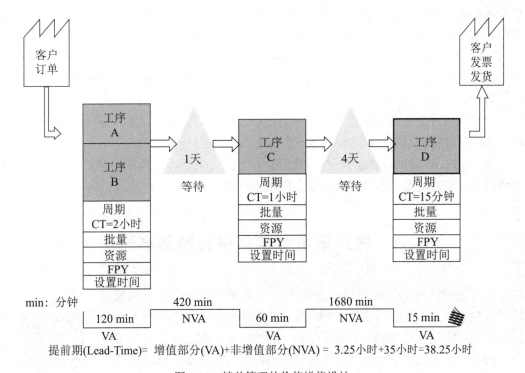

图 3-11 精益管理的价值增值设计

3.3.2 生产数字化供应链管理主要工具

生产数字化供应链管理工具创新应该从全产业链协同效率提高、全要素生产力提升和全场景服务能力夯实三个视角出发，深入数字化供应链内部，发现数字化供应链的创新规律、创新模式和创新案例。

1. 价值流图 VSM（value stream mapping）

客户拉式和持续改进经营管理工具，常用之一就是 VSM。价值流图是典型工作流的代表，它包括增值部分（VA）和非增值部分（NVA）。精益管理关注整个工作流，针对增值部分时间和非增值部分时间进行改进。精益的成功是通过整个制程时间的缩短来衡量，时间的缩短会改进客户服务水平、库存周转质量和劳动的利用率。非增值时间的缩短，是精益管理的主要关注范围，让非增值时间 NVA 缩短主要方法是通过减少 WIP，也就是在制品库存的减少。

2. 价值链图 VCM（value chain mapping）

价值链图的构建要侧重全链条，涵盖从最初的客户接触到交付产品和服务，它必须解析需求驱动供应链所有的流程要素，包括需求预测、产品及物料的复杂程度、计划、排产、库存消耗、供应商、物流和制造环节。价值链图是高层次的业务分析工具，目前已逐渐分解成关键组成要素图，并演变成职能价值流图。

（1）需求驱动供应生产链。实践过程是开发的组织、合作的文化、共同连接的系统，是需求驱动供应链成功推行的关键。

在实践过程中，需求驱动供应链成功的因素有很多，需求驱动供应链是跨组织的，它涵盖市场、研发、供应链。所以，打破职能部门闭塞式的思维形成的不良习惯、打破部门界限，是成功推行需求驱动供应链成功的动因。通过打破部门界限，把所有的职能部门相连接，形成共同的系统，以统一的组织界面和客户合作，在企业内部使市场研发供应链职能部门和外部的供应商的协同合作，这是计划流程也是需求驱动供应链成功重要因素。

（2）产品开发与设计理念来自市场的需求。通过跨职能部门的产品开发能够有效地减少供应链的复杂程度，也是需求驱动供应链成功的另外一个因素。

总之，产品开发与设计的组织活动、合作方的文化整合，以及利益相关方的协作等系统有效运作，是需求驱动供应链成功的关键因素所在。

3.4 生产运营数字化供应链基本流程

传统供应链概念原初的核心主要指生产型企业供应链。供应链是围绕核心企业，从配套零件开始，制成中间产品以及最终产品，最后由销售网络把产品送到消费者手中的，将供应商、制造商、分销商直到最终用户连成一个整体的功能网链结构。尽管由于数智化技术推广，供应链去中心化趋势明显，但是，对部分供应链而言，在供应链上下游核心企业是一种客观存在。

视频 3.4
生产运营数字化供应链流程

3.4.1 生产型数字化供应链形成过程

生产型供应链主要在企业内部完成生产流程，所以，从性质上来说，它属于生产型内部供应链。

1. 萌芽阶段

萌芽阶段最主要的生产模式是流水线作业，一般认为，供应链萌芽于工业革命时期的流水线作业。工业革命早期，英国的工场手工业的生产已经不能满足市场的需要，这就对工场手工业提出了技术改革的要求。英国人瓦特改良蒸汽机之后，由一系列技术革命引起了从手工劳动向动力机器生产转变的重大飞跃。

工厂利用设备汇聚了更多的工人，为了解决效率和规模化的问题，但工人工作上还没有明确的分工。这期间的生产效率提升主要得益于能源的充分利用。

这个阶段还是以手工作坊或类似于手工作坊为主的生产模式，只是加入了机器设备和先进工具，但供应链雏形已经初步显现。

2. 发展阶段

这一阶段企业内部有明确分工，虽然分工明确，但部门之间信息传递较困难。随着工业革命，流水线作业在更多国家、更多工厂的实施，流水线作业越来越成熟。

最具有代表性的是 1913 年建立的福特 T 型车生产流水线，彻底改变了汽车的生产方式，也改变了现代工业的基本生产方式。

流水线的生产方式实现了企业内岗位分工，大大提高了生产效率。但是企业之间各个部门之间的协作，大多情况依然靠人工进行传达和交流，信息的传达具有一定的滞后性，生产计划和销售之间存在一定的信息数据差，常常会导致特殊时期的生产过剩或者供不应求的情况。

3. 相对成熟阶段

在这阶段企业内部开始使用软件工具来解决信息传递问题，企业开始使用 ERP 这类企业资源管理系统，一定程度上打破了各个部门之间的信息壁垒，使得企业内部流程更加的整体化、规范化，跨部门之间的合作效率大大提高。

企业开始使用 ERP 系统来对企业的供、采、销环节做计划和运营。库存得到了更好的控制。客户需求预测，相对于前一阶段更为准确。对物流费用的管控得到了进一步优化，企业的物流成本得以控制，客户满意度得到了一定程度的提升。这个阶段，一些相对成熟初具规模的企业，大多都通过类似于 ERP 软件的进行业务整体的数字化运营管理，企业的运作效率整体来说比第二阶段的人工运作大大提高。

4. 不断完善阶段

随着信息技术的推广，尤其是供应链软件逐步完善，跨企业角色合作模式开始。很多产品是代工厂生产的，尤其是电器类产品。代工厂生产，可以简单地理解为：成品的各个部件/业务是由多个公司共同合作完成的。

供应链角色的分工逐渐形成，这也是产品设计、品牌设计与产品生产的分工。核心企业负责协调供应链，其他各公司在各个业务流程里各司其职，确保用户需求得到最大程度的满足。这个模式对业务流之间的信息传递要求非常高，靠人为不可能完成（图 3-12）。

在这个阶段，企业已经完成了各部门之间的数字资源整合。并且实现了与战略合作伙伴之间的协同工作，同时，企业许多的决策可以通过数据驱动在上下游之间分享。

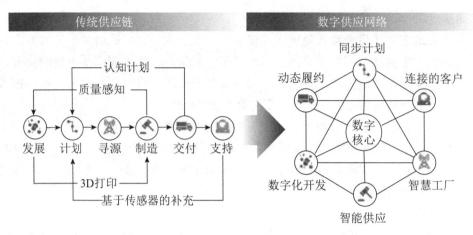

图 3-12　传统供应链与数字化供应链生产流程网络

数字化供应链运用大大地增强了整个供应链的效率和扩大了企业市场规模，使得供应链得到了质的飞跃。如我国格力公司的成功，实际是数字化供应链的成功，不过这个阶段，数据获取或者说数据决策系统还有待于继续完善。

3.4.2　生产型供应链数字化解决方案

工业 4.0 背景下，工业 B2B 电商平台具有扩市场、提效率、省成本的固有属性，更为工业企业进行跨界新型信息技术的应用，提供转型升级的入口。

1. 生产型供应链主要模型

工业制造业 B2B 的表现形式多种多样，有以工控网＋工控猫组合为代表的资讯＋交易模型、以海智在线为代表的非标采购模型、以欧治采购为代表的供应链输出模型、以震坤行工业超市为代表的交易模型、以 1688 工业市场为代表的基础设施模型等。

（1）基础设施模型。最大特点在于平台本身不参与货品的交易，这就意味着平台避免了备货成本方面的大量支出，尤其是储备海量 SKU。作为纯粹的第三方平台，在品牌商、渠道和企业采购端有着较好的多样性。另外，由于基础设施模型的平台往往不单一服务于工业品 B2B 类目，其 IT 成本和技术成本已经摊薄。而多年以来的大量客户资源沉淀，在低成本获客方面同样有优势。

（2）交易模型平台。规模较易受 SKU 丰富度影响，尤其对于创业公司而言。一方面，其低成本获客能力来源于早期线下生意形态的客户导入；另一方面，其服务能力的线上化和大客户采购供应商的角色为其利润提供保障。而未来有标准化服务能力保障的推进，SKU 组合将为平台业务规模和利润提供支撑。

（3）资讯＋交易模型。根据我们跨细分 B2B 行业的观察，资讯＋交易模型存在着多项单一交易模型不具备的优势。一方面，资讯平台为交易带来了大量的客户资源，鉴于 B2B 的客户行业固定特征，这种客户资源的获取成本极低；另一方面，资讯平台相对长期存在，IT 和技术开发较早，交易平台这部分的成本同样相对摊薄。资讯平台的高毛利特性也在成本支撑方面提供帮助，资讯＋交易型平台在产品组合上同样有着特别的优势。

(4)非标采购模型。相较交易型平台,其采购特性决定了买方的价值相对更高。一旦抓住了采购方订单,反向整合供应链上游将有机会带给平台更有利润的商业回报。供应链输出模型是较为特殊的一个群体,常常是大买家角色的央企等核心企业将自身采购规模和认证供应商体系进行标准化输出,其业务开展较多也嵌入在合作采购企业的 ERP 当中。

工业制造业 B2B 平台在模式上呈现多样性,B2B 平台不仅是互联网技术的应用平台,线下运营能力和对产品的专业度,成为 B2B 平台成功的关键。工业制造企业不要轻易去自建平台,做自己擅长的事,把不擅长的方面交给专业的服务平台去做,与平台进行深度融合甚至共同建设平台,是工业制造业向互联网转型的最佳选择。

2. 针对工业制造业 B2B 平台架构的解决方案

工业品电商平台能够打通产业链、提高工作效率、去中间化、降低成本,各方面相辅相成,缺一不可。全产业链闭环服务生态系统,联合核心企业和生态资源方,为工业制造业行业客户提供采购,销售,仓储,物流,清算及供应链金融一站式整体解决方案(图3-13)。

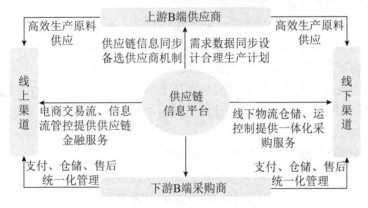

图 3-13　工业 B2B 电商平台核心功能

(1)询价单模块。供应商可发布大宗商品库存,采购商可根据采购量、支付方式等进行询价,生成的询价单供应商可在商家中心进行报价。

(2)采购商等级。不同等级、不同渠道、不同模式的采购商,供应商可自定义其优惠折扣政策、解决供销分工不明确等企业核心运营问题。

(3)大数据分析。工业制造业平台接入大数据管理平台(data management platform,DMP),依托大数据对客户行为轨迹的分析能力,构建客户的兴趣模型,为客户提供实时产品或业务的智能匹配服务;其依托大数据对实时流数据的处理能力,实现秒级实时精准营销服务,支持用户触发营销活动,支持触点营销,支持关系营销,支持上下游关联营销。

(4)电子合同。平台通过 CA 的数字认证技术和数字证书产品来实现有效的电子签名,让电子合同符合《电子签名法》,具备防篡改、抗抵赖的特性,从而拥有和纸质合同同等的法律效力。

(5)仓储物流模块。仓储场所是物流与供应链的调度中心,仓储直接与供应链的效率和反应速度相关;平台仓储模块不仅提供传统的储存服务,还提供与制造业的延迟策略相关的后期组装、包装、打码、贴唛、客户服务等增值服务。

3.4.3 制造业数字化供应链应用

制造业数字化转型应依据时代发展和区域经济发展要求，通过对企业内外部的数字化工作流、信息流、物流进行有效管理，实现资源的高度共享和协同，改造传统产业链供应链，加速业务优化重组和创新升级，培育发展新动能。

1. 打造基于数据技术开放平台的研发设计平台

在传统制造型企业的产品设计制造环节，研发设计是耗时最长、成本较高的工序。在市场调研的基础上，研发设计人员根据历史需求和个人主观经验，推断消费者的偏好，或者根据行业技术现状对现有产品进行改进设计。通常一项爆款产品上市不久，同行业会迅速推出外观相近、性能相似的新产品；或者企业投入大量的时间、人力、资源开发的产品不能贴合消费者需求，而造成产品滞销。在数字时代，数据是与土地、资本、技术处于同等地位的生产要素，是企业进行新产品开发、商业创新、业务流程优化等决策的重要依据。

2. 建立基于智能算法的排产排程系统

生产排程对各类制造型企业都是一项关键的任务，因为排产需要考虑产品的整个制造环节，同步考虑加工时长、材料供应、库存等多重限制和成本、供货期等优化目标，需要根据实际情况调整，制定实时最优的生产计划。当业务流程及生产场景的复杂度提升时，通过运用数字化技术，打通供应链各环节信息，实现生产全程的透明化管理，特别是对于一些制约传统制造业的生产计划实施的"插单"情况，可以保证计划的可执行性，显著提升企业的准时交货率。

3. 建立基于智能预测的多层级库存优化系统

库存优化系统主要包括需求预测模块、补货计划模块、促销优化模块、服务水平优化模块、多级库存优化模块。需求预测模块需要对需求进行分类管理，结合传统的时间序列预测方法与 AI 算法，利用企业内外部的有效数据，为不同种类的商品提供精准的需求预测。在补货计划模块，通常会根据产品的特征将其分成常规产品、易腐品、促销品、呆滞品等不同的类别，根据当前产品的生命周期、市场供需情况提出有针对性的补货建议，力求在满足需求的前提下，将库存降到预期水平。

4. 构建智能运输系统

传统的运输环节主要依靠人工作业，调度效率较低，在运输业务大幅增加的情况下，很难制定最优的调度方案，制定合理的运输路线，挖掘潜在的成本节约空间。智能运输系统可以综合考虑各种运输资源、客户需求、运输环境限制，为企业提供多场景、多目标的路线规划建议；运用 AI 技术大幅度提高运算的精准度，预估装卸时长和行驶周期，实现区域间运力均衡，提升满载率，降低空驶里程，节约运输成本。

案例讨论 1

我国生鲜供应链的上中下游现状

上游极度分散，农村经纪商层级无法避免。自古以来，我国农业生产即以个体"小农生产"为主，目前我国有2.3亿农户，经营耕地10亩以下的农户达2.1亿户。生产经营非常分散，集中度较低。

受制于生产源头农户的分散性，以及各地生鲜品种、质量、价格不统一，农村经纪商需要对当地生产状况、语言等十分了解，且备受村民信赖的农村经纪商去各家各户收购生鲜，一定程度上，起着整合生鲜的作用。因获取各地生产信息成本高及信任机制影响，中间商很难跨越经纪商直接向农户采购，使得当前供应链无法避免地增加了农村经纪商层级。

中游：损耗高、冗长交叉的多级批发模式仍占主流

生鲜从农户到消费者至少经过4层的供应链十分冗长。由于上游极为分散，为了满足消费者对农产品在不同区域和不同季节时的需求，我国多年来形成了稳定的以多级批发市场为主的生鲜流通体系，即分散的农户生产商品后，由大量经纪人收购，运输至产地批发市场，随后由销地批发市场、二级批发商等分销至零售端农贸市场、超市等，最终到达终端消费者手里。

由于供应链冗长，农产品经过每层环节的储存、运输、装卸后损耗较大，叠加运输成本、人工成本等，层层加价，使得产销两地产品差价较大，而当前生鲜零售终端毛利率普遍较低。

多级分销市场也使得从生产源头到终端消费者的完整流通过程呈现出多元交叉的特点。零售商可从二、三级批发商进货，也可从产地、销地批发市场进货，资源整合能力较强的零售商如永辉超市会一定比例的直接与农户或合作社签订订单；多级批发市场也会从农户、产地、销地批发市场进货；生鲜在不同"角色"之间的多元交叉，没有统一规划，使流通效率下降，商品难以溯源。

但总体来说，由于物流成本、资源整合成本高昂，目前电商盈利较低，普遍亏损。以2011年成立的经营状况相对较好的善之农为例，2017年虽首次扭亏为盈，但营收、净利规模很小，企业自由现金流经常为负，毛利率低于8%，到目前还没有跑通稳定的盈利模型，电商未来经营趋势还不能判断。

综合来看，目前国内生鲜供应链仍以冗长、高损耗的多级分销模式为主，整合能力强的超市直采只占采购的一定比例，电商直采盈利能力较差，长期经营效果尚未显现。但减少供应链的中间环节，提升采购效率一定是未来生鲜流通的趋势。

下游：以农贸市场为主，超市、电商齐头并进带动直采

当前生鲜零售以农贸市场为主，未来超市直采为必然趋势。由于超市生鲜购物环境整洁、其价格较农贸市场更有竞争力，消费者开始转变只去农贸市场购买生鲜的传统观念。从下游生鲜终端渠道销售数据来看，2018年73%生鲜通过传统农贸市场交易，仍稳居零售端市场主体地位，其零售摊位的分散性限制了规模化采购，使中间商整合难度提升，增加了中游流通环节。

（资料来源：https://www.sohu.com/a/454435444_660276）

问题：
1. 我国生鲜供应链的上中下游现状如何？如何理解问题越大，机会越大？

2. 上游集中度低与中游的供应链十分冗长之间有何逻辑关系？生鲜零售终端毛利率普遍较低主要原因是什么？多级分销市场导致的供应链效率低下主要表现在哪些方面？

3. 生鲜零售以农贸市场为主的现状能否转变？电商直采能否获得稳定的收益？

思考与练习

1. 制造业供应链系统管理的主要特点是什么？
2. 需求预测的类型有哪两种？为什么说需求预测可以有效满足客户需求？
3. 需求驱动供应链框架的四个象限主要内涵是什么？
4. 从供应链视角分析基于物联网技术的汽车生产物流流程的特点以及过程。

第 4 章　销售数字化供应链管理

本章学习目标

通过本章学习，学员应该能够：

1. 了解销售数字化供应链的渠道模型与互联网背景下的业务特点，掌握电商背景下的销售数字化供应链的创新理念与构建方法，理解销售数字化供应链的应用场景。

2. 从实战角度出发，掌握销售供应链的精髓，我国内外双循环以及双轮驱动思想在流通领域中的体现，通过创新思维方式分析，培养创新能力。

引导案例

芬香全面布局供应链社交电商的未来

社交电商因为"去中心化"的特点，一经推出就受到了商家和消费者的肯定，并凭借质优价低的优势，快速占领了用户市场。2019 年我国社交电商市场销售额超过 2 万亿元，2020 年社交电商市场销售额以超过 60% 的增速增长，销售额达到 3.7 万亿元。

社交电商对经济的影响力不断加深，从最初人们对它的印象只是传统流量遇到天花板后的新流量蓝海，经过越来越多的案例证明，经过疫情时间的考验，社交电商不仅仅是一个好的售货渠道，也不仅仅是扶持品牌发展的阵地，更是方便消费者的新消费方式，社交电商站在了时代的风口。

抓住时代机遇，芬香表现亮眼

随着以社交电商为中心的新业态不断涌现，政策对新经济的大力支持，社交电商行业不断迎来发展机遇，芬香作为其中的优秀代表，表现十分亮眼！

作为京东体系内头部社交平台，芬香依靠京东海量商品池和微信 12 亿私域流量优势，并借助京东的物流、售后体系，在成立不久，就取得了耀眼的成绩。2020 年，芬香完成亿元 B 轮融资，总 GMV 突破 100 亿，会员超过 200 万，服务品牌商家超过了万余家。

构建铁三角，全面布局供应链

作为一家成立仅 2 年的公司，芬香的发展无疑是快速的。但随着社交电商行业进入"赛车道"，逐渐从流量竞争进入了用户存量竞争时代，芬香如何保持优势，加强精细化运营，并创造出新的成绩，我们从芬香 CEO 邓正平的几次讲话中看到了芬香的布局——优化供应链！

诚然，与传统电商相比，社交电商能够直连货源，天然具有供应链方面的优势，但如何借助和放大供应链端的成本及效率优势，并保证商品质量，依旧是值得深思的问题。

芬香 CEO 邓正平讲道："芬香将不断丰富供应链结构，围绕用户需求打造特色供应链体系，构建'大众好货＋独家品牌'双引擎驱动。大众好货的品类将更丰富、选品更严格、性价比更高、与京东合作更深入，并且'独家品牌'必须具备独特性，且品质高、迭代快，能更好地满足消费者多方位需求。同时也提出了芬香的铁三角生态：供应链、技术、用户。"

这是芬香CEO邓正平在今年1月份的讲话，时隔2个月后，在芬香成立2周年的讲话中，他再次提出要不断提高芬香供应链把控标准，全面构建芬香供应链优势，足以见芬香在优化供应链方面的用心和恒心！

据了解，2021年芬香将加大投入，丰富供应链结构，推出两大战略级项目：健康美容项目、品牌服饰特卖项目。这不仅是对芬香已有业务的补充和丰富，也是芬香紧跟时代发展，拓宽自身边界，为平台用户带来全新体验的尝试，在创新和突破中提高用户忠诚度。

（资料来源：https：//news.163.com/21/0402/12/G6J1LTSD00019OH3.html）

4.1 销售数字化供应链

4.1.1 销售数字化供应链基本模式

2022年3月15日，信息消费工作交流推进会以视频会议形式召开。会议指出，2022年，将完整、准确、全面贯彻新发展理念，按照高质量发展要求，紧扣供给侧结构性改革这一主线，加快提升产业供给能力，积极引导释放消费潜力，持续加大宣传推广力度，营造良好消费环境，大力释放消费潜力和内需动力，加快新一代信息技术与实体经济深度融合，扩大和升级消费信息迈向新阶段，在更高水平、更深程度激活零售消费市场，打造数字经济新优势。

视频4.1

数字化销售供应链

自从"商贸渠道""从生产企业独立分工出来以后，一方面商业渠道在不断的创新，传统意义上的"渠道为王"时代正在成为过去时；另一方面随着社会的发展，渠道的形式发生了巨大的变化。这一变化主要体现在数字化背景下销售供应链基本模式的构建与创新。

互联网作为重要的链接方法改变了渠道结构，也改变了供应链模式，而商贸企业的竞争最终一定是供应链的竞争。销售化供应链三种基本模式如下。

1. 传统渠道模式

在互联网之前，传统的零售方式就是通过商贸渠道进行铺货销售的。渠道规模越大，销售的能力就越强，销售规模就能越大，供应链的效率就能占据优势。当然商贸渠道也是多层级的，在传统结构中，有总代、省代以及地市代理的分层结构。这些层级的叠加和分布最终就形成了渠道的网络结构体系，最为典型的就是销售连锁渠道结构，如图4-1所示。

图 4-1　传统销售渠道模式

2. B2C 电商模式

而在互联网的电商应用开始之后,互联网就作为了新型业务渠道,通过 B2C 的电商模式,把以前的渠道网络组织在结构体系上进行了归拢和精简,把营销和商品物流运作完全独立分开(图 4-2)。线上做营销销售,线下通过"仓配一体化"的集中模式进行供应链的实际业务操作。

图 4-2　B2C 电商销售模式

显然,这种模式将以前若干的分销职能以及众多的仓储体系都去掉了,将消费者"到店自提"改成"送货上门"的模式。

而与 B2C 同步发展的,还有基于互联网的平台模式,建立平台让更多的卖家在平台上进行销售。这种模式,在中国最早是从工厂外贸转内销开始的,然后,众多国内经销商、代理商也寻求模式的改变在互联网上寻求新的利润空间。于是,众多的销售企业与消费者的聚合就成全了技术平台公司。但是也促使了另外一种极致型的供应链模式(M2C)的落地(图 4-3)。

图 4-3　M2C 电商销售模式

3. 社区电商模式

M2C 模式虽然在供应链结构上是极简的,但是在某些品类和现实的购物行为习惯的要求下,依然还是需要基于现货或者需要能快速交付的供应链运作体系。比如:食品生鲜的社区电商。

所以,企业基于平台数据,通过农场或者农业工厂对城市操作仓进行补货,然后由城市操作仓再通过社区团购的方式对消费者进行商品交付。这种模式在操作上和 B2C 的电商模式有些相似,但是并不完全一样。B2C 的电商模式是库存现货模式面向消费者,而社区电商模式是面向工厂进行订单补货的快进快出操作(图 4-4)。

图 4-4　社区电商销售模式

4.1.2 不同销售供应链模式的效率分析

1. 传统渠道模式下的供应链效率

为了说明不同模式对供应链效率的影响差异，请参看一个现实的供应链运作案例，背景来自国内某大型家电运营生产企业，企业的销售型供应链基本运作模型如图 4-5 所示。

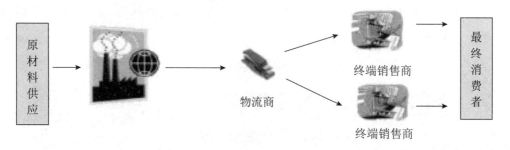

图 4-5　销售型供应链基本运作模型

生产商是由上游的原材料供应商直接对其进行原材料与零部件供应，生产商负责部分关键部件生产和家电产品组装，生产商有自己的销售公司覆盖到全国各地，销售终端有三种模式：自营专卖店、大型电器连锁零售商以及大型商厦销售门店。

销售终端由生产商当地的销售公司负责协调和管理。补货模式为每周补货，生产商的短期执行计划就是自然周。由于原材料生产供应、生产周期耗时以及产品补货耗时，生产商从开始进行需求预测到最终完成产品补货需要 8 周左右的时间。具体运作时序说明如图 4-6 所示。

运作执行步骤说明如下（当前周为 C 周）。

（1）每周生产商分布在各地的销售部门必须提报 C+8 周的市场需求预测，然后据此在每周的周末生成各产品在各市场区域的 C+8 周的订单需求。目的是为了在 C+1 周做需求预测评审，以确定对其上游供应商的原材料订货，同时让生产部门准备相应的生产能力，即驱动对 C+4 周的生产做物料和产能准备。

（2）C+1 周进行需求预测评审以确定原材料的采购订货和生产准备。预测评审完成后，通知上游供应商进行原材料生产，原材料必须在 C+4 周前到达指定工厂。

（3）各销售终端在 C+2 周提报 C+8 周对产品的销售需求订单。

（4）在 C+3 周时结合收集到的对 C+4 的原材料准备情况以及 C+4 的产能准备情况进行订单评审。最后确定 C+4 周的实际生产数量，同时确定对各销售终端在 C+8 周的实际订单供应量。

（5）C+4 周进行正式生产，产品下线后就安排物流发运。

（6）C+5 周到 C+7 周是产品物流交付周，确保产品最后能在 C+8 周之前顺利到达各地的目标市场进行销售。

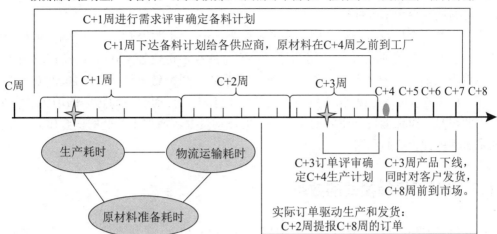

图 4-6 运作时序

通过上述过程我们可以清楚地看出，为了能让终端客户在终端零售商处进行产品购买的需求可得到及时的满足，生产商的供应链需要提前 8 周就开始运作，每周的市场需求都需要经过两次不同的评审。

第一次是预测评审，提供给供应商做原材料准备，原材料在 C+2 周进行生产，在 C+3 周送货，C+4 周之前到工厂，所以在供应链上将保有 1 周的原材料库存。

第二次是订单评审，确定最终的生产数量，在 C+4 周产品生产完毕，然后在 C+8 周之前送达市场，所以供应链上将拥有 3 周的在途产品库存。

因此，从原材料供应到市场销售的这段供应链上将会持有 1 周的原材料库存和 3 周的产品库存，另外还需要加上 C+4 周生产周的库存。因为需要对市场做现货销售，所以在这段供应链运作上必须持有 5 周以上的产品成品库存。

为了方便从量上分析和说明时滞效应对企业供应链的影响，在此做一些基本的假设。

（1）生产商对市场仅销售同一系列的产品，每周销售数量为 1 万台，市场零售价为 4000 元每台。

（2）单台原材料平均成本为 1000 元。

（3）单台产品平均生产人工费用为 200 元，生产费用为 300 元。

（4）单台产品平均出厂价为 2000 元。

那么我们就可以计算生产商在生产该系列产品时，从原材料供应到生产，到市场零售这段供应链上的库存资金占用情况。

（1）C+3 周原材料供应商的在途原材料库存为 1000 万。

（2）C+4 周生产周，原材料在库库存 1000 万，生产成品在库库存 500 万。

（3）C+5，C+6，C+7 为产品运输周，共计 3 周，每周的产品价值为 2000 万，所以产品在途库存价值为 6000 万。

在不计算由于需求波动以及牛鞭效应而需要设置相应原材料安全库存以及产品安全库存的情况下，供应链为了满足在 C+8 周时客户可以及时得到产品交付的情况下，供应链上需要持续占用 8500 万的库存资金，而且其市场销售额为 4000 万，生产商的销售额为 2000 万。生产商的回款一般都是在产品销售完成之后，由销售终端回款给生产商，回款的平均周期至少为 1 个月。

为了生产安全以及市场销售安全还需考虑需求波动和供应链的其他影响，生产商则需要原材料供应环节拥有至少一周的原材料安全库存，价值为 1000 万；在市场销售环节，增设一周的产品安全库存，价值 4000 万。所以，供应链上还需要增加 5000 万的资金占用，即整个供应链上的长期资金占用将达到 1.35 亿，而生产商每年的销售额为 2.4 亿。由此可见，时滞效应严重的占用了企业的流动资金，增加生产商的资金压力，更重要的是这将侵蚀企业的利润。

4.1.3 M2C极简模式的效率

在 M2C 的模式下，企业将会采用 MTS（make to stock）的生产模式，则其基本运作时序从传统模式调整为图 4-7 所示模式。

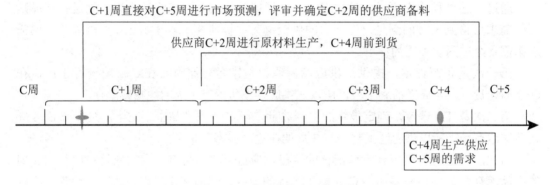

图 4-7 调整后的基本运作时序

在新的模式下，生产商不再需要每周对 C+8 周做需求预测，而是直接对 C+4 周做市场需求预测，即 C+3 周的生产量。对照上图，就是在 C+1 周做 C+5 周的市场需求预测，然后直接经过有关部门的需求评审，评审结果直接发送给相应原材料供应商，让原材料供应商在 C+2 周进行原材料生产，在 C+4 周之前送到相应的工厂。

生产商则在 C+4 周进行 C+5 周的供应生产，产品下线后直接对 C+5 周的客户订单进行发货。在这种模式下，结合上节的数据假设，我们可以计算出在 M2C 模式下，供应链上的资金占用情况如下。

（1）C+3 周原材料供应商的在途原材料库存为 1000 万。

（2）C+4 周生产周，原材料在库库存为 1000 万，生产成品在库库存约为 500 万。

（3）C+5 周不存在库存占用，因为客户已经支付了产品的购买费用，所以库存占用资金为 0。

因此在这种模式下，在供应链上所需要预支垫付的资金是 2500 万，产品生产出来后，隔周就可以回款。如果生产商在新的模式下采用 MTO（make to order）生产模式，则运作时序精简如图 4-8 所示。

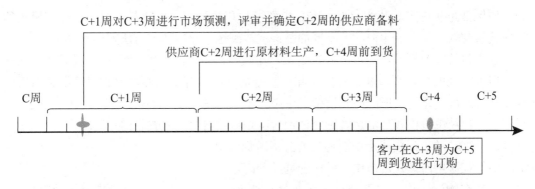

图 4-8　MTO 生产模式运作时序精简流程

在 MTO 生产模式下，市场需求预测就可以在 C+1 周对 C+3 周进行预测，相关部门通过需求评审后，直接安排供应商在 C+2 周进行原材料生产，原材料在 C+4 周之前送到相应的工厂。

而与此同时，客户在 C+5 周的到货订单已经在 C+3 周提供给了生产商，那么产品在 C+4 生产下线后，就马上可以通过物流智联网发货给客户。在这种模式下，供应链的资金占用分析如下。

（1）C+3 周原材料供应商的在途原材料库存价值为 1000 万。

（2）C+4 周生产周，原材料在库库存为 1000 万，生产成本在库库存约为 500 万。

（3）在 C+3 周客户已经提前预付了货款，所以企业在 C+3 周已经收回 2000 万现金。

所以，在新的模式下，如果生产商采用 MTO 生产模式，那么在供应链上只需要占用 500 万资金而已，而且货款是提前收回。对比传统模式与 M2C 新模式下的 MTS 及 MTO 模式在关于供应链上资金占用情况以及回款周期，如表 4-1 所示。

表 4-1　供应链资金占用与回款周期对比表

	传统模式	M2C 新模式（MTS）下	M2C 新模式（MTO）下
供应链资金占用	8500 万	2500 万	500 万
回款周期	1 个月	1 周	提前 1 周

由此可以看出，在 M2C 模式下生产商对客户的商品交付时滞大为缩短，从传统模式下的 1 个月缩短到新模式下的 1 周，而且这 1 周的时间甚至还可以转移至终端消费者。供应链上资金占用也大为减少，回款也更快，生产商的供应链因此将被变得更加的敏捷和高效。

4.1.4　传统的渠道零售模式与 M2C 电商模式的对比

从两种有代表性的模式的对比，我们可以看出：在 M2C 的电商模式下，尤其是预定模式（MTO）下，整个供应链体系变得极简，效率变得极高和更敏捷，完全可以实现供应链体系上的"零库存"追求。

当然以当前的商业环境和形态，让零售商业完全转换为 MTO 也是不现实的，因为有难以逆转的社会认知背景存在，而且 B2C 和社区电商模式是当前大力推进的主流模式。

如果都是从生产商开始考虑，B2C 电商模式和社区电商模式与传统渠道零售模式的供应链结构其实是高度相似的。不同的是：现货到达市场的环节有所差异和区别。

因为传统渠道模式环节流程和渠道中转相较 B2C 电商模式和社区电商模式要更长一点。但是其他的操作环节和过程完全相似，都需要经过订单预测、原材料采购、然后产成品补货到库，才能实现商品到消费者手中。不同的是在 2C 的物流处理上。

（1）传统渠道模式是消费者到实体销售网点购买自提的方式到门。

（2）B2C 的电商模式是由快递物流公司送货到门。

（3）社区电商模式是由城市操作仓直送到门。

三者在物流运作上的不同也体现在供应链上的关键考核指标"存货周转效率"上，经过对各相关模式的上市公司的公开财务报表查阅，它们在"存货周转天数"的表现如表 4-2 所示。

表 4-2　存货周转天数一览表

存货周转天数	2013 年	2014 年	2015 年	2016 年	2017 年	2018 年	2019 年
美的	55.38	51.50	44.67	40.59	44.94	56.51	56.43
格力	67.92	44.44	49.25	45.69	46.27	47.62	55.30
小米				50.08	44.74	54.01	63.02
海尔	18.20	20.61	27.49	32.68	37.70	43.85	56.78
京东商城	34.20	34.80	36.90	38.00	38.90	38.70	35.80
苏宁易购		66.90	46.63	40.17	36.73	35.28	38.36
国美零售	60.20	68.60	71.40	62.00	67.10	66.70	58.30

- 以上数据来自各上市公司年报，因社区电商模式还没有上市企业，未能列出
- 小米最开始的模式是 M2C 的 MTO 模式，但是后来商业模式发生了变化

4.1.5　混合模式分析

目前，无论是生产运营的企业，还是传统的零售企业，也都有部分业务实现了数字化。这种混合销售供应链模式是技术与需求推进的结果，但是在我们对比它们供应链的效率时候会存在很大的困惑。

1. B2C 模式

企业在经营过程中，采用不同的经营思路与方法，其经营的结果显然也有所不同。如海尔在 2010 年之前极致的强调"日清日结""零库存模式"，所以我们会看到海尔的存活周转天数明显优于其他公司，但是这其实并非正常情况，所以往后慢慢走向了业界的平均值。从上面的库存周转天数的对比中，我们可以得出以下结论。

（1）传统渠道销售企业（国美/苏宁）虽然同时也转向了互联网数字化的销售模式，但是其供应链效率依然不如凭借互联网技术所建立起来的 B2C 模式的企业（京东）。

（2）生产型企业受限于后端的原材料采购以及前端的销售渠道结构，所以在供应链运作能力上相较于传统零售企业的表现要普遍偏弱。

（3）B2C 模式的企业在供应链运作上比生产企业所占据的优势更大。但是结合我们上面

的案例分析,如果这些生产企业能走向 M2C 的模式,则供应链的竞争能力能大大提升。当然,流量的获得以及获得成本的多少,是这些生产企业在做模式转型时所需要考虑的问题。

2. MTO 模式

如小米早期正因为采用 MTO 的模式,所以才在供应链上占据了很大的优势。通过大量吸引粉丝、创新营销策略,才能比其他品牌提前获得一至两个月的消费者预付款。这和楼盘的预售模式高度相似。它能完全解决企业的资金成本和库存积压问题,将供应链效率发挥到极致。

(1)供应链模式潜在价值。手机订单的预售模式无疑让小米具备了强大的供应链竞争优势。当然产品的竞争力就不仅仅是供应链的竞争力,还包括产品良率,设计理念和设计缺陷等。可以说,小米能从智能手机中脱颖而出,其早期供应链模式有巨大的功劳。

(2)规模和多元化的要求。后续因企业上市所需要的规模和多元化的要求,MTO 模式在小米并没有继续进行全产品线的坚持。从实际和上述理论上的分析可以看出,这种运营模式在其他竞争要素和水平相当的前提下,确实能让企业获得更强的竞争力,所以它对于很多小而美、可以采用面向订单生产的企业更有价值。

但是,我们也需要认识到商业交易在几千年来都是钱货两讫的现货模式。即使经历了 20 年来互联网电商的发展,让我们对购物的延迟满足有了一定的认知和接受程度,但是时间再长的延迟满足就容易让消费者陷于焦虑。

4.2　数字化销售供应链创新

数字化转型是人类社会史上重大的一次社会转型。数字化转型,是大势所趋,商业模式要么数字化,要么被淘汰。

视频 4.2
数字化销售供应链

4.2.1　数字化时代的销售模式创新

在互联网的趋势影响下,客户获取专业知识和产品信息的渠道越来越多。然而线上信息往往具有局限性和碎片化的特征,因此线下体验店的概念被反复强化。趋势是短信息链的产品和业务逐步线上化,而具备更多服务内容的零售商往往采取线上线下融合的销售模式。线上提供信息,线下提供更具体验化人性化的服务。

1. 现代数字化销售创新

然而线上信息即使具备个性化推送的能力,但在针对性、专业度和建立品牌与客户连接的层面始终有所欠缺。在此背景下,一个新的商业模式——现代数字化销售（remote selling）应运而生。

现代数字化销售通过为销售提供一套兼具决策和赋能的数字化工具,以社交媒体（例如微信）向消费者提供一对一销售服务,支持消费者一站式完成分享、购买等流程的数字化解决方案。现代数字化销售的商业模式并不拘泥于特定行业,它适用于一切期待为消费者提供定制化需求,希望消费者与品牌产生持续直接对话,渴望与消费者建立长期真实情感连接的企业。

互联网作为一种革命性的生产力，在数字时代起到基础性作用。以互联网为基础的数字时代的到来，让互联网成为我们生活中不可或缺的一部分，它不仅影响我们每一个人的衣食住行，更逐渐走进产业，在产业领域不断渗透拓展，我们可以把互联网发展客观上分为两个阶段。

2. 不同创新阶段的特点和区别

针对 C 端（个体）用户的传统互联网阶段；针对 B 端（组织）用户的互联网 + 阶段（产业互联网）。这两个阶段各有侧重，但彼此紧密相连，共同丰富和提升我们的生产和生活。但是，针对 B 端的产业互联网绝不仅仅是传统互联网阶段的简单叠加和升级，而有其独有的内在特性：从个人应用转向组织和产业应用的深度融合，垂直细分，以特定产业为基础，融入互联网的特性，提高效率。两个阶段的特点如下。

（1）客户不同。产业互联网面对的是组织客户，传统的互联网面对的是普通消费者。

（2）场景不同。产业互联网面对的是个性化的产业场景，传统互联网面对的是大众化的场景。例如，适合医疗行业、汽车行业、铁路行业的互联网应用，场景绝对是不一样的。

（3）门槛不同。企业对产业规律了解情况，决定了其接入产业供应链的程度。产业互联网应用的门槛高，要介入到产业，你对产业规律不了解没有办法去做，门槛高。但传统互联网，初期的门槛非常低，随着用户增多，门槛才提高，其门槛体现在用户数量上。随着企业用户数量的增加，行业壁垒也会提高，企业介入产业链用户数量的瓶颈也会日益明显。

（4）决策流程不同。产业互联网涉及的流程、关系复杂。而传统互联网流程很短，关系很简单，用还是不用用户自己就能决定，清楚简单。

（5）连接要素不同。产业互联网是连接特定的产业要素为基础。而传统互联网是连接网民为基础。比如，医疗行业的产业，产业要素包括医疗设备、医生、医药等。

（6）扩散速度不同。产业的应用扩散起来非常缓慢，而传统应用一旦模式走通，可以病毒式扩散。

（7）黏性不同。产业应用来讲，一旦植入到产业里面，黏性非常强，一般来讲不太容易被替换，除非企业推出新的商业模式。传统的互联网黏性非常低，一旦有创新商业模式出现，旧的商业模式就会被替代。

（8）关注不同。传统互联网讲求的是用户数，是用户基数，具体每一个用户的贡献不重要，只要有用户数，就有价值。在数字化产业领域中，最重要的资源是商业数据，如果企业对数据资源有一定控制力，并且在核心环节上能够控制得当，这对企业十分关键。

（9）决定权不同。产业互联网的应用、用户和客户是分离的，决策的人（客户，决定买不买）不实际使用产品，用的人不决策。但是一般的互联网产品，客户和用户是一体的，像滴滴打车，打车的人既是客户也是用户。这是最大的差异。

（10）使用目的不同。产业互联网的目的是提升整个产业系统的运作效率。而传统互联网解决的是生活中的不方便——痛点。例如外卖订餐，是解决懒的问题。

这个阶段的数字化以产业要素的 IoT 化也就是物联网化为基础，从个人应用转向组织和产业应用，与产业深度融合，垂直细分，以提高产业运行效率的目的。在这个阶段，行业经验和资源控制力比所谓的互联网思维更为关键。

3. 通过现代数字化销售赢得持续竞争力的关键成功要素

在了解现代数字化销售这个商业模式来源与定义后，如何通过企业自身资源和能力禀赋构建适合的解决方案则需要企业关注和落实以下五项成功要素：

1）基于销售环节的数字化赋能方案

成功落地的现代数字化销售模式最关键的要素就是具有一套可以连接用户并支持销售活动的数字化赋能方案。这套数字化方案在业务层面包括：①销售侧：可以直接连接客户的销售和决策工具。②客户侧：获取信息，购买和分享的线上购物流程。在技术层面，需要与品牌已有系统进行对接和集成，包括品牌的 CRM 系统、产品库存系统、营销内容资源库和人力资源系统等。

对于多品牌企业则即需要考虑品牌之间的差异化，也需要兼顾企业层面的数据（特别是用户数据）统一性和通用型以及单个品牌层面数据的独立性和可调用性（图 4-9）。

轻量级用户下单流程		销售工具				其他运营团队	
分享内容管理		内容编辑分享平台		用户订单		销售知识库		仓储物流	
浏览分享内容	收藏分享内容	分享内容产品	内容产品关联	用户订单查询	订单物流查询	常见Q&A	优秀案例分析	库存管理	发货通知
转发分享内容		品牌内容浏览	品牌内容编辑	用户画像		销售交流平台	品牌知识查询	智能配送	货物跟踪
订单管理		品牌产品浏览	产品库存查询	用户画像查看	用户数据维护	销售线索		售后	
线上下单	订单历史	产品推荐		激励体系		销售线索生成	销售过程指导	售后订单管理	产品质量检测用户
物流查询	退货申请	基于用户产品/内容推荐	基于特殊节日产品/内容推荐	销售龙虎榜	业绩完成度查询	销售线索预警		产品质量反馈	数据维护
系统集成和数据支撑							
CRM系统	产品信息库	库存信息	员工信息	品牌内容库	订单信息	销售线索	品牌知识库	销售案例	常见Q&A	产品建议反馈

图 4-9　remote selling 需求全景图

2）基于品牌和行业的定制化销售方案

正如用户需要个性化服务体验一样，品牌同样需要结合行业趋势、竞品策略和资深禀赋等内外在条件打造适合自己的销售流程和销售方案，如图 4-10 所示。

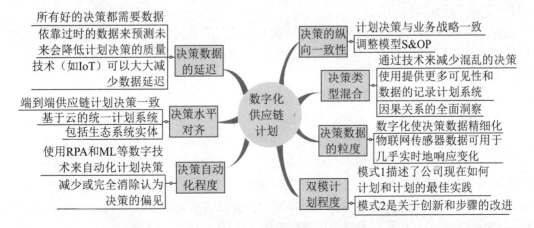

图 4-10　现代数字化销售供应链计划与决策关联图

（1）品牌塑造和企业价值观。在产品销售过程中，销售需要考虑的不应仅仅是如何卖出一件产品。从长远而言，传递产品对消费者的深层含义、品牌背后的故事及企业价值观更能触达人心。例如一辆私家车对于消费者而言，是承载着一个家庭的快乐时光，还是与出行者的相互陪伴，或是结束忙碌一天后的自我审视和独处的私密空间，这对消费者的触动将远远大于各种炫目功能的描述和数据的渲染。在为某奢侈品打造现代数字化销售模式时，企业在内容分享中，打造了一些系列代表品牌传奇色彩的品牌故事和设计师灵感捕捉的轶事。将消费者在认同和感动于品牌故事后，自然引导进入购物场景。

（2）产品功效和使用目的。品牌不仅需要依据消费者不同的心理需求来规划设计销售流程和销售方案，产品功效和使用目的上的差异也会导致现代数字化销售在不同行业间落地方案的千差万别。比如在打造某全球知名家具零售商现代数字化销售落地方案时，了解到消费者除了希望家具能够发挥功能效用外，家具间的协调搭配、对室内采光和空间要求也是重要购买因素。

（3）企业资源和能力。对于多元化企业而言，各业务线之间的资源可以相互借用，通过丰富的产品组合和服务场景提高吸引力。在为某集地产、商场、游轮业务为一体的企业打造解决方案时，Thoughtworks 对其可提供的产品和服务组合进行了更综合的考量。一方面通过现代数字化销售为地产销售构建私域流量，一方面将地产会员与商场、游轮会员进行了有机的捆绑，不仅提升了主要销售产品地产的竞争力，而且多方联合达到了企业内部相互导流的目的。

3）鼓励跨团队销售数字化协作

成功执行和落地现代数字化销售需要业务环节整条价值链所关联的每一个部门和员工的合力，而非销售团队的一己之力。以零售行业为例，我们对于一个产品实现现代数字化销售就涉及如下部门的协调合作：精美销售内容由 Marketing 团队提供和 Digital 团队进行更新维护；当消费者下单后，仓库人员需要及时进行配货发送，物流团队保证按时保质的交付；如果库存不足，销售需要及时并向其他店铺提出调货或补货申请；如果消费者对收到的产品不甚满意，售后团队需要介入并鉴别产品是否达到退货标准；Merchandiser 需要依据销售情况和销售预测安排配货；客户的反馈由销售接收后，反馈到 R&D 或者设计部门。

每一个环节的缺席都会导致用户体验极大程度的降低。因此通过梳理现代数字化销售的业务场景和业务流程，识别相关部门团队并协调他们紧密合作是方案落地必不可少的步骤。

4）建立与现代数字化销售直接关联的激励体制

新商业模式的落地往往意味着相关部门工作方式和任务要求的变化。在过往方案咨询过程中，我们曾观察到以下一些情况：虽然了解收集客户信息和维护企业 CRM 系统数据对构建数据资产尤为重要，然而对于成天忙于完成业绩指标的销售而言并不能产生短期可见的直接收益。因此这个"额外"却重要的活动往往被销售直接忽略。缺乏有效的激励体制，员工往往很难接受新的工作变化或很快失去适应变化的动力。因此企业需要制定一套与业务目标和行为效果相契合的激励体制。

这套激励机制协助企业打破销售只在意短期销量提升的现象，将销售重心转移到与客户建立长期合作关系从而现实可持续的盈利增长模式。

5）为团队争取更多的可支配时间

数字化销售和相关员工还应保有更多时间，通过学习和客户的深度交流构建销售的良性循环。在现代数字化销售涉及的业务范围之外，优化企业日常的业务流程、提供自动化操作系统和数字化工具，跟踪日常运营数据快速锁定潜在问题都是我们可以关注的方面。

4.2.2 数字技术助推下的销售行业发展趋势与挑战

目前，伴随90后、00后进入职场，他们是信息时代、数字化智能时代的见证人和经历者，也是最强劲的消费群体，与70后、80后相比，他们身上有更深的数字化时代的烙印，属于他们的时代已经来临。

1. 数字化背景下零售业发展趋势

目前最关键的问题是Z时代消费全体的生活态度、消费方式的巨大变化，这些差异化会深刻影响经济运行，也间接影响着未来的销售供应链组织方式。

1）企业规模分散，资本逐步集中，行业整合加剧

我国许多行业是典型的"大行业、小企业"，当前行业发展日趋成熟，但企业两极分化严重，百亿元以上规模的头部企业屈指可数。基于资本青睐、消费需求升级、经济走弱以及总体经济形势欠佳的市场环境，生活品销售行业将加速整合，一方面，通过收购、兼并、整合，行业龙头企业规模快速扩张，大者愈大；另一方面，产业融合正在成为一种潮流，房地产、家装、家电、建材、农业工厂、软件互联网企业等，都在逐步向更深层次领域渗透融合。

2）个性化、定制化需求逐年增长

团购、社区消费等早已是消费的主流。近年来，随着我国城镇化进程加快和居民可支配收入的增加，中高端消费群体涌现，传统产品和服务已经不能满足消费者对于个性化生活环境的需求。目前定制是未来制胜的核心领域，已成为各大零售企业竞争的战略制高点，中小规模的定制企业更是数不胜数。

3）从批发到零售的商业模式转型

越来越多的企业致力于提升零售业绩，逐步改变过去订货、铺货、压货、指标考核等传统商业模式，将企业经营的着力点聚焦于消费者需求、终端零售数据、消费者体验等，以消费者需求为导向，由此带来企业在产品研发、商品管理、市场策略、供应策略、库存策略等方面的全方位优化，驱动整个价值链上所有节点快速、精准、高效的运转。

4）从单一渠道到全渠道转型

在批发向零售转型以及社区销售的导向下，销售作用点前移，并且企业渠道越来越趋向于多元化，其本质是通过多元渠道甚至是全渠道经营，更加全面、便捷的接触和服务消费者。零售行业主要渠道包括线下的大型商场、连锁店、独立大店、超市，以及线上天猫、京东等网上平台、自建线上商城等多种业态。随着零售企业的竞争日趋激烈，尤其在此次疫情的影响下，电商化、线上线下一体化等成为普遍共识和大势所趋，零售企业的销售渠道从单一渠道逐步走向全渠道经营，通过渠道的展开、对市场高密度渗透、

渠道间协同引流等方式抢占先机。

5）互联网思维越来越得到重视

在（移动）互联网+、大数据、云计算、数字孪生、AR/VR等科技不断发展的背景下，零售行业在开放式智能产品研发、大规模定制、场景式互动式顾客体验等技术的应用方面，以及全渠道协同销售和供应、多行业跨界融合、新零售体验闭环、自助体验店业态创新方面，都逐步采取数字化思维与创新商业模式结合的方式全力推进。

6）社区销售、团购模式和智慧门店方案成为共同的方向

由于体验店门店能完整地展现不同的产品特色和生活品位，所以符合零售未来的发展潮流，将出售产品的理念升级为出售生活方式。另外，企业通过开设提供一站式购物体验，引入饰品和餐饮等构筑高频消费，通过品类扩张、产品平价策略，扩大客户覆盖面，由此维系与消费者之间的紧密连接。未来，以中心店为基础，通过门店数字化打造，实现门店与供应端的无缝对接，将对传统的厂、店对接及供应链管理带来全面的颠覆。

2. 对零售企业发展的新挑战

零售转型和全渠道经营等发展趋势，极大地提高了流通行业供应链与物流的复杂度，同时也对其流通品质、时效性、经济性、服务体验等提出了更高的要求，使得流通行业供应链面临极大的挑战，企业长期面临交付周期长、交付满意度低、全通路库存高的困扰行业供应链与物流的问题，主要体现在以下几个方面。

（1）企业相对缺少供应链思维，没有认识到供应链发展对企业发展的重要性，即便是龙头企业也缺少符合企业发展要求的供应链系统能力。

（2）传统的、长期以订货会为导向的批发模式，使得整条供应链灵动性不足，无法适应新时代以消费者为中心的诉求。

（3）企业标准化程度低，劳动强度大，对人工依赖大，"招工难"的问题成为行业普遍性问题。

（4）企业供应链纵深长，规模性企业一般涉及从原材料供应到服务终端消费者的整个链条，供应链复杂度高。

（5）消费者个性化需求越来越强，导致销售供应链推拉结合点不断向供应端后端移动，要求企业的供应链体系具有非常强的管控能力和柔性能力。

（6）许多企业供应链在产品设计、生产工艺、包装防护、施工保障、售后周期等方面的基础能力不足，导致交付能力低、服务效率低、消费者体验差。

（7）分段式、功能性物流使得过程资源分散，物流和仓储管理水平低，物流环节装运规范性差、整体发货能力不足、多次中转造成的高运输成本、运输在途管理缺失、错漏串货等问题普遍存在。

4.2.3 流通行业数字化供应链模式创新

对众多商品零售企业而言，供应链从产品企划开始到接单供应、再到交付客户结束，供应链链条长、时间长、浪费大、异常多。供应链数字化管理水平最终决定了顾客体验和品牌口碑。越来越多的零售企业开始聚焦供应链、物流的变革和提升，提高供应链效率和物流品质，降低供应链总体成本，缩短交期并提高承诺准交水平，更为重要的是，通过打

造一个集成的、协同的、数字化的供应链管理体系来提升供应链运营能力，成为支撑企业进一步丰富品类、创新渠道、扩大规模、持续降低成本和提高服务水平的必经之路。

1. 广义的数字化销售供应链体系的建立

进入数字经济时代，各行业在销售供应链一体化管理方面都颇有建树，各行业的龙头企业正在不遗余力地打造企业供应链核心能力，并且取得可喜的成绩。行业龙头企业基于消费者需求导向、零售转型和全渠道经营等发展趋势，引领行业供应链逐步向广义供应链体系转型，通过传统狭义供应链优化以获得稳定、精准、快速的供应能力的同时，在更为广泛的层面实现产品、需求、供应、销售、渠道等方面的数字化协同。

广义的供应链管理是指从需求端到供应端的全过程数字化管理，包含供应经营战略和策略的协同、市场及需求管理、研产销存一体化、供应链数字处理系统等，实现产品策略、市场策略、渠道策略、销售策略与供应链策略之间的匹配，以此实现企业的一体化、高效运营，完成"创造价值、传递价值、获得价值"的企业使命（图4-11）。

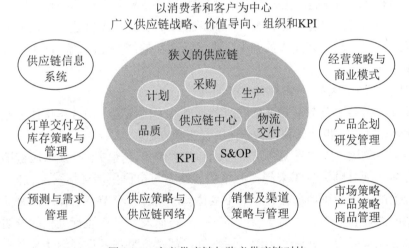

图 4-11 广义供应链与狭义供应链对比

2. 打造以客户需求为导向的端到端协同供应链体系

以大宗商品企业为例，在研发、采购、生产、设计、工程、仓储物流、配送、安装、售后维护的整个供应链条中，面向终端客户快速、准确交付的要求始终贯穿整个供应链的过程。因此，企业应当以满足客户交付需求为主线，展开数字化供应链体系、流程、规则的整体设计，依托先进 IT 技术，搭建端到端联通、一体化协同的供应链运营管理体系。优秀的行业供应链体系应具备以下特征：

（1）供应链策略与企业发展战略、市场及产品策略、销售及渠道策略之间的一贯性和匹配性。

（2）供应链体系必须以客户需求为导向设定供应链策略和响应机制。

（3）端到端的联通和协同，实现供应链全链路的信息规范化、透明化、可视化、集成化。

（4）供应链计划是供应链运营的引擎，是供应链体系中最为关键的职能。

（5）供应链体系建设和能力打造，必然需要依托于先进的、合适的 IT 信息化建设。

（6）需要始终坚持制造和流通的本质，不断优化基础设施，夯实管理基础，提高生产制造、物流运作、配送安装、售后服务等方面的能力。

（7）供应链体系必须具备较大的柔性和差异化策略，既要满足个性化、多样性需求，又要保证较低的成本、较高的交付服务水平。

3. 基于广义供应链的创新模式

创新型供应链打造已经成为零售行业各企业相互竞争的着力点之一，一段时间的线上、线下市场角逐主要体现在以下几个方面。

1）打造爆款型供应链

爆款供应链是一种逻辑思维、一种协同体系、是产生爆款的生态环境，未来的企业应该用爆款供应链思维来重新定义公司产品、优化经营体系。有爆款才有增量、才有周转率、才有规模效应、利润才可能不断增长，但是这些都需要优秀的爆款供应链体系作为强有力的支撑。企业打造爆款体系，目标在于构建能够支撑爆款的供应链体系，核心在于产品。

所以，提升产品运营的能力，是企业日后能否打造爆款的核心，如果没有这种能力，即使有爆款，也终究是昙花一现；另一方面，爆款供应链体系打造好了，即使没有诞生出所谓的爆款，但产品运营能力的强大，也会让企业的产品迅速流转起来，提高资金的使用效率和盈利能力。

2）打造服务型供应链

企业通过掌控供应链节奏开展延展服务，能够为供应链上的合作伙伴创造价值，为消费者提供良好体验，也就能获得供应链的优势和收益。

（1）服务型供应链首先是服务消费者。部分大宗生活消费品行业供应链端到端的链条长、节点多，而且顾客也越来越多的希望能够参与自己生活环境和品位的打造过程，每一个节点上的差错都可能导致顾客的不良体验，而每一个节点所体现出来的对客户的尊重、主动的沟通和关心、共同参与产品的创造与研发、订单履行过程的透明化、交付及售后的快速响应能力、订单变更的灵活性等，都能带来顾客良好的体验及企业口碑的传播，有利于企业在市场竞争中脱颖而出并获得更为广阔的市场空间，而大宗生活消费品行业的这种全过程服务水平，必须依托于以客户需求为导向的端到端协同供应链体系才能得以实现。

（2）服务型供应链还要强调对合作伙伴的服务。得益于生活消费品企业在供应链上的链主地位，企业能够借助其供应链信息系统及体系能力，帮助广大供应商、经销商提高供应链运营效率，降低供应链库存，减少供应链过程中的浪费，通过供应链金融服务降低资金风险，通过物流整合释放经销商资源等，以实现供应链系统成本的降低。

3）制造中心向交付中心转型

在新的工业革命浪潮中，智能工厂的发展推动，使得传统大宗生活消费品企业制造工厂逐步开始具备信息化、数字化、智能化的要素特征，并加速向数字化、智能化工厂转型。

（1）"以客户为中心、以交付为中心"的拉动式。相对于"以制造为中心"的推动式的视角，越来越多的大宗生活消费品企业"以客户为中心、以交付为中心"的拉动式视角来看待客户需求和满意度，所有的逻辑和关键绩效指标也随之发生了变化。

（2）智能工厂在生态圈的影响力。从工业互联网的角度来看，智能工厂以数字信息平台作为一个"节点"，代表的是"服务型制造"的一个"IP"。通过交付能力的网络化表现，体现智能工厂在生态圈的影响力，和与互联网、物联网无缝连接的能力（图4-12）。智能工厂逐渐互联网化，需要让消费者随时能够通过网络化（移动）平台看得到其产品、产能和服务能力，甚至看得到具体订单执行过程的能力，个性化的产品还包含个性化的服务，以体现"服务型制造"的具体要义。这就要求企业供应链物流能够具备瞬时链接、快速接单、快速制造、精准承诺、适时交付的能力。

数字化转型能够创造价值，提高生产力，获得并保持企业竞争优势		
数据、计算能力和连接 机器与机器、机器与产品之间的连接推动大规模个性化定制的实现	设计和工程成本降低 10%～30%	库存持有成本减少 20%～50%
分析与智能 高级分析有助于实现从检测到预测再到预防的转变	市场投放时间缩短 20%～50%	质量成本降低 10%～20%
先进生产方法 增材制造，包括原型设计和生产的整合及加速（例如，3D打印）	整体生产能力提高 3%～5%	通过知识工作的自动化使人员生产率提高 45%～55%
人机交互 虚拟和增强现实、工业自动化（例如，协作机器人、自动导向车）	设备停机总时间减少 30%～40%	预测准确度提高 85%以上

图 4-12　数字化转型对企业竞争力提升的贡献

（3）智能工厂以交付为中心。基于智能工厂以交付为中心的运营使命，智能工厂以订单交付为驱动，订单准交率成为智能工厂物流运营最重要的指标和竞争力表现。在智能工厂中，低效的手工作业和人工管理大部分被智能化设施和信息系统替代，同时由于通过物流数字化、智能化不断消除物流断点，可以实现搬运、停滞、等待等时间的大幅降低。基于此，供应链过程的稳定性、针对订单，准确承诺和兑现承诺的能力大幅提升，从而实现交付准时率的提升。

4.3　数字化销售供应链策略分析

2022年国家发展改革委、商务部、市场监管总局等部门，将从提质量、增能力、拓空间、强监管等方面入手，持续打造高质量消费供给体系，引导企业增加性价比高的商品和服务供给；推动形成创新就业、收入分配和消费全链条良性循环互促共进机制，以城乡居民收入普遍增长支撑消费持续扩大；深入推进线上线下消费融合发展，提升传统消费能级、加快新型消费发展、促进消费城市升级；不断优化完善消费环境，促进消费保持恢复性增长。数字化销售供应链策略的选择主要是基于对不同需求驱动背景下的供应链类型的选定。

视频4.3
数字化销售供应链策略分析

4.3.1 推动式销售供应链

目前从供应链本身功能来讲可以选择有效性供应链和反应性供应链。按照供应链的驱动方式来划分，可将供应链划分为推动式供应链和拉动式供应链

1. 推动式供应链概念

推动式供应链是以制造商为核心企业，根据产品的生产和库存情况，有计划地把商品推销给客户，其驱动力源于供应链上游制造商的生产。在这种运作方式下，供应链上各节点比较松散，追求降低物理功能成本，属卖方市场下供应链的一种表现。由于不了解客户需求变化，这种运作方式的库存成本高，对市场变化反应迟钝。

现实生活中完全采取推动战略或者完全采取拉动战略的并不多见。这是因为单纯的推动或拉动战略虽然各有优点，但也存在缺陷。

2. 推动式供应链的特点

在一个推动式供应链中，生产和分销的决策都是根据长期预测的结果做出的。准确地说，制造商是利用从零售商处获得的订单进行需求预测。事实上企业从零售商和仓库那里获取订单的变动性要比顾客实际需求的变动大得多，这就是通常所说的牛鞭效应，这种现象会使得企业的计划和管理工作变得很困难。

例如，如果制造商不清楚应当如何确定自身的生产能力，而根据最大需求确定，就意味着大多数时间里制造商必须承担高昂的资源闲置成本；如果根据平均需求确定生产能力，在需求高峰时期需要寻找昂贵的补充资源。同样，对运输能力的确定也面临这样的问题：是以最高需求还是以平均需求为准呢？因此在一个推动式供应链中，经常会发现由于紧急的生产转换引起的运输成本增加、库存水平变高或生产成本上升等情况。

3. 推动式供应链的不足

推动式供应链对市场变化做出反应需要较长的时间，可能会导致一系列不良反应。比如在需求高峰时期，难以满足顾客需求，导致服务水平下降；当某些产品需求消失时，会使供应链产生大量的过时库存，甚至出现产品过时等现象。

4.3.2 拉动式销售供应链

1. 拉动式供应链概念

拉动式供应链是以客户为中心，比较关注客户需求的变化，并根据客户需求组织生产。在这种运作方式下，供应链各节点集成度较高，有时为了满足客户差异化需求，不惜追加供应链成本，属买方市场下供应链的一种表现。这种运作方式对供应链整体素质要求较高，从发展趋势来看，拉动方式是供应链运作方式发展的主流。

2. 拉动式供应链的特点

拉动式供应链构建需要具备一定的条件，表现出一定的特点。在拉动式供应链中，生产和分销是由需求驱动的，这样生产和分销就能与真正的顾客需求而不是预测需求相协调。在一个真正的拉动式供应链中，企业不需要持有超量库存，只需要对订单做出反应。

3. 拉动式供应链优点

(1) 通过更好地预测零售商订单的到达情况，可以缩短提前期。
(2) 由于提前期缩短，零售商的库存可以相应减少。
(3) 由于提前期缩短，系统的变动性减小，尤其是制造商面临的变动性变小了。
(4) 由于变动性减小，制造商的库存水平将降低。
(5) 在一个拉动型的供应链中，系统的库存水平有了很大的下降，从而提高了资源利用率。当然拉动供应链也有缺陷。最突出的表现是由于拉动系统不可能提前较长一段时间做计划，因而生产和运输的规模优势也难以体现。

4. 拉动式供应链构建条件

拉动式供应链虽然具有许多优势，但是使其获得预期目标则需要更多的内外条件支撑：其一，必须有快速的信息传递机制，能够将顾客的需求信息（如销售点数据）及时传递给不同的供应链参与企业。其二，能够通过各种途径缩短提前期。如果提前期不太可能随着需求信息缩短时，拉动式系统是很难实现的。

对一个特定的产品而言，应当采用什么样的供应链策略呢？企业是应该采用推动式还是拉动战略，前面主要从市场需求变化的角度出发，考虑的是供应链如何处理需求不确定的运作问题。在实际的供应链管理过程中，不仅要考虑来自需求端的不确定性问题，而且还要考虑来自企业自身生产和分销规模经济的重要性。

4.3.3　销售数字化供应链策略选择

在其他条件相同的情况下，需求不确定性越高，就越应当采用根据实际需求数字管理供应链的模式——拉动战略；相反，需求不确定性越低，就越应该采用根据长期预测数据管理供应链的模式——推动战略。

1. 推—拉组合中前推后拉策略

在推—拉组合战略中，始终伴随供应链层次的迭代，如最初的几层以推动的形式经营，其余的层次采用拉动式战略。推动式与拉动式的接口处被称为推—拉边界。

同样，在其他条件相同的情况下，规模效益对降低成本起着重要的作用，如果组合需求的价值越高，就越应当采用推动战略，根据长期需求预测管理供应链；如果规模经济不那么重要，组合需求也不能降低成本，就应当采用拉动战略。

虽然一个产品（计算机）需求具有较高的不确定性，规模效益也不十分突出，理论上应当采取拉动战略，但实际上计算机厂商并不完全采取拉动战略。

以戴尔为例，戴尔计算机的组装，完全是根据最终顾客订单进行的，此时它执行的是典型的拉动战略。但戴尔计算机的零部件是按预测进行生产和分销决策的。此时它执行的却是推动战略。也就是说，供应链的推动部分是在装配之前，而供应链的拉动部分则从装配之后开始，并按实际的顾客需求进行，是种前推后拉的混合供应链战略，推-拉边界就是装配的起始点。

2. 推—拉组合中前拉后推战略

推—拉组合战略的另一种形式是采取前拉后推的供应链组合战略。那些需求不确定性高，但生产和运输过程中规模效益十分明显的产品和行业。

家电行业是最典型例子。事实上，一般家电生产商提供的产品在材料上差异度较小，但在家电外形、颜色、构造等方面的差异却很大，因此它的需求不确定性相当高。

一方面，由于家具产品的体积大，所以运输成本也非常高。此时就有必要对生产、分销策略进行区分。从生产角度看，由于需求不确定性高，企业不可能根据长期的需求预测进行生产计划，所以生产要采用拉动式战略。

另一方面，这类产品体积大，运输成本高，所以，分销策略又必须充分考虑规模经济的特性，通过大规模运输来降低运输成本。事实上许多家具厂商正是采取这种战略。就是说家具制造商是在接到顾客订单后才开始生产，当产品生产完成后，将此类产品与其他所有需要运输到本地区的产品一起送到零售商的商店里，进而送到顾客手中。因此，家具厂商的供应链战略是这样的：采用拉动式战略按照实际需求进行生产，采用推动式战略根据固定的时间表进行运输，是一种前拉后推的组合供应链战略。

4.3.4　销售供应链数字化转型

流通行业经过四次变革，每一次变革对供应链模式的设计规划都有质的改变，随着世界进一步深度数字化，新零售时代已经到来，新零售所倡导的，以消费者为中心，依托大数据，人工智能等驱动，对商品生产、流通、与销售过程进行梳理、改造和重组，其真正依托的就是供应链系统性变革。

1. 流通行业供应链数字化转型背景

2017年10月13日，我国国务院办公厅发布《关于积极推进供应链创新与应用的指导意见》，对企业提出了更高的要求，建立一支精通新零售行业运营，有能够将思想通过搭建合理的供应链系统，并持续对供应链系统优化改进的管理团队，是企业面对的最大问题（图4-13）。

图4-13　新零售下的供应链体系建构要素

2. 零售供应链体系的演变

1）传统供应链：推式供应链体系

这一体系是生产的发起以经验和市场调研为依据；并以生产驱动下游零售商和企业；采取供需分离；可能导致库存积压；市场反应速度慢。案例：李宁的供应链。

2）新零售供应链：拉式供应链体系

该体系属于消费者消费拉动；大数据分析还原消费场景和生活场景；通过挖掘消费者特点和偏好并提供给上游供应链企业；品牌商精准分析，计划和安排生产设计，柔性生产与制造，需求导向，消费拉动。需求是供应链体系的第一步。案例：端午节五芳斋的粽子销售。

3. 供应链之商流演变

随着消费环节的提升，反向影响供应链设计。案例：红领西服；敏捷物流体系设计，案例：每日优鲜；供应链体系化四流整合，案例：盒马生鲜。

4. 供应链优化的渠道变革主要案例

（1）缩短渠道，案例：名创优品。

（2）补全渠道，实现全渠道，案例：太平鸟。

（3）泛渠道，案例：缤果盒子。

5. 上游供应链体系改进

（1）控制供应链制造端核心，保证品质，案例：沃尔玛。

（2）自营供应链物流体系，提升供应链效率，案例：苏宁云商。

（3）整合第三方物流供应链平台，最大化资源优势，案例：菜鸟网络。

6. 京东零售供应链体系构建

京东打造自有品牌与自身的供应链体系有关。在传统供应链的长链条下，上游制造商缺乏对下游目标人群和消费需求的敏捷感知，产品开发成功率相对较低，精准锁定目标人群的偏好是关键。与此同时，社交电商、直播电商等新渠道的出现，整合多元渠道实现精准营销，是制造商提高供应链效率的重要路径。

1）京东零售价值链

京东把消费品零售的价值链分为创意、设计、研发、制造、定价、营销、交易、仓储、配送、售后等10个环节。其中，前5个环节归品牌商，后5个环节归零售商。京东自有品牌，是京东从零售商环节到品牌商环节的突破口之一。京东自有品牌通过理解用户需求、改造厂牌获得品牌溢价、拓宽消费市场，实现增长。

2）京东零售品牌价值。

自有品牌整体销售额在2020年约为30亿，虽然知名度不及网易严选等电商平台，但京东京造依托于京东主站，在数据上实现了快速增长。京东京造总经理汤恒晟表示，京造作为三年的品牌，购买用户中有40%是老用户复购。同时，2020年京东京造用户数和订单量均同比增长近四倍。

相较于网易严选等同样由互联网公司推出的自有电商品牌，京东自有品牌依托于京东电商基因有所区别。京造和惠寻等京东自有品牌，与网易严选等品牌有很大的不同。首先，京东自有品牌有京东4亿多的月活用户为基础；其次，京东自身是电商平台，京东的土壤天生更适合培养机构品牌；再次，京东过去一直深耕供应链，因此对于产品的理解、仓储物流、售后客服一整套体系的搭建，已经有了基础；最后，京东的数据的沉淀和积累更厚重。

2021年针对不同品类，或者是不同人群，都会推出差异化的品牌。小众品牌会越来越多，京东希望通过这种方式形成品牌矩阵，拓宽深度和宽度。

3）C2M产业链模式

C2M颠覆了传统供应链的运作模式，在品牌成长上，未来京东会加大内部资源投入，未来会更加发力。从模式上看，目前京东自有品牌的打造更多是做"供应链"和"小众化"的生意。京东在"产业带CEO计划"中，自有品牌向优质工厂开放京东在选品、品牌孵化、用户运营、渠道渗透、供应链孵化等方面的能力，"以用户为中心"的C2M产业链模式及更多"用户所想"的产品和服务。作为全新的产业模式，C2M模式背后依靠的客户数据与生产企业数据的支撑，京东物流网络就是在大量数据分析平台及算法引擎的技术支持下，实现数据价值挖掘与呈现，如图4-14所示。

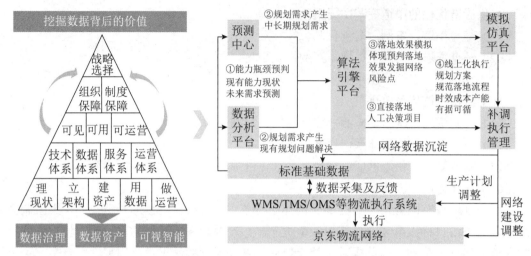

图 4-14 京东物流网数据价值实现

京东自有品牌会聚焦、做专，关注单个 SKU 的产出多于整体 SKU 的产出，关注单个合作伙伴的采购规模多于整体采购规模。目前，包括京东在内的商家企业正积极着手常态化促消费工作，政府陆续启动了商旅文体融合、线上线下结合、城乡区域联动等一系列促消费活动，以稳定市场预期、挖掘消费潜力、提振消费信心。

4.4 数字化销售供应链管理流程

目前，随着数字技术的推广，零售商借助数字技术不断满足顾客在线需求，许多客户转向在线交易，由此颠覆了传统商业模式。这促使许多零售商寻求更多依靠大数据的创新电子商务营销模式。

在复杂环境下零售商在保持供求关系方面的工作更加艰巨。但是值得庆幸的是，新技术和新工具可以在这个领域带来巨大的变化。

视频 4.4
数字化销售供应链管理流程

4.4.1 零售数字化供应链管理流程优化

面对存量时代，针对传统企业遇到的用户营销和运营难题，京东云提出了全链路营销解决方案，构建以客户为中心的"营销 - 销售 - 服务"体系，进行智能营销和精细化运营，在客户旅程各个环节深化企业与客户的链接。目前，通过利用大数据和分析技术，零售商借助体系数据可以更容易地优化他们的供应链流程。

1. 实时管理交付

作为零售商，开展业务和获利的关键要素是尽快收到商品，并确保货物也能迅速交付给商店或客户。零售商能够通过大数据使实时管理交付得以实现，这是零售供应链管理的关键。

零售商可以了解交通和天气状况最新信息，以及正在运输的货物所在的位置。反过来，客户将清楚地知道确切的交货时间。这对需要按时到达的易腐货物或客户希望尽快收到订购产品的零售商来说尤其有利。

利用放置在包装上的 RFID 跟踪传感器来获取更新并加快库存管理流程。当货物到达时，RFID 阅读器可以立即扫描整箱货物，以检查是否所有货物都符合订单要求，从而能够立即卸货。

2. 零售商的时间窗口期选择

许多零售商的另一个重要工作是拣选和包装及处理订单。这是一个传统的劳动密集型流程，在以往，只有大型零售商才能通过智能化拣选机器人或组织大量员工来加快拣选速度。如今采用大数据，即使是小型零售商也可以改进其流程，并在更好的拣选时间进行拣选。

从各种来源获取信息，例如仓库布局、产品库存、订单详细信息和过去的拣货时间，并将这些详细信息输入分析程序。根据定义的规则，大数据解决方案可以计算和模拟选项，以确定最佳拣选流程。调整不同的设置和参数来测试准则，然后将它们分发给仓库团队和商店员工。从长远来看，这可以节省大量时间，并提高客户满意度。如图 4-15 所示，决策数据的延迟、粒度以及双模计划程度，都对解决方案的效果和技术应用效果产生实质性的影响。

维度	描述	解决方案和技术
决策数据的延迟	所有好的决策都需要数据。许多供应链管理者的困境时他们智能依靠过时的数据来预测未来，这往往会降低计划决策的质量	• 数字技术可以大在减少数据延迟，因此计划人员可以更好地掌握现实情况 • 在供应链中（如物流）采用5G网络、边缘技术和分析可以减少数据的延迟 • 物联网（IoT）传感器能提供几乎实时的数据
决策数据的粒度	计划越数字化，决策数据越精细	• 今天的计划人员通常仅在每月或每周接收总需求数据，数字技术将允许他们在下订单或发生影响订单的事件后立即使用这些数据 • 对于供应方，物联网传感器数据可用于几乎实地响应变化
双模计划程度	• 模式1是指公司现在如何计划和计划的最佳实践 • 模式2是关于计划创新和流程的改进。目前，大多数组织几乎没有模式2	• 数字技术可以通过如优化计划算法来帮助不断改进模式1 • 数字技术可以极大地增强模式1的能力，并有助于增强强大的模式2的能力。考虑利用社交情绪数据来提高预测准确性或从不同的数据集中检测新的相关性和因果关系。如果模式2下的概念证明能显示出足够的ROI，则可以将其转换为模式1，并成为新的最佳实践

图 4-15　数字化供应链销售决策数据处理策略与处理技术分析

3. 面对客户需求的流程细分

目前，消费者比以往任何时候都期待获得更加个性化的购物体验和客户服务，零售商可以通过数据对供应链进行细分，更好地满足不同的细分市场的需求，提高转化率。通过记录数据分析告诉零售商在不同渠道（如网络、移动和社交）与购物者的互动，从而使其向购物者提供个性化服务。

其细分可能与爱好、价值观、地理位置、年龄段、价格意识或其他因素有关。而分解内容可以增加整体收入和利润，因为零售商更有可能将潜在客户变成购买者，并将其变成回头客。

4. 改善销售供应商管理

零售商可能与供应链中的多家公司合作，可能会有原料供应商、物流供应商、包装供应商和其他供应商，他们需要组织、管理和审查。反过来，试图提高赢利能力和可靠性也可能是一项挑战。大数据技术可以提供帮助。分析解决方案可以将供应商的实际绩效与其关键绩效指标（KPI）进行比较。其程序可以帮助查看哪些供应商在按时交货、客户满意度和货物破损等方面落后于人。

将大数据程序与供应商系统、财务投入（例如每种商品的成本）以及与客户反馈（尤其是投诉）相关的社交网络进行集成。设置报告和警报，以便在 KPI 低于预定范围或数据以其他方式发生重大变化时自动生成，让供应商了解这些系统并保持警惕。这种跟踪、分析和审查将帮助供应商提高客户服务和业务盈利能力。

4.4.2 以数字技术为依托的流程重构

大数据还可以通过检查人口统计数据和经济指标的线索来帮助零售商预测趋势。机器学习算法通过挖掘"情感分析"数据来确定消费者的行为和对背景的兴趣，它还可以帮助零售商预测销售表现最佳的产品，从而减少库存的消耗。

1. 零售供应链重建对当下经济复苏的价值

新冠肺炎疫情对全球经济影响的进一步加剧，出现了人们不愿看到的另类"全球化"。在这场"全球化"危机中，人类社会的方方面面都遭受重大打击。随着疫情向世界扩展，供应链的问题也越发复杂，牵一发而动全身，一连串的连锁反应影响着不同类型的国内企业，预示着一个行业重新整合的机会已经到来。

经济领域内，由于疫情，导致全球范围内不计其数的中小企业已经倒下。实力雄厚的跨国大企业大集团，即便没有倒闭，也面临经营业绩下滑的严峻局面。我国实施的"双循环"以及"双轮驱动"政策，就是通过构建具有高度柔性的现代数字化零售供应链，满足市场需求，刺激国内消费，激发主体活力，促进经济复苏。

2. 零售数字化供应链重建应对供应链断裂

传统管理模式下，零售商不得不花费大量时间仔细研究文档并猜测可能的结果，如今拥有大数据可以处理这项工作。零售商可以通过多种方式使用大量信息来改善其零售供应链，以此加快相关技术的推进速度。

供应链断裂是导致企业倒下的最重要原因。全球化让世界各地的联系更紧密了，与此同时，科技的发展导致社会分工进一步细化。两者叠加的结果就是，产品的生产过程有了越来越多企业的参与，供应链变得越来越长。一旦其中任何一环出问题，整个链条就断了。因此，在疫情等突发性公共危机事件发生时，"全球化"下行业供应链发生断裂，几乎是不可避免的事情。

事实上，很多现代化企业，其产品生产到销售一系列流程供应链都依靠其他企业，自己仅负责非常小而精的方面（诸如产品理念设计）。这种极端的完全依靠其他企业链的情形，其供应链在疫情中遭受的影响必然是颠覆性的。

3. 市场减压下的零售供应链流程重建

从零售行业来看，消费品领域已经全面可以观察到了成品库存缓冲区减少、下单到交货之间的期间推迟、订单交货延迟、供应商按配给供货、生产线停摆、为客户配给产量、收入损失等种种现象。在高科技与消费电子产品、汽车、工业、重型机械、半导体和医疗设备等领域，上述现象也已大面积出现。

在大数据时代，人们的消费标准提升了，对商品质量的判断力也越来越强，消费升级的速度越来越快。数字化供应链具备融合创新、生态链接和柔性定制三大特性,对培育我国经济发展新动能、拓展经济发展新空间以及促进居民消费升级具有重要意义。可以说,谁在供应链上有优势,谁就能在竞争中占得先机。为此,应着力提升供应链自主可控能力和数字化全球化组织协同能力,重点打造安全可控、开放多元、富有创新的数字化供应链韧性体系。

4. 零售供应链掌握着新零售的瓶颈

从流通层面看,供应链断裂给全球经济带来的负面影响就是供应链无法适应新零售模式所致。在新零售时代,供应链价值变得前所未有的重要。零售本是由供应链反向驱动来创造价值,其核心也渗透在供应链各个环节中。从沿街店铺,到传统百货商场,再到专卖店,再到现代 shopping mall,零售一直在随着社会经济的改变而变化。这种变化有时是适应消费者体验需求的变化,有时是引领消费者体验的改变。

淘宝、京东,到美团、盒马鲜生等,这其中最大也是最不为人知的进化,都发生在供应链端。事实上,他们背后比拼的焦点也是在供应链。比如京东,就因为仓储物流模式上的革新,才能跟阿里抗衡。美团用送餐解决了最后一公里难题,找到了撬动整个生活服务电商想象空间的支点。

对食品零售业来说,供应链直接决定其商品质量。零食巨头三只松鼠正因为"代工+贴牌"模式而出现的食品安全问题,多年来一直被诟病。业内认为,质量问题与其供应链不强有直接关系。以食品为例,在没有自身仓储、物流的情况下商品到达门店可能需要3~4天,但是在完善的物流体系下1天就能达到消费端。

5. 促进企业构建稳定的供应链

可以说,这次疫情会将成为商品零售业的一个分水岭,尤其是一些中小企业在物流不畅的情况下供应链中断,导致销售终端出现价格失控的情形。而另一边,即便是疫情也没有影响优秀企业的扩张,所以优秀企业虽然在营销方面投入不多,但是企业会将用在营销方面的资源,集中在销售供应链创新与构建上,将销售供应链管理作为企业核心能力,形成一种难以复制和模仿的供应链体系,以保持其在危机中良好的发展势头。

以下是两个典型的案例:

线下零售案例——山姆会员

相对于零售行业在2020年开年以来遭遇的重创,山姆会员商店在高端市场稳步走高超出了人们的想象。进入中国高端零售市场24年以来,凭借着持续提供高品质、高性价比商品,以及全球供应链的实力,再辅以本地化水准的持续提升,山姆成功地打造了差异化竞争优势,从而得以赶上了"品质刚需"崛起的发展红利。

比如招牌商品"澳牛",前几天刚空运补货超过100吨,智利车厘子一度卖断货,而"山姆厨房",更是让人们在这个假期学会了在家里通过自力更生大快朵颐。查询山姆的商品销量TOP10不难发现,生冻黑虎虾、南美白对虾、黑鳕鱼、澳洲板腱牛排、德国进口牛奶等皆排名前列,这些极具特色的高品质商品,正是山姆作为会员制商店的象征,是核心竞争力。

山姆的供应链之所以无敌,也就体现在这些用优质产地、科学检验所筛选出的经久不衰的高品质好货上,以确保会员的"食之安"——不但健康安全,而且安心。

线上网购行业案例——京东

平日里，阿里巴巴淘宝平台，无疑是中国最大的电商平台，高德纳（Gartner）全球供应链25强的榜单，阿里巴巴是2019年唯一上榜的中国企业。但是，在疫情的表现中，它却不如京东。京东财报显示：2019年第四季度净收入为1707亿元，同比增长26.6%，超过市场预期1667.2亿元。全年净利润达到122亿元，扭转了上一年亏损25亿元的局面。京东对今年一季度营业收入给出不低于10%增长的预期指引。

与之相对，海豚智库曾分析过疫情对阿里巴巴的业务影响，虽然外界普遍认为疫情对电商平台发展有促进作用，但实际上每家短期表现并不一样。阿里和拼多多都因为商家的供应链和物流中断，至少1个月大部分业务订单无法履约。

2022年第一季度，阿里巴巴核心电商业务因为物流限制，营收或将损失150亿～200亿元。700多个仓库、15万名员工组成的独立物流体系，让京东在此次疫情中的表现独树一帜。使京东十几年的自建物流体系，逐步形成了京东物流供应链优势的物流壁垒，是京东核心优势，也是京东供应链的核心优势。

4.4.3 数字技术赋能零售供应链设计

疫情之下如此大面积的供应链断裂，至少为商家带来了一个教训：从为消费者提供价值的角度来说，零售这个行业最终还是要回到"低利润，高周转"的竞争本质中，并以持续的供应链优化来更好地应对未来不确定性的变化。新零售的供应链管理，既要借鉴传统零售供应链管理的最佳实践，也要强调技术的创新，而大数据分析、AI等也至少能够从以下几个方面为新零售供应链创造巨大价值。

1. 提高研发和设计环节的效率

供应链研发和设计是供应链体系构建的起点，也最重要的环节，费用占供应链成本的8%，决定商家的运营、生产和物流的总成本。在数字化供应链背景下，一个商品设计出来，已经决定了它是否能滞销，是否会形成库存。所以在整个供应链的后端去花很大精力做流程改善、成本省，也只有20%的空间。

在这个环节，商家必须用新的技术（包括大数据、AI）去提升整个研发过程的效率。大数据分析能够协助企业简化供应商筛选流程，而云计算正越来越多地被用于促进和管理供应商关系。

2. 建立透明数字化供应链

供应链管理关键是透明，消除不确定因素，实现场景化：透明意味着各环节都应致力于解决供应链的可视性，以降低不确定性。这种不确定性因素有两方面：需求端和供应端。需求端主要来自于客户，而供应端主要来自于上游工厂。

需求的不确定性在向上游传递的过程中不断地被放大，最终造成了严重的失真。趋利避害是本能，为了避免承担责任，保证本环节利益和空间最大化，上游工厂便为自己预留了足够的缓冲余地。当需求发生变化时，某个环节的细微波动，可能导致整条供应链的剧烈震荡，此时传递到最上游，导致的结果便是供应端已不清楚真实的需求是什么了。

当各环节的壁垒和不确定性产生时，系统就会出现无效率。这是大多数低效率企业供应链的基本特征。供应短缺、价格波动、品质差异、送货延迟等各种问题层出不穷，彼此交织在一起，形成了错综复杂的局面。

3. 增加供应链可视性

实施供应链管理，关键在于增加可视性。在供应链管理思维的框架下，应以信息透明和迅速传递为基础，推倒环节之间的壁垒，控制波动，消灭不确定性的生成来源。通过对数据进行分类清洗，探寻庞杂数据之下的真实趋势和线索。对数据影响较大的事件，例如促销、降价、大客户、突发需求等，作为例外因素管理。通过数据的"例外"和"清洗"，就不难透过现象看本质。

4. 坚持系统成本最优化原则

所谓系统成本最优，就是在成本与满意度之间的平衡。客户满意度是由品质和管理成本累加起来的，并非越高越好。商业模式需要取舍，供应链也需要寻求平衡。要做到系统成本最优，必须保障链条效率最高，系统收益最大化，而不是其中部分环节的"自嗨"，因此也要适时放小保大。

如何围绕"质量、效率、成本"三个要素保持平衡，是供应链运营者的核心任务。质量，需要在满意度与成本之间的衡量。效率考验运营水平，库存控制怎样，响应是否顺畅，在指标和管理之间需要平衡。而成本则是永恒的主题，是保持竞争力的基础。三者的完美平衡，正是供应链从业者的奋斗目标。

利用新零售数据平台推动整个供应链体系的价值循环：新零售并不是简简单单地买进与卖出或者"我搭个平台，你们（商家）来唱戏"。作为新零售时代的塑造者抑或是参与者，数字信息平台都不应只是在中间充当价值的传递者，而应当成为整个链条上的数字价值创造者之一。

4.4.4　销售数字化供应链解决方案

销售数字化供应链以产品、运营、数据三位一体的新营销理念助力企业转型，相比传统营销和运营模式，新式消费企业已经进入到"产品+运营+数据"三位一体的新营销理念阶段。

1. 销售数字化供应链方案的基础

在当前数字化转型阶段中，数据资产为核心驱动力，而数据来源主要包括小程序等私域流量，外卖平台、电商平台、直播带货平台等二方数据，以及从其他平台采购的三方数据。

在渠道数字化和新营销理念的基础上，如何落地运营、营销、供应链数字化解决方案，提升企业数字化水平和部门间协同能力，是当前企业重点关注的问题。其中供应链在新式消费企业中属于核心痛点环节，进行数字化转型较早，而运营数字化和营销数字化则是近年来随着经营理念从关注产品到关注用户的转变而受到企业重视。

未来，数字化转型更应聚焦在企业的数据链接环节，打通部门间的数据墙，实现统一管理和运营，提升企业整体经营效率。

2. 构建新式消费连锁品牌的数字化战略

连锁企业数字化转型过程中，运营管理是必不可少的一环。运营管理的核心在于打通微信公众号、小程序、APP、商城等全域营销渠道的消费者数据，并将消费者数据及意见汇聚到运营管理平台，进行积分体系、等级体系、储值体系、付费会员等运营场景管理。通过运营管理平台加深企业与消费者之间的连接，细化消费者数据颗粒度，优化消费者购物体验，更好地将消费者行为进行标签化处理，一站式完成多个维度信息管理，为后续提升营销转化打好基础。

3. 一体化管理产配运仓，根据消费需求向上游逆向定制

以新式碳酸饮料行业为例，从原材料采购订货到配送、仓储，再到饮料制作、门店管理，最后将产品提供给下游消费者，整体产业链较长，上游原料多样化且供应商较为分散，对供应链数字化产品需求迫切。市场上部分新式碳酸饮料企业意识到供应链数字化工具的重要性，已着手部署，如喜茶自建供应链系统，奈雪的茶通过智能商品管理中心为门店配送最佳原料，在一体化管理的基础上实现自动订货、自动耗料等功能。而产、配、运、仓的数字化，也为数据的自动采集和分析提供支撑，下游消费者的偏好变化也可以在数字化的基础上传导至上游原材料进行"反向"定制，实现采集、分析、决策的闭环链路。

4. 通过数据模型智能补货，降低物料损耗提升运营效率

当前，新零售市场上仍以"直营"+"加盟"为核心经营模式，企业处于门店迅速扩张阶段，规模化发展将是各品牌长期发展的必经之路。而对于新零售门店物料补货场景来说，考虑到物料缺少带来的门店销售损失，补货物料、补货数量和补货时间一直以来都是门店关心的问题，尤其是当多个门店提出补货需求后，人工可管理的数据量超过可快速判断及处理的门槛时，就需要借助数据智能的力量帮助提升门店物料补货的及时性和精准度，以保持终端门店运营顺畅良好。而智能补货平台通过动态计算目标库存，根据需求提供物料补货建议值并进行优化，借助数据智能的力量帮助提升门店物料补货的及时性和精准度，以保障终端门店运营顺畅良好和品牌形象的提升（图4-16）。

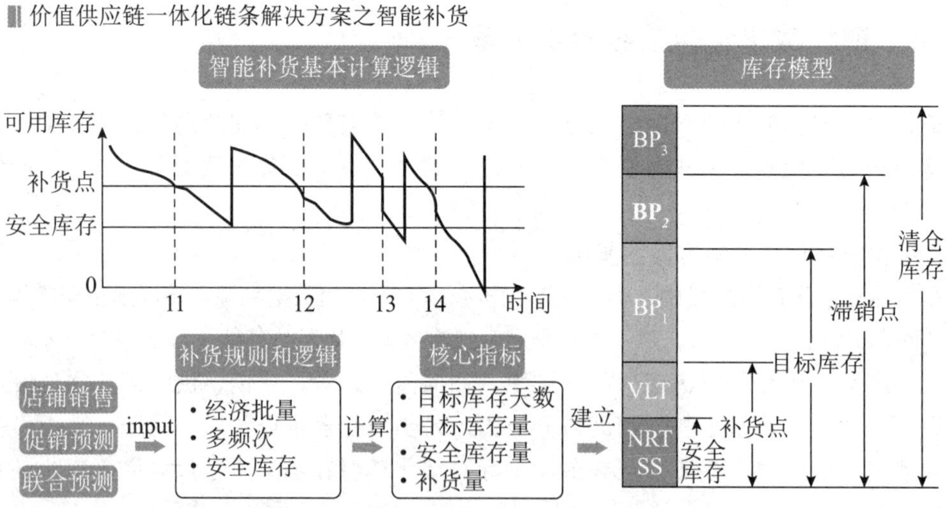

■ 价值供应链一体化链条解决方案之智能补货

图4-16 数字化供应链店铺补货方案

5. 通过精准营销数字化体系，大幅提升用户转化率

在运营数字化的基础上，逐步完善底层用户和会员标签，通过精准的营销数字化体系触达目标客户，可以大幅提升转化率。首先，针对不同用户触达渠道，搭建包含小程序、APP、企业微信、电商平台、外卖平台等完整的品牌流量池，进而通过打造高效的营销工具抓取活跃用户，并利用一系列营销活动进行用户转化，最后沉淀为私域流量为后续裂变提供用户基础。而在营销数字化中，新客户营销和老客户复购双向打通，根据消费者数据实行灵活的市场策略,根据门店数据和库存数据及时进行营销管理,在精细化运营、营销、管理的同时,不断沉淀忠实客户,实现流量变现。

6. 新式消费连锁品牌数字化综合解决方案

基于"数据中台 + 业务中台",赋能企业全域运营增长。企业数字化转型关键在于建立数据驱动体系,其中三大数据核心包括业务数据、用户基础数据和用户行为数据。业务数据,可以拉取做较为粗放的消费者运营,针对特定用户进行运营动作,如提升留存、活跃、召回等。用户基础数据则用于识别特定消费者,为消费者进行分类建模。用户行为数据可以帮助品牌发现特定消费者行为与业务问题之间的相关性。在数据驱动的理念下,通过云基础资源及中台共同赋能,为业务侧应用赋能,旨在实现数据驱动业务增长。

案例讨论 1

多级供应链存在的问题

多层运输、装卸,损耗率大幅提高。多级供应链涉及流通环节众多,且由于其"产全国销全国"的市场特点,长途运输不可避免,国内批发零售冷链物流尚不完善,运输环节损耗率较高。产品最终达到消费者手中花费时间较长,国内生鲜农产品25%～30%的损耗率相较于美1%～2%、日5%非常高。信息流转不畅,致使农产品抢购滞销、批发商亏损情况频现。

1. 生鲜价格暴涨暴跌陷入恶性循环

由于供应链太长,远离市场的农民通常只能根据去年行情选择种植品种,或者从批发商、农村经纪商那里获取市场信息,但这些信息都是很滞后的,如果去年销售较好的生鲜在今年大规模种植反而会造成供给过剩,其他品类供应匮乏,导致农产品滞销、抢购现象,第二年农户继续根据今年的市场选择热销产品,又会使此品类明年价格暴跌,从而导致生鲜价格暴涨暴跌情况陷入"怪圈"。

2. 价格变动信息传导慢致使批发商严重受损

市场价格传导机制受阻,生鲜在流通中的价格波动无法及时传至各级批发商,可能会使其收购价反而高于售价严重亏损,因而批发商承担的价格风险较高,若其囤货,则风险加剧。而较高的价格风险又需要多量、多层的批发商共担,使得信息流转不畅与供应链冗长相互制约的局面难以被打破。

3. 批发商"舍近求远",造成资源、效能非效率问题

多级供应链使各地市价不一,批发商受利益驱使追逐"远市"批发商并不总是直接将生鲜批发到距离最近的批发市场,而是先将"单品菜"运往知名度高、吞吐量大、销售更快的批发市场销售后,再配以多品种的高价蔬菜运往其他批发市场。批发市场因辐射范围、品类数量、地理位置等而被划分为不同层级,不同层级间因各自为政的逐利性,其销货速度、销货量、生鲜差价均不相同而产生获取更高利润的机会,供应链层级越多,批发商获利机会越多,资源非效率越严重。

若超市采取直采,去除供应链中间层,则生鲜在内部统一销售管理,没有其他中间商参与,即可直接避免因供应链不同层级追求更高利润造成的效率低问题。

4. 市场信息不对称,批发商被迫销往"远市"

多级供应链使得市场信息不畅,批发商可能无法准确掌握较近的批发市场价格、需求信息，不愿意贸然进入，而距离更远的批发市场吞吐量大，销售风险更低。例如在贵州省贵阳市一直缺乏中高品质蔬菜，但省内黔东南蔬菜年外销量为10万吨左右。

由于市场信息不对称，黔东南不知道贵阳市场需求如此大，也不了解贵阳消费者在什么时间段需要哪些蔬菜及价格等信息，导致菜农不敢贸然大规模进入贵阳市场。其农委总农艺师甚至仍在外考察广州批发市场，帮助黔东南菜农找市场，其表示如果早知道贵阳市场有如此强烈的合作愿望，肯定更愿意与贵阳方面洽谈。

由于供应链多层级，农户与下游双方信息不对称，使得农户只能向信息更透明的远地的批发市场运输，造成效率低问题。

销售的生鲜难以溯源，食品安全存在较高隐患。生鲜经过在多级供应链中的流通中，经过层层加工、包装、运输，溯源信息难以保存，一旦出现质量问题，甚至很难追溯同一品类生鲜不同源地，食品安全由此容易存在较高隐患。

超额收益的分散使消费者承担更高的生鲜价格。当前生鲜产地的收购价与终端售价的差距很大，其中大部分是因运输、包装、挑拣等环节的必要成本加价。

尽管生鲜的流通利润在经过地头、各级批发商、到终端零售商的分摊后，每个环节的利润率均很低，但在较长的供应链上，农村经纪商、多级批发商对市场风险的承担仍分散了一定的超额收益，若能够减少供应链环节，使收益可以集中在农户、零售商上，生鲜零售价可以进一步降低。

（资料来源：https://www.sohu.com/a/450836115_747096）

问题：

1. 生鲜农产品多级供应链存在的主要问题有哪些？供应链太长可能导致除价格暴涨外的其他问题有哪些？

2. 生鲜农产品市场价格传导机制受阻的主要原因是什么？市场信息不对称，批发商被迫销往"远市"的直接后果如何？

3. 销售的生鲜难以溯源其中包含什么隐患？超额收益的分散之后，高企的价格由谁来买单？

思考与练习

1. 零售供应链四种基本模式是什么？
2. 两个创新阶段的特点和区别是什么？
3. 以数字技术为依托的流程重构主要内容是什么？
4. 零售供应链四种基本模式、基本流程如何？数字技术的作用点在何处？

扩展阅读 4.1

案例分析

即测即练

第 5 章　CRM 与数字化供应链管理

本章学习目标

通过本章学习,学员应该能够:

1. 了解 CRM 与数字化供应链管理的相互融合与逻辑关联,掌握以 CRM 为作用基点的数字化供应链理论及价值实现方法,理解 CRM 与数字供应链在信息技术背景下的应用范围扩展与功能延伸。

2. 从实战角度出发,明确企业经营的目标以及价值来源,掌握 CRM 与数字化供应链的精髓,通过创新思维方式分析,培养创新能力与客户开发能力。

引导案例

京东战略投资利丰集团　强化供应链及自有品牌

京东集团与利丰集团宣布达成战略投资协议,旨在推进双方在数字化供应链和自有品牌等业务上的长期深度合作。据利丰方面透露,京东通过认购新股的方式以每股 1.25 港元进行 1 亿美元的战略投资。投资完成后,冯氏家族将继续持有 60% 的可投票股份维持对利丰的控制权。

京东方面表示,此次战略合作是京东集团在供应链、自有品牌和国际化布局的重要一步,未来可借助利丰集团全球供应链网络,叠加京东成熟的中国供应链体系以及数字化能力,形成优势资源共享,共同提供全球数字化供应链服务,助力京东一体化开放平台战略的实施。同时,利丰集团具备领先的自有品牌打造能力,可以完善京东在时尚家居品类的布局与品牌资源储备,协助京东打造国际化的自有品牌。

京东称,双方在数字化转型方向上具备高度的战略协同性,京东拥有完善的数字化技术与丰富的线上线下零售资源,能够加速推动利丰集团的数字化转型升级,引领全球供应链服务。在当前疫情冲击全球实体零售行业、全球供应链重构的大背景下,京东与利丰的合作更具深远战略意义。利丰集团是一家全球知名的零售及供应链公司,总部位于香港,在全球超过 50 个经济体拥有 230 个办事处和配送中心,专门为世界各地知名的零售商及品牌管理其环球供应链,包括处理数量庞大且有高度时效要求的商品。

(资料来源:https://www.chinaz.com/2020/0731/1165387.shtml)

5.1　CRM 与数字化供应链管理概述

数字化供应链源于大数据、AI、区块链、5G 等新兴数字技术与供应链各个环节的融合创新，其中包括 CRM 与供应链的切入与关联，在多维应用场景中创造新的价值和增长点。

视频 5.1

数字化 CRM 供应链概述

5.1.1 CRM数字化供应链概述

现代企业都是以顾客需求作为企业核心动力，顾客需求不仅主导企业的生产与销售活动，而且日益成为市场驱动力，由此顾客需求取代了以产品为主导型的传统运作模式。于是，顾客的需求、购买行为、潜在的消费偏好等都是企业谋求竞争优势必须争夺的重要资源。而顾客作为供应链上重要的一环，在买方市场上，供应链的中心也要由生产者向消费者倾斜。顾客管理逐步成为供应链管理的重要内容。

在当下的买方市场下，企业在管理层面面临的转变显得日益突出和重要，必须在职能上从产品管理向顾客管理转变，从交易管理向关系管理转变。

1. 数字化 CRM 基本概念

传统企业之间的关系是交易关系，考虑的是既得利益和均衡。从现代供应链管理思想上讲，为了增加供应链各方的利益就需要找到一条途径，这种途径就是要协调供应链成员之间的关系，进行关系管理，以使供应链整体的交易成本最小化，收益最大化。例如，从供应商的角度而言，与客户建立了互惠互利和长期合作的伙伴关系实际上对竞争者形成了进入障碍。数字化供应链以数字化平台为支撑，以供应链上的物、人、信息的全连接为手段，构建一个产品设计、采购、生产、销售、服务等多环节高效协同、快速响应、敏捷柔性、动态智能的生态体系。

（1）全流程一体化数字 CRM。现代企业的营销，不是单点环节的销售，也不是传统销售漏斗方法论的从获客到成交的一次性交易，而是营销、销售、服务到再成交、多复购的蝴蝶式结构。在一体化的产品设计上，CRM 已经能够贯穿市场营销、线索获取、线索转化、商机跟进、订单回款、服务响应，直至客户成功全流程。企业更需要的是以客户为中心，企业以此构建整个流程的一体化的量化和工程化的 CRM。成为全流程一体化的数字化 CRM 系统。ERP 是 SCM 的基础，如图 5-1 所示数字 CRM-ERP 全流程一体化。

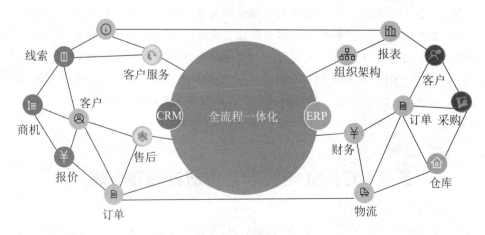

图 5-1　数字 CRM-ERP 全流程一体化

（2）数据是重要资产。CRM 会承接来自多平台的客户数据，这些数据可分成三类，分别是基本信息数据、用户行为数据、用户交易数据。CRM 系统内部也会产生大量的数据，如销售任务、销售跟进、订单、合同等。数据使用得科学合理则是优质资产，其价值就会得到实现。

（3）数据分析能力是关键。具有强大商业智能（business intelligence，BI）数据分析能力的 CRM，支持企业客户以更直观、更简单的方式自主分析海量数据。通用 CRM 产品内置的报表或仪表板数量和分析维度有限，真实业务场景中需要分析的角度、数据源和指标则没有穷尽。能够适应客户需求变化的 CRM 不仅要有 BI 数据分析能力，还要做到简单、易用、低成本、灵活多变等特点。BI 大数据分析能力和 CRM 相结合，可帮助企业建立更加立体、全面的客户认知。

（4）数字化 CRM 内涵。数字化 CRM 是指企业为提高核心竞争力，利用相应的信息技术以及互联网技术，协调企业与顾客间在销售、营销和服务上的交互，从而提升其管理方式，向客户提供创新式的个性化的客户交互和服务的过程，其最终目标是吸引新客户、保留老客户以及将已有客户转为忠实客户，增加市场份额和市场空间。

2. SRM 与 CRM 二者区别

SRM 的重点则在供应商管理层面，比如：如何引入供应商、管理供应商、供应商的表现绩效考核等，以及供应物料的信息管理、询价/报价、招投标、产品定价、在线采购、订单跟踪、收退货、库存管理、财务结算等方面。

CRM 的重点则在客户管理层面，比如：客户信息记录，客户拜访、客户跟踪、商机发现、销售订单、销售统计等。CRM 的软件比较标准化。

3. SRM 和 CRM 的联系

简单来说，CRM 关注的是客户，优化的是外部；SRM 关注的是供应商，优化的也是外部，两者之间有着非常密切的关系，在企业管理工作中发挥着不可缺少的作用。

SRM 和 CRM 是可以集成的，两者能够帮助发展相互之间的关系，加快信息交互的速度。不过，SRM 方案在初始阶段最好先不与外界集成。为了提高企业的"供应商资产"，企业在与外部集成之前需要整合所有的内部资源——销售、市场、产品开发、生产以及采购等。在竞争非常激烈的市场中，供应商经常会发生变化，信息也很难保持不断更新。所以，在两者功能交互之前，还需要先处理好以上提到的这些信息的整合。

5.1.2　CRM与SCM相互作用

供应链管理的成功不仅是生产管理的运作，同时也包括营销管理与客户关系管理。供应链主要在于以成本为核心，一切活动围绕着降低供应链上的总成本进行，而顾客关系管理作为重要的一个环节，更应值得关注。

1. SCM 系统与 CRM 系统的区别

SCM 系统与 CRM 系统都是企业为了充分利用内部及外部资源，提高市场竞争力与反应速度而采取的管理模式，二者有各自不同的关注焦点，SCM 系统更多的关注企业的运作，而 CRM 系统则以客户作为聚焦的核心。

从 CRM 系统方面来看，如果一个企业没有 SCM 系统，只有 CRM 系统的话，企业就会面临"信息孤岛"现象，即信息只能在企业与客户之间进行流动，而不能将信息释放到整个供应链中，结果，企业不能满足其所有客户的需求，即形式上的 CRM 系统并没有促进客户服务质量实质上的提升。

从 SCM 系统方面来看，从传统的供应链到新型电子商务供应链，都有一个不变的本质，那就是"以客户需求为中心"。市场竞争的关键，已转变为企业掌握客户需求并满足其需求的能力之间的竞争，也必然会体现为企业供应链之间的竞争。现在的企业要实施 SCM 系统或对传统的 SCM 系统更新，将集中在如何实现以需求为中心"拉动式"的供应链条，必须朝着周转环节少、灵活性强、交易成本低的方向发展。

2. SCM 系统与 CRM 系统的联系

尽管客户是 SCM 系统与 CRM 系统共同强调的重点，但是企业在提高客户服务水平的同时努力降低运营成本，必须在提高市场反应速度的同时给客户更多的个性化的选择，对客户实际需求的绝对重视是供应链发展的原则和目标，因而供应链是从客户开始到客户结束。为了赢得客户，赢得市场，企业的管理进入了以客户及客户满意度为中心的管理，它以客户为起点，得到市场的需求量，再制定相应的市场计划，然后进行生产，从而达到满足客户需求，提高客户满意度的目的，最终使企业生产的产品转化为利润。如图 5-2 所示，以客户为中心的市场需求考量，给数字化供应链带来巨大的挑战，数字化要服务于市场化，数字化供应链是产品与服务市场化的助推器。

SCM 系统也由以前的"推动式"转为以客户需求为原动力的"拉动式"，也就是更加重视客户。SCM 系统的精髓就是以客户和市场需求为导向，以提高市场竞争力、客户满意度和获取最大利润为目标，以协同竞争和双赢原则为运作模式，通过运用现代企业管理思想、方法、信息技术、网络技术和集成技术，达到对整个供应链上信息流、物流、资金流、价值流和工作流的有效规划和控制，从而将客户、分销商、供应商、制造商和服务商连成一个完整的网链结构，形成一个极具竞争力的战略联盟。

以客户为中心的市场需求	给供应链带来的挑战
超个性化：客户对任何产品和服务，如汽车、冰箱，甚至建筑方案都要求满足自身需求和喜好	制造正从批量和集中式生产向定制化分布式生产变革，供应链非数字化、智能化不可。例如传统的静态BOM（Bill of Materials, 物料清单）结构必须转型为动态的BOM结构，这驱动数字化的智能采购生产。此外还要求动态物料配送，也就是需要数字化智能物流
敏捷响应：客户要求产品的交付也要按客户要求及时送达。在社群经济发达今天，客户对产品送达时间的要求已经短到当日数小时	传统的供应链物流已经无法满足客户的需求，数字化供应链服务提供商，如京东、菜鸟等，以敏捷的数字化智能物流迎接挑战
高质服务：客户不仅要求产品质量好，而且要求交付产品过程透明、可跟踪追溯，还要去货到后有好的售后服务	制造需向智能制造转型，通过3D打印等数字技术改进产品设计和工艺。这对传统的供应链是一个巨大的挑战，如果产品没有数字标识，物流交接没有扫码，在途没有数字管控，退货不可追溯，则是无法满足客户需求的
复杂多变：数字经济时代，由于超个性化、产品生命周期缩短、需求不确定性等导致市场需求复杂多变，供销计划难以预测	这是对供应链最大的挑战之一，传统的供应链计划已经不适应今天复杂多变的市场需求。因此本书将说明供应链计划的数字化转型将会是供应链数字化转型的核心

图 5-2　SCM 与 CRM 的联系

SCM 系统按照过程进行供应链组织间的计划、执行与控制以及业务处理过程中的决策支持，着重于整个供应链的优化。而要实现有效地完成这种优化功能离不开及时的获取全部的客户信息，并对这些信息进行深入的分析从而提炼出决策的依据。而这方面是 CRM 技术方案的核心功能之一。

CRM 系统构筑了 SCM 系统与外部客户沟通的平台，它在企业系统与外部客户之间树立一个智能过滤网，同时又提供了一个统一的平台。CRM 通过电话、互联网、传真等手段的融合，客户可以选择自己喜欢的方式与企业进行交流，企业员工和客户的沟通更加便捷，获取信息更加方便，从而可以提升客户满意度和利润贡献率。此外，CRM 对客户互动信息的收集和加工可以帮助 SCM 系统提供决策依据，拓展业务模式，扩大经营活动范围，及时把握新的市场机会，占领更多的市场份额，帮助企业保留更多的老客户，并更好地吸引新客户。

总之，SCM 系统和 CRM 系统的一体化将真正实现企业实时响应客户需求，实现需求和供应链条上资源的最优化配置，从而全面提升企业的竞争能力。企业因此会拥有一个与 CRM 系统集成的供应链，与供应链的每个合作伙伴相比，它都有更具竞争性的业务运作优势。

5.1.3 CRM在SCM中的核心价值

SCM 系统成员企业间注重 CRM 系统运用，成员结成合作伙伴关系，再凭借一体化的供应链实现最终客户需要的最大满足。

1. 利用数据实现客户价值的最大化

（1）数据将最终客户与供应链连接起来。这意味着在供应链伙伴之间要共享交易数据，要利用 SCM 系统在供应链成员企业间构建共享的数据库。通过将客户与供应链连接起来，实现客户信息在供应链上的传递、交流，供应链就能快速响应客户需求。

（2）对供应链进行动态管理，及时反馈需求信息。在市场环境下，通过 SCM 系统掌握确切的需求，使企业供应链上的供应活动建立在可靠的需求信息的基础上。同时，动态管理可以使企业及时把握新的市场机会，发掘潜在客户，拥有更多的市场份额。

（3）全面管理企业与客户发生的各种关系。在 SCM 系统上的客户关系不仅包括生产商或分销商同最终客户的关系，还包括供应链上成员企业间的合作伙伴关系。对企业与客户间可能发生的各种关系进行全面管理，将会显著提升企业营销能力、降低营销成本、控制营销过程中可能导致客户抱怨的各种行为。

（4）与客户间保持良好互动。企业可以选择客户喜欢的方式同客户进行双向沟通，既可方便地获取所需信息，又可使客户得到更好的服务，获得心理满意，从而保留更多的老客户，并能吸引更多的新客户。

（5）建立一种面向流程的观点。如果供应链不是围绕客户建立的，就会限制 CRM 系统带来的利益。而建立以客户为中心的 SCM 系统必须本着一种面向流程的观点。流程的观点打破了以功能划分的组织边界，使得组织将精力集中于最终结果，围绕客户而不是企业内部组织活动。

2. 数据共享实现客户关系价值深度开掘

在整个供应链的管理中，由于 CRM 的大力支持，加深了客户知识的管理和挖掘。这不但拓展了开发新客户的渠道，也将客户关系贯穿整个消费过程，真正做到"以客户为中心"。

1）促进数字化供应链的信息共享

信息共享不仅是供应链管理的一个重要方面，也是 CRM 新的要求。原则上要求供应链系统诸节点企业采用系统思考方式，以供应链的整体利益为企业决策标准，但由于供应链在运作过程中存在风险，使得供应链的诸多企业在追逐自身利益最大化的进程中，选择了信息的压缩和隐藏，从而使最优的目标无法实现。而通过建立 CRM 这种营销理念，首先在企业内部营销人员中间建立客户信息共享的理念，使信息作为联盟中企业之间一种共享资源存在。并使之存在于企业员工心中和企业的运作过程中，成为围绕"客户准则"这种企业发展的本质要素进行管理活动。

2）充分认知顾客的核心需求

20 世纪 90 年代以来，商品市场进入成熟期以后，顾客对于商品的比较不仅仅在质量方面，而更侧重于伴随商品购买所得到的服务。为了接近顾客，并最大限度地满足顾客的多样化需求，企业在日益激烈的竞争中，越来越重视客户服务，以提升自身竞争力，并保持长期竞争优势。当客户关系管理成为整个供应链管理的一方面，则可以更加重视顾客新的需求。

3）协调链上节点企业之间的关系

供应链运作关键是统一所有成员企业有着共同的经营理念，供应链上的企业以围绕客户为准则，连接企业与客户之间的关系。CRM 与 SCM 的整合不仅使供应链管理达到降低成本的目的，还可以从营销角度加强联盟的客户服务和客户管理的水平。SCM 重在建立管理者和公司人员的营销理念，使企业通过良好、周到的优质服务，通过加强对业务流程的全面管理达到降低成本的目的。如图 5-3 所示，卓越的供应链运营与客户体验，可以从不同侧面助推企业尽快数字化转型的速度与效能，保证企业在协同技术与组织等要素基础上，实现数字化运营创新。

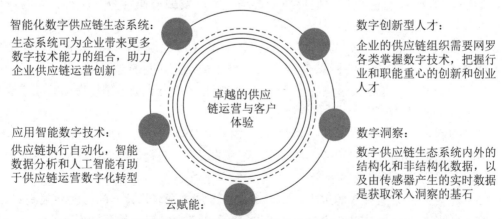

图 5-3　卓越的供应链运营与客户体验关联图

我们知道，CRM 专注于销售、营销、客户服务和支持等方面，比 SCM 更全面、更进一步。同时它的运作可以完善供应链管理流程，CRM 正是通过企业与客户间的互动，努力减少销售环节，降低销售成本（从这个角度也是对 SCM 的一种提升），并实现最终效果的提高。总之，CRM 和 SCM 都是使企业提高自身竞争力的有效工具，并使供应链战略联盟在加强内部合作的基础上，保持长久的竞争优势。

5.2　CRM 与数字化供应链的融合

在买方市场背景下，企业管理层的经营理念的转变十分重要，尤其是管理重点从产品管理向客户管理的转变，并由此从交易管理向关系管理转变。于是，顾客的需求、购买行为、潜在的消费偏好等都是企业谋求竞争优势必须争取的重要资源。而顾客作为供应链上的重要的一环，在买方市场下，供应链的中心也要由生产者向消费者倾斜。顾客管理要成为供应链管理的重要内容。

视频 5.2

数字化与 CRM 供应链融合

5.2.1　CRM与SCM的融合模式

SCM 系统和 CRM 系统的融合将使企业能有效地管理供应链，实现成本的节约和服务的改善，实质性地降低经营费用和成本，同时也能有更多时间去关注客户及客户关系。

1. SCM 系统和 CRM 系统融合的市场价值

（1）二者的融合使得大规模定制成为可能。它在提高客户服务质量的同时，简化了整个需求判断的过程，企业只有提供那些能够符合顾客特定需求的产品和服务才能获得长久的竞争优势。大规模定制能够充分了解、捕捉与满足顾客的真正需求，并根据顾客的实际选择，按订单制造、交货，库存与仓库减少，提高了生产效率，实现了一对一的直接联系，同时提高了客户的满意和忠诚程度，让企业盈利的机会大大增加。

（2）SCM 系统和 CRM 系统的融合还将极大地增强企业的竞争力。传统的企业希望进行市场的纵向集成，保持自给自足的状态，但 SCM 系统的发展使市场的横向联合已成为大势所趋，企业的多数生产活动均开始采取外包模式，许多企业还考虑进一步将供应链变成一个虚拟机构。但是，如果企业不能直接满足市场需求、无法了解客户的需求或无法响应客户的需求，那么，要么它的供应链因缺乏交流和信息沟通而呈现出僵化趋势，要么在供应链中只能处于无足轻重的地位。SCM 系统和 CRM 系统的融合则将大大提高企业的竞争能力，实现减少总体成本、提高供应链效率与灵活性以及管理系统整体性能的目标。

2. SCM 系统和 CRM 系统融合的运营价值

1）生产与营销的相互赋能促成数字化供应链

供应链管理的成功不仅是生产管理的运作，同时也包括营销管理的运作。供应链主要在于以成本为核心，一切活动围绕着降低供应链上的总成本进行，那顾客关系作为重要的一个环节，是值得关注的。并且通过 CRM 的引进可以一方面通过优质的服务吸引和保护更多的客户，另一方面通过 CRM 加大对企业业务流程的全面管理。CRM 是 custom relationship management 的缩写，意思是客户关系管理。是一种旨在改善企业与客户之间关系的新型管理机制。它包含两方面内容：一方面通过提供更快速和周到，优质的服务吸引和保持更多的客户；另一方面通过对业务流程的全面管理，降低企业的成本。于是我们可以这样理解 CRM：他的资源配置特点是以效益为中心，优化企业内、外部资源，并以客户及其需求为向导。

2）CRM 与 SCM 的整合可以降本增效

CRM 与 SCM 的整合不仅可以使供应效率更高，CRM 与 SCM 的整合管理还可以达到降低成本的目的，同时从营销角度加强联盟的客户服务和客户管理的水平。而且，供应链管理在服务客户水平的确定上，不应只站在供给一方考虑，而应把握顾客要求，从产品导向转变为市场导向。产品导向性客户服务是根据供应方自身需要决定的，无法适应顾客需求，容易造成服务水平的降低；而市场导向性客户服务则是根据经营部门的信息和竞争企业的水平进行定制，因而能更加接近顾客需求，并能对其及时控制。

3）数字化供应链可以赢得更多商机与客户

在当前消费者面临众多的商业信息和选择机会时，长期客户不仅意味着商机的增大，还会降低争取客户的费用以及简化销售和服务的流程。CRM 能够促进企业与客户之间的交流，根据对客户消费产品的信息反馈，对整个供应联的生产活动及流通流程做出调整，也就是给客户做出最及时地反应。

5.2.2　SCM与CRM相互赋能与资源整合

传统企业之间的关系是交易关系，考虑的是既得利益和均衡。从现代供应链管理思想上讲，为了增加供应链各方的利益就需要找到一条途径，这种途径就是要协调供应链成员之间的关系，进行关系管理，以使供应链整体的交易成本最小化，收益最大化。例如，从供应商的角度而言，与客户建立了互惠互利和长期合作的伙伴关系实际上对竞争者形成了进入障碍。

1. SCM 与 CRM 资源整合效果

CRM 构筑了 SCM 与外部客户沟通的平台，它在企业系统与外部客户之间树立一个智能过滤网，同时又提供了一个统一的平台。这一平台的建立既有其现实可能性，也有其发展的必要性。

1）实现数字化的人单合一

数字化供应链价值主要在于企业以数字技术为依托，以系统的方式实现企业、员工、客户在成本最低化的基础上三者利益统一。人单合一模式不同于一般意义上的竞争方式和组织方式，也不同于传统的业务模式和盈利模式的范畴，而是顺应数字化时代"零距离"和"去中心化""去中介化"的特征，从企业、员工和用户三个维度进行战略定位、组织结构、运营流程和资源配置领域的颠覆性、系统性的持续动态变革，在 CRM 与 SCM 资源整合的探索实践过程中，不断形成并迭代演进的数字化平台的创新模式。

2）提高供应链效率

将 CRM 活动和客户透视信息与上游的供应链运作结合起来是非常必要的。也就是，将供应链中"需求制造"与"需求满足"的活动紧密结合起来。首先，这意味着在伙伴之间共享交易数据，以保持较低的库存。其次，可以在供应链中通过正确的数据将位于第一线的员工联系起来，第一线员工接到订单之后，应该清楚地了解不断更新的库存和产品数据，据此就可以为客户提供准确的交付信息。数字化网络技术为供应链上的信息在伙伴之间共享创造了条件。如一个零售商与一个制造商可以利用这种"客户透视"为上游伙伴提供指导产品开发与产品制造的信息。

2. CRM 和 SCM 整合的目标

不同模式下的 CRM 与 SCM 的整合不仅使数字化供应链管理达到降低成本的目的，还可以从营销角度加强联盟的客户服务和客户管理的水平。

（1）以功能强大的数据库为基础。由于企业的客户构成复杂，产生的信息量极大，因此企业的系统需要有一个功能强大的数据库支持。数据库一方面要有较大的存储能力，要能够自动地将各种信息随时收集、储存起来；另一方面还要有较强的数据处理能力，通过数据处理，使这些数据成为企业经营管理的有用信息。

（2）与客户系统的无缝连接和实时通信。按照供应链理论，企业与客户都是供应链上的一个环节，只有相互紧密协调与配合，才能产生供应链的竞争优势。因此，企业与客户要按照供应链管理的原则，将二者的信息管理系统无缝连接，实行信息的共享。物流企业与客户应保持紧密的联系，使物流企业能够随时掌握客户的生产、经营和销售情况，以便为其安排物流活动。

（3）对客户需求的快速响应能力。企业的价值不仅体现在它可以提供集成化的物流服务，而且还体现在它对客户需求的快速响应能力。客户关系管理系统要与物流企业内部的信息管理系统紧密结合，将客户的需求及时输入到企业内部的作业管理系统，并通过企业的协调工作，以最快的速度使客户的需求得到满足。由于企业的客户不止一家，这就要求系统具有较强的信息处理和分析功能，能够根据变化随时做出规划和安排。

（4）对最终用户的有效管理。对最终用户而言，其所获得的价值包括了商品价值和服务价值两个部分。服务质量的好坏，与最终客户是否满意有着直接的关系。因此，企业的客户关系管理系统还要与最终客户建立起密切的联系，发展与最终用户的关系，通过企业的内部协调，对最终用户进行有效的管理和服务。如图 5-4 所示，从供应商到终端客户，通过 CRM 系统将各方链接成一个闭环价值系统，可以检验最终用户管理的有效性。

3. 以促进 SCM 技术运用为基础

①共享的数据库；②销售流程自动化；③呼叫中心；④数据挖掘；⑤查特曼隐喻引出技术（ZMET）。

总之，客户关系管理和供应链管理都是使企业提高自身竞争力的有效工具，并使供应链战略联盟在加强内部合作的基础上，保持长久的竞争优势。

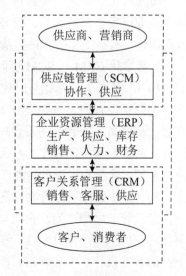

图 5-4　数字化供应链关联方的价值流

5.3 CRM 与数字化供应链协同运作

现代企业经营的内外环境已经发生或正在发生着巨大的变化,网络经济、经济一体化、区块链技术的飞速发展导致市场竞争日趋激烈;技术进步、人类生活方式的变化致使产品生命周期越来越短,并引发了生产效率的大幅提高,经济由短缺状态过渡到过剩状态,由卖方市场过渡到买方市场,企业从单品种、大批量经营转向多品种、小批量经营,企业间的竞争由产品、服务竞争过渡到了客户和信息的竞争。在这些环境的变迁中,客户关系管理 CRM 被誉为 21 世纪企业竞争获胜的"通行证"。

视频 5.3
CRM 与数字化供应链一体化运作

5.3.1 对 CRM 的再认识

CRM 系统中各项指标能帮助企业洞察业务状况,丰富的自定义报表让业务数据背后的价值一目了然,客户关系管理的内涵相当广泛,但目前国内企业需要消除在客户资源、客户价值、客户关系上的认识误区和偏差。

1. 数字化 CRM 与 SCM 协同的条件

数字化 CRM 在现代技术背景下具有一定的普适性,企业应该努力创造条件,适应新的 CRM 的变化。

(1) 中等规模以上的企业具备一定数字化 CRM 体系的能力,而小微企业也需要积累软硬资源,从规模和落地执行力方面创造条件。

(2) 企业必须具备信息化技术基础,并达到一定业务规模和市场体量,或是有产业升级的诉求,或是企业进行第二曲线业务,即创新探索,这会成为企业未来收入主要来源的新业务。

(3) 在转型的组织变革中,储备人才梯队和持续运营保障。

特别是在企业之间关系日益密切的现代,许多企业未能进行管理思想的创新,仍从单个企业出发去理解客户、管理客户和服务客户,导致客户关系管理在实施中存在着种种局限性,有近 2/3 的客户关系管理项目只能以失败而告终。

2. 数字化 CRM 与 SCM 协同的目标

1) CRM 要有一体化与时代感

企业管理者的思想必须与新经济时代的要求相吻合,企业对客户关系管理的认识还需进一步提高,以客户关系管理为核心的企业管理体制和运行机制急需改善。从供应链一体化的思维角度阐释了客户关系管理思想,并对如何建立、健全企业供应链一体化客户关系管理体制和运行机制进行了探索。

2) CRM 要体现协同性与整体性

当代管理思想认为,企业与企业的竞争已经不是单个企业在一定时间、一定空间为争夺客户的一对一单打独斗,也非主要为争夺大规模市场占有率所进行的竞争,而是基于产品开发设计、生产制造、配送与分销、销售与服务的跨时空整体性竞争,以及高质量市场占有率的竞争，这种竞争被称为供应链与供应链的竞争及客户忠诚度的竞争。这就意味着实施 CRM 的基础应从单个企业外推至整个供应链，也说明了顾客服务及企业与顾客关系的建立和维护应是供应链一体化的协同行动。

3）CRM 要体现顾客价值最大化

在现今的西方经济学中 CRM 就是指基于供应链一体化，通过商家合作伙伴关系和客户关系，实现信息共享、资源互补、多方互动和顾客价值最大化，并以此提升企业竞争力的一种管理思想。可见，客户关系管理是一种企业战略管理理念，它并不单指一种管理软件和技术，而是融和企业经营理念、生产管理、市场营销、顾客服务等内容的以顾客为中心的内外连接的价值链管理体系之一。

4）CRM 要体现动态集成式

供应链一体化的 CRM 是 21 世纪最有前途的动态集成式的客户服务组织和价值创造体系。作为一种新型的管理模式，其主要依靠现代信息技术支撑，由核心企业将供应商、生产商、销售商直至终端客户连成一个整体，本企业则立足于核心优势，将非核心优势的业务外包给其他有核心竞争力的企业去完成，从而使各协作企业的优势资源得以耦合为一个整体的核心竞争力去参与市场竞争。它强调以供应链整体的核心竞争力来抵抗和规避风险，并通过企业内部和外部价值创造体系的有效衔接，整合企业内、外部资源去敏捷响应客户需求。

因此，供应链一体化的 CRM 克服了企业个体能力的局限性，而以供应链整体来促进顾客价值最大化，并最终使企业价值最大化和客户价值最大化共同得以实现。

5.3.2　市场主导下的企业供应链一体化CRM实施

企业把 CRM 置于供应链一体化的基础之上，相对于单个企业实施的 CRM 表现出以下明显的市场优势。

1. 克服外部信息孤岛

以单个企业为单位实施客户关系管理，很大程度上解决了内部信息沟通问题，但企业与企业之间客户资源的私有化问题却相当严重。因为在传统模式中，供应商与制造商、制造商与销售商、批发商与零售商、零售商与顾客之间是一种基于价格与利润挤压的博弈关系，从供应商到终端顾客实质上是一条"博弈链"，一方的获益往往是另一方的让利。因此各企业的信息技术多样且独立，进行信息技术整合难度大，尤其是由于信任的缺乏、利益的博弈，企业对于提供各种市场信息存在着戒备，各企业只得跨过下一级企业去搜集客户资料，这样不仅形成企业与企业之间的信息孤岛，增加重复收集信息的成本，且与终端客户越远，信息失真的可能性就越大，以至于产生信息的"牛鞭效应"。

而供应链一体化基础上的 CRM 是一项系统工程，管理模式排除了博弈关系，使之建立起信任与合作的双赢性战略联盟，形成了企业之间的战略伙伴关系，在市场运营过程中其依靠现代信息技术支撑，通过前馈的信息流和反馈的物流及信息流，将供应链成员直至终端客户连成一个协作整体，从而使链上信息能够顺畅流通，实现了协作者之间的多维双向沟通和信息共享。

2. 成员企业间积极配合

现今，服务意识的空前改观和质量概念的全新扩展，使得客户对产品和服务都予以了同样的重视，即使是顾客服务也应是供应链一体化的协同行动。这就要求供货商和销售商及物流方等企业之间的交往必须打破传统的买卖关系，形成一条解决服务问题的合作链条，由整个链条的各组成员通力合作来为最终客户提供更多让渡价值。

但过去企业往往以自身利益为出发点寻找对某一企业来讲的最佳客户，而对于链条其他成员未必有利可图。也就是说，共同服务于一类客户群的利益在链上无法合理地进行分配，这样就大大削减了企业之间合作的积极性。没有了统一的目标，合作链条不再合作，最终导致客户的流失乃至整条链竞争力的下降。而在供应链一体化下，链上企业组织方式是基于一体化的战略联盟或虚拟企业的协同商务，它们是否能够实现其共同的市场目标，是否能够共同地对有效顾客需求进行敏捷反应，关键在于供应链各成员、各环节之间是否能够同步化运行。因此供应链一体化客户管理充分运用集成化管理思想，在对供应链成员核心竞争力进行优化选择与整合的基础上，有效地构建出一条"顾客服务链"，它强调企业战略伙伴关系管理，强调以面向供应商和顾客取代面向产品，从而增加了上下游之间及与相关合作者的联系，也增进了相互之间保持一定的一致性，形成了具有同步化敏捷响应顾客需求的合作网链。

3. 成本合成最小化

供应链一体化思想的精髓是：企业集中优势专注于核心业务，对于非核心业务则采取简化、分立、剥离、外购、外包等放松控制的措施。这样，企业以自身核心优势资源整合协作企业资源时，总会寻找到现存的、比企业自营更低的成本。

一是通过供应链上的无缝链接，能够将供应商、生产厂家、分销商、零售商等企业的现存资源进行优化整合，避免了与新产品开发相配套的厂房、设备、营销网络建设的巨额投资，从而减少了资本负担，降低了企业自营的风险成本，实现了产品和市场开发的成本组合最小化。

二是供应链一体化基础上的 CRM 是一种"拉"模式，即由顾客需求驱动，生产、销售根据实际顾客需求而不是预测需求进行协调，为此，供应链使用快速信息流机制把顾客需求信息传递给上游，系统的变动性减少，尤其制造商、零售商面对的变动性小了，供应链上的库存降低了，成本也得到了优化。

三是在供应链一体化模式下，管理信息、管理技术和物质资源成为供应链节点企业的共享资源，克服了企业"纵向一体化下"大而全——小而全"的资源浪费，缩短了订单履行时间，从而降低了庞大的业务管理成本等等。如图 5-4 所示，包括 CRM 管理系统在内的数字化协同可以保证企业从高层的战略远景，到基层技术与测量，都会产生协同效应与整合效应。

4. 顾客关系维系的更加紧密

企业理念的本质是向客户提供最优价值，并最终得到客户的最好回报。传统企业凭借自身资源，或单独面向市场，或以"纵向一体化"形式面对市场而获利，他们按照自己对市场的预测设计和生产产品，按自己的需要为顾客提供服务，由于体制的局限，企业往往离顾客较远，难能满足顾客的需求，顾客流失和背离不可避免。

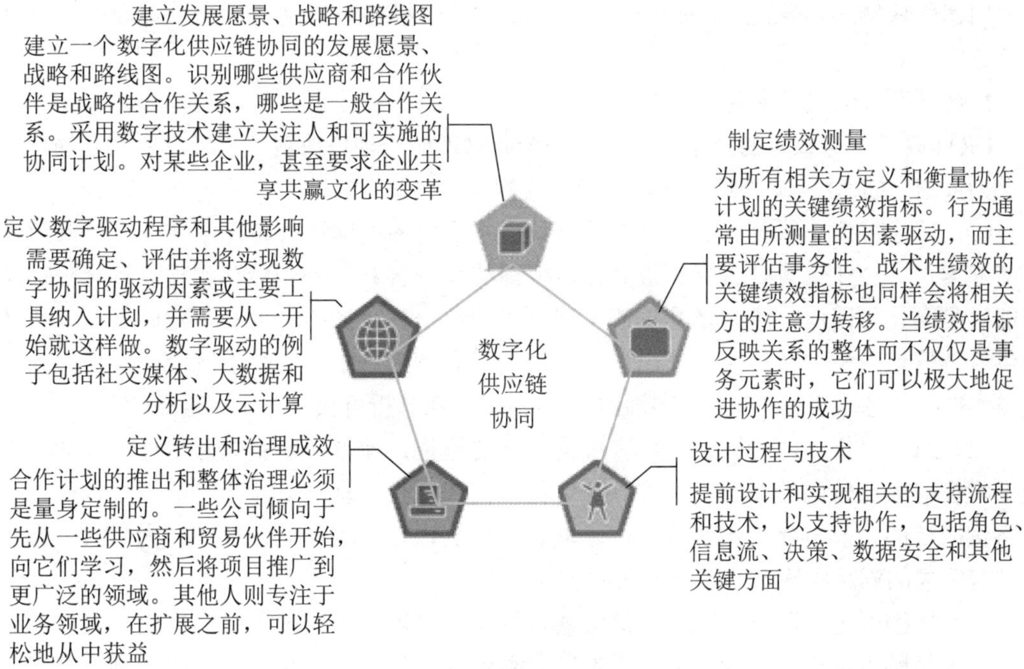

建立发展愿景、战略和路线图
建立一个数字化供应链协同的发展愿景、战略和路线图。识别哪些供应商和合作伙伴是战略性合作关系，哪些是一般合作关系。采用数字技术建立关注人和可实施的协同计划。对某些企业，甚至要求企业共享共赢文化的变革

定义数字驱动程序和其他影响
需要确定、评估并将实现数字协同的驱动因素或主要工具纳入计划，并需要从一开始就这样做。数字驱动的例子包括社交媒体、大数据和分析以及云计算

制定绩效测量
为所有相关方定义和衡量协作计划的关键绩效指标。行为通常由所测量的因素驱动，而主要评估事务性、战术性绩效的关键绩效指标也同样会将相关方的注意力转移。当绩效指标反映关系的整体而不仅仅是事务元素时，它们可以极大地促进协作的成功

定义转出和治理成效
合作计划的推出和整体治理必须是量身定制的。一些公司倾向于先从一些供应商和贸易伙伴开始，向它们学习，然后将项目推广到更广泛的领域。其他人则专注于业务领域，在扩展之前，可以轻松地从中获益

设计过程与技术
提前设计和实现相关的支持流程和技术，以支持协作，包括角色、信息流、决策、数据安全和其他关键方面

图 5-5　基于 CRM 的数字化供应链协同

而供应链一体化下的 CRM 系统使企业客户管理内涵得到拓展，客户受到了前所未有的重视，整个供应链就是围绕顾客而展开的服务网络，在这个网络中，通过各方面兑现订单履行承诺来实现顾客化满足：有的企业开发和设计顾客喜欢的产品，有的企业以最低的成本生产出优质产品，分工协作，协调运行，再加上敏捷的物流保证，及时的可得性，完善的售前、售中、售后服务，赋予了企业更完善的客户交流能力，使顾客认为该产品就是为我量身定做的，该产品所承载的服务正是企业所需要的，从而可以带来最大化客户收益率。

特别是供应链一体化的资源整合机制，使链上各企业活动灵敏度提高，快速响应客户需求的能力更强，能够实现单个企业无法实现的市场目的和顾客服务绩效，由此，企业提高客户忠诚度和降低其流失率的水平是一个企业所不能及的。

5.3.3　供应链一体化CRM的模式与机制

在供应链一体化实施前，主导企业管理的是"纵向一体化"的运营体制模式，此模式即表现为以产品生产职能为中心的市场纵向集成，企业基本保持自给自足的状态。但激烈的竞争态势表明，企业不可能面面俱到，无所不为，必须把握好自身优势并善于借助外力，通过寻求外包进行市场的横向集成。

供应链一体化就是在对供应链成员核心竞争力优化选择的基础上，连接起来的一种"横向一体化"的集成管理模式。它有效克服了纵向一体化营销管理模式下难以摆脱的结构僵化、成本居高不下、层级众多管理难度大、业务流程长负担重及市场不确定风险大等弊端。增强了企业组织的柔性，加快了信息流、资金流和物流的双向性流动，实现着协作者之间资源共享和运行的协调一致，从而能得以提高对市场反应的速度和能力。

构建供应链一体化的 CRM 运营模式需要体制的搭建与机制的健全。主要运营机制包括：

1. 把顾客价值置于企业价值之上

CRM 既是服务顾客的技术体系，更是企业管理的一种价值观，如果没有企业的价值理念为依据，CRM 就缺少理论根基和观念支撑。

（1）转换视角。从企业的角度看，市场目标实现的关键评价指标是企业既定利益是否能够实现，企业价值是否能够最大化，但前提是顾客利益是否能够实现，顾客价值是否能够最大化。因此，顾客及其价值实现是供应链一体化的驱动力和决定因素。但传统的供应链价值分析中从供应主体出发，以成本或利润为基础，着眼于链上企业价值的生成与实现，却忽略了其价值的来源始于顾客需求，在分析价值时患了"近视症"。

（2）纠正错位。价值认知与顾客价值之间的错位，使得一些企业即使处在行业价值链上增值能力比较强的环节，也难以实现持续高速成长，赢利只能在较低水平徘徊。通过将供应链的价值转化为顾客价值，才能真正做到以市场为导向，以顾客为中心，在满足顾客需求的同时实现企业经营绩效的提高。

（3）持续改进。同时在顾客价值实现过程中，可以识别和改善顾客价值实现的薄弱环节，提高顾客价值实现的效率和质量。随着顾客价值提供数量与质量的提高，消费者与企业主体之间也会形成更为紧密的纽带，促成更为频繁的交易，建立起更为长久的关系，并在顾客价值导向的树立和价值传递的持续改善中，实现顾客满意和顾客忠诚，其结果必将推动客户价值最大化和企业价值最大化的共同实现。

2. 由"纵向一体化"模式转换为"横向一体化"

新型供应链一体化的 CRM 要求用客户的眼光观察一切，从客户需求出发，建立需求倒推、市场拉动、信息共享、面向流程的运营模式。

（1）流程重组。新模式必须在基于供应链整个价值增值环节上谋求流程重组，它要求企业在对自身竞争力或优势资源进行评估的基础上，对供应链进行"横向一体化"改造。做法是：企业首先从客户的角度审视整个价值链，体会客户在产品整个生命周期中使用、维护、升级、追求附加价值的种种需求，从提供及时、全面、适宜的产品与服务出发寻求合作伙伴关系和顾客关系，同时拥有以客户为中心进行流程管理的虚拟企业。

（2）实现网链。一方面参加到有竞争力的供应链中去借势和取长补短，另一方面又以自身优势构建一条规模适宜的一体化价值网链，这一价值网链也是从产品和服务设计开始，并通过采购、生产制造，最终由销售网络把产品及其服务送到终端顾客的一体化价值实现网链。在链中企业以自身的核心竞争力业务整合成员企业的优势资源，支持价值链的协调运行，并通过链上各企业核心资源的优势互补，创造出更高的价值，追求与最能带来利润的客户群建立牢固持久的关系。

（3）形成优势链。正如 Intel 公司充分利用其核心拉求优势一样，通过芯片技术来整合微软的软件优势、联想的硬件制造优势和市场优势，形成了一条在中国市场独占鳌头的供应链一样，使企业竞争力得到加强的同时，风险得以规避。

3. 形成两链无缝对接的整体价值链增值

企业流程与满足顾客需求的同步优化供应链上供需价值的实现过程应是顾客需求的满足过程，这一程在供需两方又表现为不同的形式。

(1)供方视角。对于供给方来说,表现为供应商、制造商、分销商等各个成员主体通过各种价值活动完成的价值提供与传递过程,并以成员合作关系为基础,通过各活动之间的无缝对接与集成优化来提高效率。

(2)顾客视角。从顾客的角度来说,这一过程则与顾客的购买过程中包括诸如购买前的信息搜集、比较选择、购买决策以及消费和使用后的废弃等等价值环节紧密联系在一起。只有供应链企业提供的价值传递过程与顾客购买和消费的价值接受过程统一起来,在时间、空间、内容、形式等方面充分满足顾客需求,才能最终实现顾客价值。也就是说,只有通过供应链上企业价值链与顾客价值链的无缝对接,才能把合适的产品、以合适的数量、在合适的时间送到合适的地点,快速、高效响应和满足合适客户的合适需要,从而也才能在降低供应链成本的同时,实现顾客价值的最大化。

(3)供应链一体化角度。从供应链一体化的角度来考察,供应链既是企业价值生成和实现的价值链,也是顾客价值获得与实现的价值链,顾客价值链直接决定着企业价值链的成长和竞争优势的巩固与提升。如果企业能够将二者进行平衡对接,那么,源于企业价值链的驱动力与源于顾客价值链的拉动力就能够形成合力,这种合力所体现的形态就是信息流、物流、资金流在供应链中的畅通以及从供应商、生产商、物流商、销售商直至终端顾客的价值最大化或同步优化。

4. 构建扁平化的企业组织架构

供应链一体化的 CRM 不仅是一条连接供应商到终端顾客的物料流、信息流、资金流,而且是一条服务流、增值流。因此企业不仅仅是从技术上对待客户关系管理,更是从组织结构和企业文化的高度对待它,要求每位员工都能依据客户需求的变化而提供满意的产品和服务,但这是企业传统等级制度下难以实现的。

(1)组织结构和保障体系。流程再造还需要在企业内部流程中形成供应链关系,要求企业必须构建新的组织结构和保障体系。根据客户关系管理以"客户满意"为中心的管理原则,企业组织结构的调整,要以提高企业沟通效率、激励员工参与为目标。埃德森·斯潘塞说:"在理想的企业结构中,思想既自上而下流动,又自下而上流动,思想在流动中变得更有价值,参与和对目标的分担比经理的命令更为重要"。

(2)跟踪客户的需求。企业必须将内部传统的"金字塔"组织结构改建为一个全新的扁平化的组织结构,让个人在新的岗位上发挥更大的创造力,使企业的组织结构能动态跟踪客户的需求和市场变化,并能更快地做出反应。在新型的组织结构中,客户处于顶尖位置,以充分体现客户至上的经营理念。

(3)注重内部顾客。管理职能将部分地从管理者转移到一线员工的层面,这样员工才能具有创造性工作的自由和权力,并由执行者变为工作岗位的管理者,具备快速反应的能力。在新型的组织结构中,部分决策权已转移到一线员工的层次,管理者应授权给员工,组建恰当的工作小组,并以恰当的方式对员工进行引导、激励和绩效评析。管理者还要从领导者的角度来帮助员工获得正确的信息,提供各方面的有力支持,促使员工全身心投入到供应链的价值创造体系之中。

5. 促成 SCM 成员的一体化协作

确立企业在数字化供应链一体化服务中的地位,形成一体化成员间的合作。从本质上说,供应链一体化是企业内部和企业之间供给和需求管理的集成,企业只有跨越内部资源界限，借助信息技术手段，协同实施客户关系管理，才能实现对整个供应链资源的有效组织和管理。

（1）关注制约因素。供应链企业在供应链中的地位是多种因素综合作用的结果，其中较为重要的两个因素：一是主观上受其核心竞争能力的制约，二是客观上受其顾客价值贡献大小的影响。依据对价值活动以及成员顾客价值贡献的分析，供应链成员可以找到价值链中能够驱动更多顾客价值的环节，通过对上下游价值活动的整合，使有实力的企业在供应链中建立起龙头、主导地位。

（2）实现顾客价值。随着价值增值活动在供应链成员中的动态分配与调整，使得竞争能力强的成员可以承担更多的顾客价值传递任务，实现顾客价值的贡献与企业实力相匹配，也有助于供应链内部形成责任与能力的协调均衡。

（3）协调伙伴关系。供应链伙伴关系包括核心企业与供应商的伙伴关系，与制造商的伙伴关系，与销售商、零售商的伙伴关系。它们基于一定利益基础和共同愿望而建立，并在供应链中担任不同的角色，沟通、协调、各取所长、优势互补是形成良好合作关系的重要途径。在供应链环境下企业既是一个相对独立的经济体，更是一个拥有独特资源的节点；既是价值的创造者，又是服务的享用者。上游企业作为下游企业的供应商和服务提供者，服务质量的好坏直接决定了供应链的整体效率和利润的实现速度，因此企业间需要以供应链整体利益和目标为指南协调行动，密切合作以形成一个功能性网络。

（4）共同规避风险。在这个系统中，核心企业只抓有竞争力的核心业务，将非核心业务外包给其他有此核心竞争力的企业去完成，从而使各协作企业的优势资源得以耦合为一个整体的核心竞争力去参与市场竞争，这样就能以供应链整体的核心竞争力来抵抗和规避风险，将单个企业的风险消溶于供应链之中，增强单个企业抗风险能力。总之，成员企业要针对现有问题、发展问题以及广泛的服务合作事项进行协调，建立利益共享、风险共担的合作机制。

6. 设置科学的利益分享机制

任何一个企业参与到供应链联盟中来，其根本目的是为了追求理想的经济利益，如果有任何盟员不满意制定的利益分配方案，就会给一体化联盟带来一定的利益损失，那么顾客与企业价值最大化则难以实现。同时，数字化背景下，利益分配更加透明化，分配机制的建立应更多考虑数字技术的渗透与影响。

1）建立利润分享机制

在供应链联盟中一个合理的、令人满意的利润分享机制尤为重要，而对于利益分享可能有多种方案以及考虑因素，因此联盟必须找到一种处理利益分摊问题的方法，使利益分享的方案具有相对的合理性，能为各单位接受。一般可采用供应链利益分享的两阶段法进行。

第一阶段是在利益还没有形成之前，采用一种谈判的方法，做一下初次的利益分配方案。即在利益没有实现之前，根据某些可以比较容易识别的因素如固定资产的投入和供应链合作伙伴之间的关系等来进行分配，各个企业获得初步分配满意的利益。

第二个阶段是在利益实现之后，对超出各个合作企业初次分配得到利益的那一部分利益进行分配，即对超额利益进行再分配，以对开始的供应链利益分配方案进行调整。

这个阶段考虑的因素是供应链合作伙伴所承担的风险、企业为实现目标的努力水平、对供应链的贡献度等。

2) 激励 SCM 成员企业

在此过程中，采用的利益分配方法是博弈论的方法。因为供应链成员之间在进行这一过程的利益分配讨论时，更多的是一个互动的过程，同时个体理性的作用会大于整体理性，所以，使用博弈的方法比较科学、合理一些。

需要注意的是：在传统供应链中有一种现象，就是核心企业利用其主导地位对其他企业进行利益挤兑，这种做法是非常错误的。因为，供应链合作价值的大小体现在诸如交货期、标准化、低库存等能为企业带来利益的多个方面，所以，核心企业要注意充分发挥激励成员企业的主导作用。伴随数字化供应链技术的推广与使用，去中心化，去中介化趋势日益明显，客观上会逐渐消除这种违规现象。

5.4　CRM 与数字化供应链运营

视频 5.4

CRM 与数字化供应链运营

数字经济时代，信息技术革命极大地改变了商业模式，尤其对企业与客户之间的互动关系产生了巨大的影响。在一切都随手可及的 e 社会，客户可以极方便地获取信息，并且更多地参与到商业过程中。

5.4.1　CRM 运营机制分析

现代企业理论经历了若干发展阶段，从以生产为核心到以产品质量为核心，再到现在的以客户为中心，这些变化的主要动力就是社会生产力的不断提高。可以想象在一个供不应求的时代，关注产品需求的人一定不会有多少。

在以数字技术和网络技术为基础、以创新为核心、以全球化和信息化为特征的新经济条件下，企业的经营管理打破了地域的限制，竞争也日趋激烈。如何在国际市场竞争中展现自身优势、如何赢得更大的市场份额和更广阔的市场前景、如何开发客户资源和保持相对稳定的客户队伍已成为影响企业生存和发展的关键问题，CRM 为解决这些问题提供了思路，并正在成为企业经营策略的核心。

1. 现代 CRM 运营思想内涵

数字化 CRM 就是通过运用先进信息技术手段管理客户信息数字资源，提供客户满意的产品和服务，与客户建立起长期、稳定、相互信任、互惠互利的密切关系的动态过程和经营策略。CRM 作为一种新的经营管理哲学，对其内涵的进一步理解，可以从不同角度、不同层次来进行。

（1）CRM 是一种管理理念。其核心思想是将企业的客户（包括最终客户、分销商和合作伙伴）作为最重要的企业资源，通过完善的客户服务和深入的客户分析来满足客户的需求，保证实现客户的终生价值。

现在是一个变革和创新的时代，比竞争对手领先一步，而且仅仅一步，就可能意味着成功。业务流程的重新设计为企业的管理创新提供了一个工具，在引入客户关系管理的理念和技术时，不可避免地要对企业原来的管理方式进行改变，创新的思想将有利于企业员工接受变革，而业务流程重组则提供了具体的思路和方法。

在互联网时代，用传统的管理思想解决不了更多的现实问题。互联网带来的不仅是一种手段，它触发了企业组织架构、工作流程的重组以及整个社会管理思想的变革。所以，客户关系管理首先是对传统管理理念的一种更新。

（2）CRM是一种新型管理机制。CRM是一种旨在改善企业与客户之间关系的新型管理机制，CRM实施于企业的市场营销、销售、服务与技术支持等与客户相关的领域，通过向企业的销售、市场和客户服务的专业人员提供全面、个性化的客户资料，并强化跟踪服务、信息分析的能力，使他们能够协同建立和维护一系列与客户和生意伙伴之间卓有成效的"一对一关系"，从而使企业得以提供更快捷和周到的优质服务，提高客户满意度，吸引和保持更多的客户，从而增加营业额；另一方面则通过信息共享和优化商业流程来有效地降低企业经营成本。

（3）CRM也是一种管理技术。这一点有与SCM相同之处，CRM将最佳的商业实践与数据挖掘、数据仓库、一对一营销、销售自动化及其他信息技术紧密结合在一起，为企业的销售、客户服务和决策支持等领域提供了一个业务自动化的解决方案，使企业有了一个基于电子商务的面对客户的前沿，从而顺利实现由传统企业模式到以电子商务为基础的现代企业模式的转化。

（4）CRM并非等同于单纯的信息技术或管理技术，它更是一种企业商务战略。目的是使企业根据客户分段进行重组，强化使客户满意的行为并连接客户与供应商的过程，从而优化企业的可赢利性，提高利润并改善客户的满意程度。

CRM具体运作时，它将看待"客户"的视角从独立分散的各个部门提升到了企业，各个部门负责与客户的具体交互，但向客户负责的却是整个企业。以一个面孔面对客户是成功实施CRM的根本。为了实现CRM价值，企业与客户连接的每一环节都应实现自动化管理。

2. 数字技术背景下的CRM给传统企业带来的冲击

伴随CRM理念的深入贯彻，很多公司发现当企业将客户需求作为运营流程中心时，传统的企业运营方式就会与之产生更多的不协调情况，而这些不协调如果不能及时纠正，就会使CRM的效能发挥受影响。因为CRM直接从"客户接触点"开始为企业管理换了一种思维方式，它也往往成为企业走向电子商务的第一次尝试。

先进的科技手段经常让企业难以应对，要跟踪、评估客户就更加困难。在这种情况下，传统企业开始感受到不同寻常的冲击。

（1）来自营销方面的冲击。以往用户只能被动地听取企业产品或服务推介，企业可以通过大众媒体进行的广告促销如果能够树立起独特的产品形象，就有可能成为最热门的商品。企业不必考虑每个客户的专门需要，只有保持在各类媒体上的曝光率，就可以树立并保持自己的品牌。

而实施CRM后则能够就指定的消费群体进行一对一地营销，客户的主动性增强，客户管理的成本降低，效果也高于传统模式。

（2）来自竞争对手的冲击。现在，客户关系运行良好的企业实际上也面临着这样的战略决策，现在的青少年获得信息渠道基本都是移动网络，这些年青一代未来成为消费主体后，他们可能不会光顾不能提供网上订购的商家。要适应这样的消费者，要在竞争中保持优势，投资信息系统常常不是锦上添花，而是维持企业生存的必要手段。

（3）来自企业内部的冲击。无论是像 Amazon 这样的新型网络企业，还是像京东这样的致力于网络化改造的传统企业，网上客户的要求并不仅仅是信息交换，最后仍然要落实在产品和服务上，这就要求企业流程要能够在制造、运输、售后服务等各方面与加速流通的用户信息相匹配。

通过互联网和电话与企业进行交流的用户往往更加没有耐心，他们要求电子邮件能够立刻回复、订单可以及时查询、更新修改都要能够及时办到。

（4）来自科技推广的冲击。网络技术的迅猛发展和日益普及正在改变我们的生活，同样正在改变生产运营与营销模式，使产品的生产从批量生产（Mass production）向批量定制（Mass customization）转变。所谓批量生产就是广泛运用流水线、细化分工和现代管理形成社会化大生产的制造能力，这种方式是目前传统企业运用的主流模式。

产品批量生产让人们摆脱了分散手工作坊，进入了机械化、电气化、自动化的大生产时代，极大地提高了生产率。但是，随着社会进步，现代社会越来越注重个性的尊重，注重更高层次的服务质量，批量生产的产品显得单调、重复和呆板。在这种生产模式下，用户只能将自己的个性需求对应有限共性产品。

为了让用户更满意，同时保持批量生产带来的低成本和高效率，长期以来人们进行了多种尝试，包括进行市场细分、不断吸收用户反馈、设计可调整流水线和运用自动控制技术等，但直到今天，这些努力都没有达到理想的成效。

主要是由于差异过大，要让产品做到"完全适合你""为你定制"，用户和企业之间必须不断的、迅速的进行"一对一"的信息交换，在网络未出现之前，这只能是停留在想象阶段。随着网络的发展和数字化技术应用的展开，以"量身定做"为主要特征的批量定制迅速得到发展，正在越来越多的企业中得到应用。

5.4.2　电子商务环境下的CRM战略意义与实施途径

电子商务和 CRM 是目前业界认为能够为企业带来更快、更高回报的两个管理创意。在这一管理模式下，利用网络数据，给客户一个关于公司的全景印象，协调基于 CRM 和电子商务的销售流程越来越重要。

1. 电子商务环境下 CRM 的战略意义

企业必须把电子渠道和电子商务看作是 CRM 整体战略的一部分，以避免渠道冲突，并使客户关系回报最大化。

（1）CRM 将成为企业全员的目标诉求。在电子商务背景下，客户关系管理将真正成为企业全员的根本任务，这与传统企业有着本质的不同，企业的整个供应链和价值链都将围绕客户这一中心展开一切活动。

良好的客户关系管理是企业把握在线顾客的真实需求、改善企业与顾客的相互关系、培植顾客忠诚的核心内容，也是整个企业系统高效运行的必要前提。

网络技术为企业开展电子商务、实现内部各部门以及企业与供应链各成员的有效信息沟通提供了充分的技术支持，而这又为客户关系管理的全面实施准备了至关重要的技术基础。

（2）互联网支持客户随时掌控、获取企业信息。互联网的面对面沟通方式有效地支持了客户随时、准确地访问企业信息。客户只要进入企业的 Web 网站，就能了解到企业以及关于企业的各种产品和服务信息，寻找用以决策的依据及满足需求的可行途径。

同时，营销人员也能够借助先进的信息技术，及时全面地把握企业的运行状况及变化趋势，以便在与客户接触时，能够针对其需要提供更为有效的信息，改善信息沟通效果。

（3）互联网构建信息渠道，构建交互式沟通。互联网在客户与企业之间，架设了更有效的沟通渠道，构建了交互式的沟通方式。借助这一方式，企业可以通过 IP 地址，随时、准确地知晓每一位客户的居住区域及其各种相关信息。

运用数据库管理、互联网等信息系统和信息技术，企业不仅能够及时、迅速、大量地收集客户信息，并及时传递给客户服务中心加以处理，而且可以实现对客户信息的更好保护和利用。

（4）互联网降低了 CRM 运作的成本。互联网大大降低了 CRM 运作的成本，这是电子商务所拥有的最重要的优势，也是 CRM 数字化运作的基础条件。在互联网和电子商务模式下，任何组织或个人都能以低廉的费用从网上获取所需要的数据信息，这为企业和客户双方都带来了莫大的好处，建立了人们积极收集信息、主动进行沟通的基础。

在这一基础的支持下，CRM 系统不仅是企业的主动选择，同时也成为广大在线客户的一种必然要求。因此，在充分沟通的基础上，相互了解对方的价值追求和利益所在，以寻求双方最佳的合作方式，无论对企业或在线客户都有着极大的吸引力。

2. 现代企业实施电子商务下 CRM 的途径

电子商务是企业数字化转型的基础和前奏，那么面对新时代的挑战，现代企业应如何实施电子商务中的客户关系管理呢？可以从以下几个方面加以考虑。

（1）确立合理的项目实施目标。CRM 的产生是市场与科技发展的结果。在社会的进程中，客户关系管理一直就存在，确立目标之后，在不同的社会阶段其重要性不同，其具体的表现形式也不同。

①确定企业目标。CRM 系统的实施必须要有明确远景规划和近期实现目标。管理者制定规划与目标时，既要考虑企业内部的现状和实际管理水平，也要看到外部市场对企业的要求与挑战。

没有一种固定的方法或公式可以使企业轻易地得出这样的目标。在确立目标的过程中，企业必须清楚建立 CRM 系统的初衷是什么？是由于市场上的竞争对手采用了有效的 CRM 管理手段，还是为了加强客户服务的力量？

这些问题都将是企业在建立 CRM 项目前必须明确给出答案的问题，只有明确实施 CRM 系统的初始原因，才能给出适合企业自身的 CRM 远景规划和近期实现目标。

②制定长远计划。有了明确的规划和目标，接下来需要考虑这一目标是否符合企业的长远发展计划，是否已得到企业内部各层人员的认同。如果这一目标与企业的长远发展计划间存在差距，这样的差距会带来什么样的影响？这种影响是否是企业能够接受和

承受的?最为重要的是,企业各层人员都能够认同这个长远规划和目标,并为这一目标做好相应的准备。

③目标落实成为文本。作为 CRM 项目的负责人,必须将已经形成并得到企业内部一致认同的、明确的远景规划和近期实现目标落实成文字,明确业务目标、实现周期和预期收益等内容。这一份文件将是整个项目实施过程中最有价值的文件之一,它既是项目启动前企业对 CRM 项目共同认识的文字体现,也是实施进程中的目标和方向,同时也是在项目实施完成后评估项目成功的重要衡量标准。

(2)高层管理者的理解与支持。高层管理者对 CRM 项目实施的支持、理解与承诺是项目成功的关键因素之一。缺乏管理者支持与承诺会对项目实施带来很大的负面影响,甚至可以使项目在启动时就举步维艰了。

要得到管理者的支持与承诺,首先要求管理者必须对项目有相当的参与程度,进而能够对项目实施有一定理解。CRM 系统实施所影响到的部门的高层领导应成为项目的发起人或参与人,CRM 系统的实现目标、业务范围等信息应当经由他们传递给相关部门和人员。

(3)让业务来驱动 CRM 项目的实施。CRM 系统是为了建立一套以客户为中心的销售服务体系,因此 CRM 系统的实施应当是以业务过程来驱动的。IT 技术为 CRM 系统的实现提供了技术可能性,但 CRM 真正的驱动力应来源于业务本身。如图 5-6 所示,数字化 CRM 项目实施需要云计算、大数据、移动化等信息技术作为支撑,才能实现营销与订单。

图 5-6 数字化 CRM 项目实施的网络图

CRM 项目的实施必须要把握软件提供的先进技术与企业目前的运作流程间的平衡点,以项目实施的目标来考虑当前阶段的实施方向。

同时,也要注意任何一套 CRM 系统在对企业实施时都要做一定程度上的配置修改与调整,不应为了单纯适应软件而全盘放弃企业有特点、有优势的流程处理。

(4)有效地控制变更其内容。项目实施不可避免地会使业务流程发生变化,同时也会影响人员岗位和职责的变化,甚至引起部分组织结构的调整。如何将这些变化带来的消极影响降到最低,如何使企业内所有相关部门和人员认同并接受这一变化,是项目负责人将面临的严重挑战。

（5）实现对客户的全周期管理。客户生命周期是指从客户开始对企业进行了解或企业欲对某一客户进行开发开始，直到客户与企业的业务关系完全终止，且与之相关的事宜完全处理完毕的这段时间。以"客户为中心"的运营模式，是目前企业的由产品生命周期到企业客户生命周期的演变，这也表示，现今对商业企业来讲，客户的生命周期比企业某个产品的生命周期重要得多。

5.4.3　CRM系统平台的组成与组织构建

在云计算、互联网、AI、大数据等技术飞速发展的当下，构建一个良好的客户关系全生命周期的运营体系及系统平台，无疑可以帮助企业在客户管理层面提高客户价值、提升客户满意度、提高客户忠诚度、帮助客户成功；同时，在销售管理层面可以帮助企业拓展新的市场渠道、缩短销售周期、降低成本、并持续增加销售收入而帮助企业不断壮大。可以采取科学的方法计算客户生命周期价值，进而进行企业经营决策的分析。

1. CRM 系统平台的组成

数字技术支撑的 CRM 系统平台，可以赋能企业实现客户价值最大化的目标。

（1）销售云。销售云的核心功能就是客户管理，也就是标准的 CRM 系统，其主要管理客户基础资料、商机进度、商机评估、销售行为、多部门合作、竞争对手信息、合同、收款等。帮助企业对商机的全过程进行实时、有效的管控。实现售前与售中、售后的无缝连接。对客户资源的统一管理，不但能够保证业务的连续性，还将原来无形的企业资产有形化，从而有效避免了由于销售人员的异动造成的不必要的损失。如图5-7所示就是反映销售云在 CRM 中的作用。

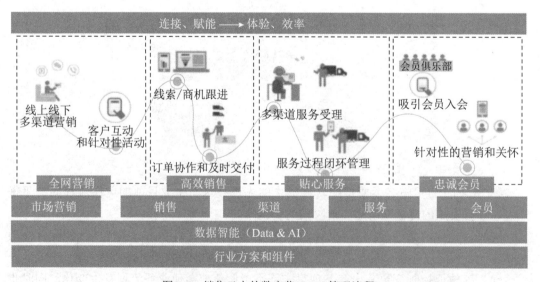

图 5-7　销售云中的数字化 CRM 管理流程

（2）市场云。营销管理能够为企业提供一套标准的服务流程，用更少的成本获取更优质的潜在客户使企业能够快速、高效的响应客户的需求，为客户带来良好的体验，进而提升企业的商机成交率。可闭环式营销管理，市场主管们因此可快速决策、执行、管理及分析多渠道营销活动的成效。可评估预算的投资回报率（return to investment，ROI），将各类收入追溯回确切的营销计划，并实时做出调整。如图 5-8 所示市场云在数字化 CRM 中的作用。

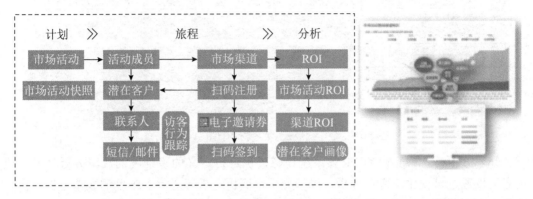

图 5-8　市场云中的数字化 CRM 管理流程

（3）服务云。服务云可以随时为客户解疑释惑、排忧解难。目前，顾客通过各种渠道获得所需信息，获得 24 小时的在线支持。把客户信息管理、接单、派单、调度等环节整合到统一的体系中，对所涉及的多种服务资源进行全面、精准、高效的管理，从而提升公司的核心竞争力，如图 5-9 所示。

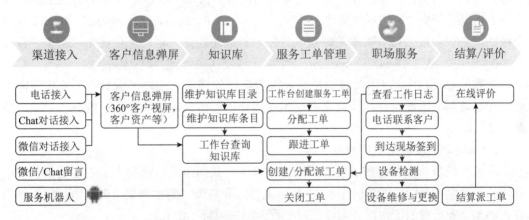

图 5-9　服务云中的数字化 CRM 管理流程

（4）合作伙伴云。合作伙伴云为企业和经销商提供了一个沟通、协作的平台，使得企业能够与产业链上的合作伙伴进行及时沟通并进行高效的协同并进，通过社区管理、销售自动化、服务管理等功能实现协作，重塑合作模式、拓宽企业营销渠道，如图 5-10 所示。

（5）办公云。办公云为企业提供一整套的行政办公管理，借款单 / 费用报销、出差申请、请假申请、固定资产、办公用品、公章、会议室、车辆、发文 / 公告管理等。知识库管理为从前分散在各地的知识提供了一个共享平台。企业员工可以通过这一平台轻松实现产品知识、项目案例等的分享，并使员工能够在平台中实现快速的自我成长，提升办公效率。

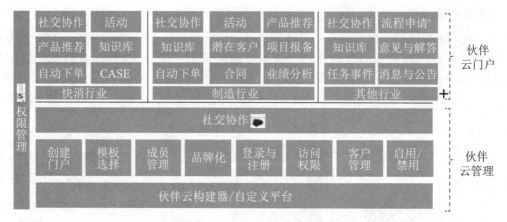

图 5-10　合作伙伴云中的数字化 CRM 管理流程

（6）分析云。一套好的 CRM 系统还应提供可自定义的多维度的决策分析功能，使用者可以通过可视化的客户分析、经营分析、商机分析等进行多维度的数据分析，协助决策者全面了解业务的执行情况、监控执行效果，并为新的决策提供依据。从而保证企业能够在激烈的竞争中立于不败之地。

（7）PaaS 云平台。拥有生态云平台（PaaS）的 CRM 系统，用户可直接通过浏览器在互联网上创建和运行应用程序而无需安装任何插件，并可将企业应用进行拓展，不仅是销售环节的应用，而是能够支持所有类型的业务，例如：物流运输、进销存、供应链、财务管理、人力资源、日常办公等。比如国内的神州云动 CloudCC 平台云为企业用户和开发者提供了超快的应用程序构建工具和服务，分为 PaaS1、PaaS2、PaaS3、PaaS Pro 四个级别，企业可根据自身需求随时定制开发、扩展功能及应用，合伙伙伴可基于平台开发 SaaS 应用，通过 CloudCC AppStore 推广、经营，形成自建生态体系。

优秀的 CRM 平台可以及时满足企业按需配置的需求。软件平台与业务变化随需而动、相得益彰，因此可持续挖掘客户全生命周期的价值，进而提升企业的销售业绩，帮助企业成功。

2. CRM 项目实施的组织建立

项目组成员由企业内部成员和外部的实施伙伴共同组成，内部人员主要是企业高层领导、相关实施部门的业务骨干和 IT 技术人员。业务骨干的挑选要十分谨慎，他们应当真正熟悉企业目前的运作，必须全职、全程地参与项目工作。

（1）项目组成员的稳定性。保证项目组成员的稳定性也是项目成功的关键因素之一。在项目实施的初期，人员的调整带来的影响较小，随着项目实施进程的推进，人员的变动对项目带来的不利影响会越发突出。

最常见的问题是离开的人员曾经参与系统的各类培训，对系统的功能十分了解，且参与了新系统的流程定义过程，了解流程定义的原因和理由，了解新流程与现有流程不同之处和改变原因。而新加入项目组的成员不但要花很长时间熟悉系统，同时对新系统流程定义的前因后果也缺乏深入理解，由此可能会带来项目实施的拖延和企业内其他人员对项目实现结果和目标的怀疑。

（2）明确项目人员的奖惩制度。CRM 实施过程中会发生人员流动，也会出现工作人员的效率不高、情绪不积极等情况。针对上述情况，项目组在建立项目小组和人员定位时，一定要在企业内部达成共识，防止在项目实施期间对人员的随意抽调。

同时，还必须对项目组成员的职责分工有明确定义，将每项任务落实到人，明确对个人的考核目标，对优秀人员予以奖励，不能完成任务的人员予以处罚。

（3）产品供应商及实施伙伴的选择。

CRM 的软件系统有不少，存在着不同程度的差异，很多企业在选型过程中难以做出抉择。针对上述情况，基本建议是：对 CRM 软件的选择要依据企业对 CRM 系统的远景规划和近期实施目标来进行。同时也要考虑现有的 SCM 系统的兼容性，选择最能贴近企业需求的产品；CRM 系统的最终拥有者是业务部门，因此选型工作必须有业务部门的紧密配合，而不能简单地将工作分配给 IT 部门完成；在选择软件供应厂商时，应注意其产品的开放性、技术支持能力和可持续发展性。同样，对外部实施伙伴的选择也是十分重要的。

首先，所选的外部实施方应当在 CRM 领域中有成功实施的经验，且对企业所在的行业有一定的背景认识。

其次，企业应在实施前对所需要的外部人员的能力、时间阶段要求等内容进行详细描述，并与外部实施伙伴达成协议，以保证所提供的实施人员的稳定性。

总之，CRM 是一种旨在改善企业与客户之间关系的新型管理机制，它实施于企业的市场营销、销售、服务与技术支持等与客户相关的领域。数字化 CRM 虽然仅仅是"电子商务"的一个子集，但是它把客户放在了核心位置。企业实施 CRM，必须补上过去落下的"功课"——它要求企业更了解现存和潜在客户，要求企业能够准确及时地判断竞争对手的行为，要求企业能够掌握日新月异的信息技术，尤其要求企业的内部管理能够适应这些变化。

案例讨论 1

创新 CRM 数字化业务契合行业发展机遇

2022 年，上海唯都市场营销策划股份有限公司（以下简称"唯都股份"）披露了公司首次公开发行股票并在创业板上市申请文件的第二轮审核问询函的回复函。

资料显示，唯都股份是一家以满足品牌客户需求为核心，围绕 CRM 主线，集 CRM 策略、CRM 数字化、数据分析和挖掘、创意设计、运营服务和 CRM 零售辅导于一体的公司，为品牌客户提供整合技术、数据和运营服务的一体化 CRM 创新解决方案。

在数字化转型的浪潮下，推进企业转型已经成为各行业的发展共识，而 CRM 营销在客户洞察、营销传播、线索分配、客户跟进、会员管理、生命周期管理等多个环节数字化趋势明显并且正在发挥越来越大的作用。

但一直以来，国际品牌的 CRM 业务由大型国际知名 CRM 服务商垄断。国际性 CRM 公司一般会侧重于 CRM 的一个业务模块或部分业务模块组合进行深耕，而唯都股份作为一家整合的一体化 CRM 创新解决方案公司，包括策略咨询、CRM 数字化、数据分析和挖掘、创意设计、运营服务和 CRM 零售辅导等在内的各项服务能力不但均衡发展，并且进行有机整合，能够基于用户全生命周期，为品牌企业在销售、市场、售后、二手车、金融、直售，以及经销商等多个部门的业务环节进行联动并创造个性化的互动体验，在 CRM 的一体化整合和落地的综合能力方面更具有竞争力。

近年来，国家大力推动数字经济，大力支持产业数字化转型，唯都股份迎合行业数字化发展契机,结合自身积累,并不断创新、丰富技术解决方案组合,通过数字化技术的有机应用,打通品牌客户销售、市场、售后等多个部门业务,形成了一体化CRM数字化解决方案。唯都股份的CRM数字化业务的业务包括CRM系统开发及应用(数字化用户运营、CRM系统、线上活动支持)、数据分析和零售CRM数字化以及网站开发及运营。其中CRM系统开发和应用、数据分析和零售CRM数字化属于创新的CRM数字化业务。

目前,唯都股份创新的CRM数字化业务中的数字化用户运营类项目已经在诸多品牌客户中成功推广实施,在2019年至2022年1~6月,分别实现了1229.27万元、2602.47万元、5472.45万元和4964.53万元收入,占主营业务收入比例分别为6.30%、12.45%、21.00%和31.31%,实现了快速增长,成为公司所有业务中的最大细分业务。

除最大类的数字化用户运营之外,唯都股份的创新的CRM数字化还体现在CRM系统和线上活动支持业务中的销售漏斗系统、CRM数据中台搭建、新能源直售企微平台等业务、数据分析中的大数据人群画像、大数据建模等业务和零售CRM数字化业务中的DCC数字化业务。2019年至2022年1~6月,公司创新的CRM数字化业务占主营业务收入比例分别为21.31%、23.23%、31.06%和48.49%,2022年1~6月,公司创新的CRM数字化业务收入金额达到7688.20万元。

可以看出,唯都股份创新地融合了技术、数据和运营服务的一体化CRM解决方案迎合了市场的发展趋势,并基于该创新的成功为公司带来了全新的业务增长点,未来随着唯都股份该创新业务的不断深入、合作品牌不断增长,公司契合行业数字化发展机遇的创新CRM数字化业务具有巨大的市场增长空间。

(资料来源:http://stock.hexun.com/2022-08-04/206501209.html)

问题:
1. 唯都股份创新CRM的核心业务模式是什么?CRM数字化主要体现在哪些方面?对实现业务收入与利润增长的作用如何?
2. 唯都股份创新一体化CRM数字化解决方案的主要内容是什么?结合本案例,说明一下CRM数字化业务具有巨大的市场增长空间体现在哪些方面?

思考与练习

1. CRM与SCM的融合模式主要有哪些?
2. 结合实际谈谈供应链一体化CRM的模式基本特点。
3. 市场主导下的企业供应链一体化CRM实施的主要内容?
4. 数字技术背景下的CRM给传统企业的CRM带来哪些冲击?

扩展阅读5.1

案例分析

即测即练

第6章 逆向数字化供应链管理

本章学习目标

通过本章学习，学员应该能够：

1. 了解以逆向物流为代表的数字化供应链本质特点以及其商业与社会价值，掌握以逆向物流为代表的逆向供应链与正向供应链构建基础与业务特点，理解以逆向物流为代表的供应链作用条件及拓展空间。

2. 基于课程思政，通过创新思维方式分析，树立企业为社会承担责任的思想，提高学生对资源合理节约与利用的重要性认识。树立低碳经济的意识。

引导案例

纸箱之外还有"青流箱""漂流箱"

家住北京市丰台区的江枫经常从电商平台购买生鲜冷冻食品。不知从什么时候起，他注意到，送来的快递不再采用白色的一次性泡沫箱包装，交到他手中的商品有时仅套了简单的保温袋，里面放一个小小的冰袋。"大部分情况是快递员确认家里有人后上门，直接把商品从保温箱里拿出来交给我，然后他带走箱子。"江枫向记者介绍道。

他提到的保温箱，便是目前不少电商、物流企业都在采用的循环生鲜保温箱。区别于过去生鲜冷冻商品寄递中常用的一次性泡沫箱，循环生鲜保温箱拥有更长的使用寿命，通常可达一年以上，能够循环使用数百次。并且，相比会造成白色污染的一次性泡沫箱，循环保温箱的主体保温材质多采用发泡聚丙烯（EPP）材料，不仅隔热性好，还更加轻便、耐用，也更易在自然环境中降解。

除了运输条件较为特殊的生鲜冷冻商品，针对数量更为庞大的普通商品，许多企业同样推出了自家的可循环快递包装。2017年12月，京东物流首发试点循环快递箱"青流箱"，其箱体正常情况下可循环使用50次以上。2021年7月，二次升级后的顺丰循环包装箱丰多宝（π-box）也正式投入试点运营，截至去年12月底，已投放达72万个，循环使用280万次。此外，苏宁易购物流、中国邮政速递物流推出的"漂流箱"和绿色循环快递盒等可循环快递包装也先后投入市场试点运行。

目前，针对普通商品的可循环快递包装大多由聚丙烯塑料（PP）制成的蜂窝板材拼接而成，具有轻便、耐用、易折叠等优势。根据该类产品主要生产商之一小象回家提供的资料，正常情况下该材质的循环箱使用寿命可达3年，并且在达到使用寿命后，其聚丙烯材质可实现90%以上的回收率。不仅如此，目前的大多数可循环快递箱均采用魔术贴、卡扣、拉链等方式进行封装，能够实现零胶带使用，这也使得此前饱受诟病的胶带过度使用问题一并得到了解决。

相比于大量使用的由瓦楞纸制成的一次性纸箱，由PP塑料制成的、可反复循环使用的包装箱实际产生的碳排放会更低。造纸本身会产生大量温室气体以及污水等，且纸制品多为一次性使用，浪费极大。可降解的、能够多次使用的塑料制品，其碳排放相对来说是较低的。而从制造成本的角度来看，单个循环包装箱的成本虽然相对较高，但随着循环次数增加，其成本也将被逐渐摊薄，用的次数多了，循环包装箱的成本会远低于一次性纸箱的成本。

（资料来源：http://www.zgcsjs.org.cn/News-news_list-id-65772.aspx）

6.1　逆向数字化供应链管理概述

逆向供应链的管理，尽管从运作的体量上占比相对较低，并且形式繁杂，对企业营收贡献率相对较低，使得目前大多企业对其重视程度不足。逆向供应链作为整个供应商环节不可或缺的一部分，管理程度如何对持续改进整个供应链流程的成本、体验、效率起着举足轻重的作用。

视频 6.1
数字化逆向供应链

6.1.1　逆向供应链的概念

从商业流通角度观察，在正常的情况之下，消费者从商家手中购买到相关的产品，那么这个行为其实就是正向的供应链条，也就是我们常见的供应方式。而随着人们对于环保理念的逐渐深入，很多消费者在购买相关的产品之后，往往不能够全周期实现商品使用价值，或者是在一定程度上，产品出现破损的现象，这个时候使用者本身又不愿意随意丢弃去破坏环境，这时商家回购的过程就叫作逆向供应链。

1. 逆向供应链概念

逆向供应链是 2010 年以后才提出的一个概念，目前还没有一个统一的定义。

一般认为逆向供应链是指企业为了从客户手中回收使用过的产品所必需的一系列活动。其目的是对回收品进行处置，或者再利用。大量的研究表明，有效逆向供应链能够提升顾客满意度，同时持续地增加了企业利润。其中对退换货物处理，作为逆向物流一环更成为很多企业提升竞争力的利器。企业通过供应链逆向环节产生的数据，就可以分析自身逆向物流链的运作流程和价值所在，并发现其中还有许多能改进之处。

逆向供应链较为统一的定义为："从消费者手中回收产品并对回收的产品进行丢弃或再利用的一系列活动"。目前，一些企业为了满足政府环保要求以及消费者绿色意识，开始建立逆向供应链（如回收旧轮胎）。

数字化逆向供应链就是在数字经济政策驱动下，企业借助现代数字技术，对产品生产与流通供应链逆向过程的全周期、全要素、全过程的数字化与智能化管理，最大限度地降低企业非预期产品的产生，减少资源的损耗和环境破坏，提高企业的经济与社会效益。

2. 逆向供应链核心内涵

逆向供应链由五个关键部分（要素）构成：产品获得、逆向物流、检验和分类处理、再加工、分销和销售。

（1）产品获得。产品获得是指从消费者处获得产品的过程。回收产品的数量直接关系到企业对逆向供应链的投资,因为只有能持续稳定地回收到大量的产品,企业才可能为逆向供应链投资。研究显示企业的投资对逆向供应链的成功有决定性作用。一般来说有三种主要的产品来源:从正向供应链获得;从已建立的逆向供应链获得;从废弃物物流获得。从正向供应链获得产品包括了退货和产品召回。

对回收的产品再加工就可以获得价值增值,所以逆向供应链中的企业希望能够低价获得高质量的回收产品。他们通过各种激励机制"拉动"产品从下游向上游流动。因为通常情况下,回收产品的最低质量标准已经制定,所以逆向供应链中产品的质量比较确定。

通过废物流进入逆向供应链的产品可以被掩埋,也可以将仍有利用价值的部分分离出来再使用。因为从废物流中回收的产品有高度不确定性,所以这些产品的可用性和质量也通常是不能预测的。借助大数据、云计算、物联网等现代信息技术,可以对这些产品实施周期性、窗口式的数字化管理,逐步实现逆向供应链的可控性、定量化管理。

(2) 逆向物流。逆向物流与传统的物流相反,是为了重新获取产品的使用价值或正确处置废弃产品,而对原材料、半成品库存、制成品及相关信息从供应链的下游消费者返回到上游生产商或供应商的过程。这些活动包括了运输、仓储等。如果通过逆向物流回收产品的成本比购买新原料或产品的成本高,企业就失去了实施逆向供应链的经济激励。因此对逆向物流的有效管理是非常重要的。

(3) 检验和分类处理。检验和分类处理的目的是检验回收产品的质量水平,以及为逆向供应链中的各个产品制定恰当的处理策略。有三种处理方式:①再使用,即直接再使用或再销售产品;②产品升级,即对产品进行再包装、修理、修复或再制造;③原料恢复,包括拆用配件和再循环。

(4) 废物处理,包括焚化和掩埋产品。生产商收到退回的产品的时候,并不清楚产品被退回的原因。在闭环供应链中,工人必须在检验和分类处理的过程中发现回收产品存在的缺陷,以便管理者在正向供应链中使用这些信息改进产品的设计。

(5) 再处理。如果产品升级或原料恢复是最好的处理策略,那么产品就转入再处理操作。如:修理,修复,再制造和重复利用。有关再处理的研究主要集中于拆分的运作流程优化和设计。拆分零部件环节通常要手工完成,加之产品零部件种类繁多、质量参差不齐,因此容易成为生产线上的瓶颈环节,应用约束理论(theory of constrains,TOC)进行优化,可以有效地解决此类问题。

(6) 分销和销售。通过再售产品可以延长产品的寿命。分销和销售回收产品的渠道有很多。其中一种就是使用和新产品一样的渠道,但是这种方式会导致回收产品和新产品直接竞争,从而可能引起市场蚕食现象;另外一个渠道就是把产品卖给专门的代理,卖给代理的产品一般被再卖给其他群体,如低价商品零售商、终端顾客等。

(7) 再加工。在逆向供应链全视角管理中,策略的前置显得十分重要。产品升级或原料恢复是最好处理策略,那么产品就可以转入再处理操作。比如:修理、修复、再制造及重复利用。目前,有关再处理的作用重点主要集中于拆分运作流程优化与设计,考虑通过流程的动态管理,保证再加工环节的价值实现。

3. 逆向供应链价值

逆向供应链的实施不仅仅是被动地受制于企业承担的责任和应遵守的相关法律,科学实施逆向供应链也可以为企业创造价值。逆向供应链创造的价值主要体现在以下两个方面。

（1）降低物料成本，增加企业效益。传统模式下物料管理仅局限于企业内部物料，而忽视了企业外部废旧产品及物料的有效利用，造成了大量可再用性资源的闲置和浪费。因为废旧产品的回购价格低、来源充足，对这一些产品回购加工，能大幅度降低企业物料成本。比如某公司 10 年内共回收 3.1 亿台一次性照相机，合理化处理后获得巨大收益。

（2）改善环境行为，塑造企业形象。因为不可再生资源的稀缺及环境污染日益加重，各国制订许多环境保护法规，对企业环境行为规定一个约束性标准。企业的环境状况已成为评价企业运营绩效重要指标。为改善企业环境行为，提高企业形象，许多企业纷纷采取了逆向供应链。

6.1.2 逆向供应链的本质与特点

如果把常规意义上的供应链称之为顺向供应链的话，那么，物流、信息流、资金流在相互关联的部门或业务伙伴之间发生的，从供应链下游到上游的运行活动所构成的网链结构就是逆向供应链。因此，逆向供应链是相对于供应链的顺向运行而言的一种形态。

1. 逆向供应链的本质

从本质上讲，逆向供应链本质上仍然是供应链，它具有一般供应链的基本属性和特征。

二者的不同之处在于，供应链的构建和运行是建立在相互关联的部门或业务伙伴为了实现一定的利益目标，而自愿聚合各方优势资源的基础上的，所以是利益驱动和资源优化的产物。逆向供应链的构建及运行除了受利益驱动外，还要受责任以及法律驱动。

大量生产与流通实践表明，有效的逆向供应链能够提升顾客满意度，同时增加企业利润。尤其是对退换货物的处理，这一环更成为很多企业提升竞争力的利器。企业可以借助先进的数字技术对逆向供应链系统实施周期性的迭代与升级。

2. 逆向供应链分类

逆向供应链按物权分，主要有两种：

一种是货权归零售商的备货形式逆向供应链，另一种是货权归厂家或经销商的逆向供应链；经营过程中 to B/to C 都会存在，但流程设计及解决的痛点却不尽相同。

第一种，零售商买断货权进行备货至平台或独立站进行销售，to B/to C 都需解决上游异常时拦截返厂的需求及下游异常时补货赔偿或处理客诉的需求，以及解决自身作为零售主体尊重消费者权益的相关合理诉求，同时逆向供应链还需要帮助零售商处理好选品、合理化批次补货/定期补货/随机补货的问题，缓解零售商库存压力和物流成本，进一步盘活现金流。

第二种，以销定采模式的逆向供应链，这种需要解决商家或厂家的送货批次及送货量的问题，以及如何选品，差异化包装，差异化交付时效标准的优化，如何挽损及报废等，控制不好容易造成供应商商品损耗、增加合作成本及影响作业效率，甚至错失销售机会等情况。

3. 逆向供应链的特点

逆向供应链具有明显的特点，主要表现在以下七个方面。

（1）逆向供应链的反向性。逆向供应链同正向供应链运作的起始点和方向基本相反，实物和信息的流动基本都是由供应链末端的成员或最终消费者引起的。

（2）逆向供应链的分散性和不确定性。由于退回的物品或废弃物有各种不同的原因，逆向供应链产生的地点、时间和数量是难以预见的，因此废旧物资流可能产生于生产领域、流通领域或生活消费领域，涉及任何领域、任何部门、任何个人，在社会的每个角落日夜不停地发生。

（3）逆向供应链的缓慢性。回流物品的数量少，种类多，只有在不断汇集的情况下才能形成较大的流动规模。废旧物资的产生也往往不能立即满足人们的某些需要，它需要经过收集、分类、整理、运输、加工、改造等环节，甚至只能作为原料回收使用，这是一个较复杂的过程，所需要的时间比较长，这一切都决定了废旧物资的处理缓慢性这一特点。

（4）逆向供应链的混杂性与复杂性。在进入逆向供应链系统时不同种类、不同状况的回流物品通常混杂在一起；由于回流物品产生的地点、时间分散、无序，因此不可能集中一次转移，而且对于不同的回流物品需要采用不同的处理方法，从而导致管理的复杂性。

（5）逆向供应链的处理费用高。由于这些回流物品通常缺乏规范的包装，又具有不确定性，难以形成运输和储存的规模效益；另一方面，许多物品需要人工的检测、分类、判断、处理，效率比较低，大大增加了人工处理的费用。

（6）逆向供应链的价值递减性与递增性。一些回流产品，由于逆向物流过程中会产生一系列的运输、仓储及处理费用，因而会使其本身的价值递减。而另一些回流物品，对消费者而言没有什么价值，但是通过逆向供应链系统处理后，又会变成二手产品、零件或者生产的原材料，获得了再生的价值，因此逆向供应链又具有价值的递增性。

（7）跨行业价值流动。在现实中，逆向供应链不是单纯的逆向运输活动，它包括广泛和跨行业的内容：客户服务、库存维修/再制造、物流服务、运输管理、仓库管理、备件管理、退货管理、更换管理、产品翻新、筛选/计数审计产品、产品报废、再制造/再生、履行服务、信息过程管理、回收利用、废料/废物管理、灰色渠道管理、保修管理/召回管理、资产管理、可持续发展、环境资源。逆向物流的应用非常广泛，但企业和社会对它缺乏足够的认识和重视，我们会通过典型案例中正向物流与逆向物流对比，来发现逆向供应链创造的最大价值。

6.2 逆向供应链的流程分析

6.2.1 逆向供应链的实现形式

逆向供应链是供应链战略与策略主要实现形式，并且逆向供应链策略其他实现形式都以正向供应链为基础。逆向供应链策略在企业的应用主要体现于物流实现形式和营销实现形式、生产实现形式三个方面，可以从这三个方面着手，可以实现逆向供应链的价值。

视频 6.2

数字化逆向供应链流程分析

1. 物流实现形式

我们首先研究的逆向物流供应链是将交寄物品从用户指定所在地送达商家客户所在地的过程。对于一般将物流业务外包的商家客户来说，逆向物流供应链过程由商家客户推动，第三方物流公司负责执行。物流费用采取商家客户与第三方物流公司统一集中结算的方式。整个过程需要商家客户与物流公司双方强大的信息系统支持与对接。逆向物流供应链主要有两种形式：退货逆向物流及回收逆向物流。

（1）退货逆向物流是指下游客户将不符合订单要求产品、接近有效期限产品及或者有瑕疵的产品退回给上游供应商，其流程和常规产品流向正好相反。在这一个流程运行过程中，客户处在主动地位，企业处在对客户需要的响应地位。

（2）回收逆向物流是指将最终客户所持有废旧物品，或者不再需要的物品，或者一些用物流配送的专用器具（如托盘与集装箱等）回收到供应链上各节点企业过程。在这一流程运行过程中，企业处于主动地位。

2. 营销实现形式

逆向供应链策略在营销活动中得到较广泛的应用，需要通过营销活动来实现，一般体现在两个方面。

（1）产品全生命周期支持。产品生命周期呈现了两大特点：产品生命周期越来越短，许多产品在生命周期结束前就被遗弃，因此回收和处理不仅成为企业的相关责任，也是新利润源；其次在产品生命周期内企业须承担客户使用相应责任，因此，企业为避免风险，往往会在特定情况下予以警告，并召回产品进行维修和保养，保证在产品生命周期内，客户消费安全性和适用性。

对于供应链终端客户来说，这一种承诺能够确保不符合订单要求的产品及时退货，有利消除客户的后顾之忧，增加其对企业信任感及回购率，扩大企业的市场份额。

另一方面，对于供应链上销售商来说，上游企业采取宽松退货策略，能够减少下游经销商经营风险，改善其供需关系，促进企业之间战略合作，强化整个供应链竞争优势。特别对生命周期短和更新换代快、过时性风险比较大的产品，退货策略所带来的竞争优势更加明显。

（2）以有效客户的价值周期为中心。任何一种产品、任何一个客户也都有一定价值周期，企业营销的一个重要策略就是将产品价值周期与客户价值周期调整一致，以低的营销成本获得高销售回报。当其产品价值周期出现衰退迹象时，企业主动采取措施将老客户的消费需求重新调整，使其继续购买企业的产品。有效地延长其价值周期，实质上就是增加企业的价值。要牢记，发展一个新客户的成本比维持一个老客户的成本要高五倍，并且老客户还能为企业创造良好的口碑效应。

3. 生产实现形式

从总体上看，生产制造过程遵循供应链顺向流程，就是产品设计—供给／采购—生产装配—销售，但在某一些环节，逆向供应链策略应用对于降低成本、提高产品质量与生产效率、提高客户价值有着独特效果。逆向供应链策略在生产领域的实现形式体现在三个方面。

（1）召回。召回是逆向供应链高级实现形式。在产品召回过程中，一般会同时发生逆向物流与客户服务改善。产品召回适用所有产品，即使是快速消费品。但产品特性不同，召回处理方式自然也不同。

（2）返修或技术升级。返修是对有瑕疵产品最主要补救方式，但大多数情况是，当某些产品比如大型设备和大型耐用品、高价值产品在一定使用期后往往需要技术升级及保养或维护，这时就需要按照逆向供应链流程将产品返回到原生产厂或它们专业服务机构。

从形式上看，返修或技术升级为逆向物流；从实质上看，是产品全生命周期支持形式；从功能上看，又是逆向供应链在生产领域实现形式。

（3）基于生产资源外部管理的客户定制化。传统生产企业为保持自己的竞争优势，或者避免优势技术外泄，一般会采取两种策略：以最低的成本生产出高质量的产品，一般会大批量采购原材料和零部件以降低生产物料成本，大批量生产以降低产品成本，企业为了能够满足客户迅速购买的需求，往往会在消费地附近设立许多的仓库，增加安全库存，结果导致成本上升。其次，要进行技术封锁，严防其信息泄露，结果导致供应链运行在采购生产和销售等环节衔接不好，甚至于中断，形成了缺货，生产中产生浪费、库存积压。

为克服弊端，一些具有前瞻型战略思维企业开始对供应链进行完善，实现其逆向供应链策略，就是通过资源外部管理实现客户化定制。

总之，推行逆向供应链不是为了标新立异，是要以既成供应链信息设施为基础，融入逆向思维成分，实现物流、信息流和资金流的可逆性，从而使产业链各个环节成员在信息供给和享用的过程中处于更平等地位。这将比单向的供应链在库存优化、柔性制造、资源合理配置和充分利用等方面具有更明显的优势。

企业在实行逆向供应链的时候，不必模式化处理问题，应该综合考虑企业所处产业链基础设施信息、行业特性和相应的顺向供应链的运行规律等因素，在借鉴基础上加以突破，形成最适合于自身产业链的逆向供应链模式（图6-1）。

图 6-1　供应链逆向流程的思维模式框架

6.2.2　数字技术背景下的逆向供应链

商业流通领域，逆向供应链产生最初目的是为用户提供更加便利的维修服务和极致体验。在整个逆向供应链过程中，用户需要先拨打客户免费服务电话报修，商家客户在收到用户报修后，通过系统下单安排物流公司到用户指定所在地上门取货，最终交寄物品通过快递公司物流送达商家客户所在地。产品维修好之后，商家客户再通过正向供应链重新将交寄物品重新送达用户手中。

1. 电商系统中的数字逆向供应链

这种逆向供应链过程是由商家来推动的，个人无法实现逆向供应链。逆向供应链费用结算采取商家客户与第三方物流公司统一集中结算的方式。逆向物流需要商家客户与第三方物流公司之间强大的 ERP 系统支持。电商系统中逆向物流大多分为退货逆向供应链和换货逆向供应链。

（1）退货逆向供应链一般是商品由于各种原因从用户退回到商家或者平台。

（2）换货逆向物流供应链一般指商品由于各种原因从用户退回到商家或者平台，然后商家或者平台重新将新商品回寄给用户的过程。

2. 电商系统中逆向供应链产生的原因

（1）信息不对称。在浏览商品时，用户往往只能看到商品的照片或者视频说明，从视觉上感知商品，不能全面了解所购商品的特性。当收到商品时发现实物与在网上看到的不一致，就会导致大量逆向物流供应链的产生。

（2）消费者驱动。用户在线购物时，购买了自己不想购买的商品而引起的退货，或者用户收到商品后，希望获得更好的产品型号而引起的退货。

（3）竞争驱动。商家为了在激烈的市场竞争中吸引更多的用户，往往会竞相推出各种优惠的退货条件，如"退货包运费""不满意就退货"等。这些优惠措施在方便用户的同时，也造成大量返品的产生。

（4）商品本身原因。引起这类退货的原因有：商品存有瑕疵或者质量问题；商品接近或超过保质期；在配送过程中商品产生损伤或错配商品等。

3. 逆向物流供应链的最终闭环分析

逆向物流供应链过程中，交寄商品寄出时用户无需填写寄件地址和收件地址，全部由系统自动生成所需数据；交寄商品送达商家所在收件地址后，逆向物流供应链过程结束；交寄商品重新回到用户手中需要通过正向物流供应链，生成新的快递单号，最终实现逆向物流供应链的闭环（图 6-2）。

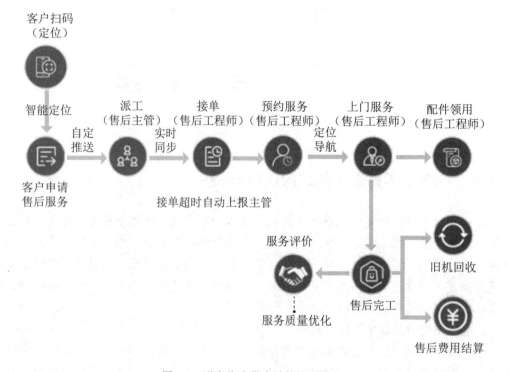

图 6-2　逆向物流供应链的闭环流程

（1）线下回寄退货售后正向流程。如图 6-2 所示是线下回寄退货正向流程图，暂没有考虑用户自动撤销审核、商家驳回、时效性等异常情况，因为综合考虑各方面因素流程将太复杂。

逆向物流供应链退换货一键上门取件的物流业务，在售后过程中由用户线下自行找快递站，自行将商品回寄给商家，然后将快递单号、快递公司填回 App 上，最后等待商家收货。

商家在后台接收到用户发货通知，在快递将商品送上门后，最后将退款返给用户，到此售后才算真正的完成。

前面讲到逆向物流供应链过程中，交寄商品寄出时用户无需填写寄件地址和收件地址，全部由系统自动生成，具体可看线上一键预约退货售后正向流程；但是上述线下回寄过程中，用户和商家基本上全程参与，给他们退货过程中带来诸多的不方便。

（2）用户痛点。用户工作日没有时间取货、用户附近快递点较少、手动容易录错单号、运费缺乏透明性；商家痛点：在后台不能及时获取物流动向，导致退款或换货周期拉长等；

（3）平台痛点。无法实及时监控退货的进展，与用户、商家存在信息差，导致售后投诉比例高，人工介入成本变高；平台除了体现"自我价值"，还要努力服务于商家和用户双方，让他们在每个环节体会到"舒适感"。

6.2.3 逆向供应链问题解决方案

目前主流的企业数字化信息系统基本上都是自建物流信息交互平台，以数字技术来支撑平台的整个电商业务，包含发货服务、发货跟踪物流、运费险、时效配送、在线退货寄件等物流产品和服务等。

1. 菜鸟物流、拼多多等平台的逆向物流数字化解决方案

（1）电商逆向物流闭环系统。阿里系电商、拼多多、京东商城依托自身强大的物流体系，实现电商平台的逆向物流供应链的最终闭环方案。消费者在网购时，仅凭图文描述和直播展示，并不能完全了解商品信息，由于买卖双方信息不对称，会出现大量的退货。而卖家水平参差不齐，一些商品质量与实际数据描述不符，存在大量的次品、仿品，这都增加了电子商务中逆向物流的数量。同时国家对网站行为进行规范，不断出台保护消费者利益的法律规范，还有平台自身为了吸引更多消费者，增加自身竞争优势，各路商家竞相推出各种有利于消费者的退货条件，多种因素都增加了退换货需求，因此逆向物流数量非常大。

（2）逆向物流供应链渠道多元性。菜鸟物流、拼多多电子面单集成了多家物流快递公司渠道，京东物流供应链则是自建物流体系，用户想要退换货时在线一键预约，物流公司接单派单；然后快递员上门取件，无需用户做复杂操作，轻松完成寄件操作；同时整个物流过程，可追踪、可监测各种异常情况。

（3）其他零售电商平台大多采用第三方快递鸟方案来解决逆向物流管理问题，采用快递鸟作为物流模块解决方案服务商。

线下回寄退货售后正向流程对比线上一键预约退货售后正向流程，不难发现两者的差异，企业可以从用户端、商家段、交互平台三个方面来分析逆向物流实施方案的价值实现方式，目前，线上一键预约退货售后所形成的正向物流，对异常情况暂不考虑。

2. 数字化平台逆向供应链对用户端的价值

数字化平台是实现逆向供应链的数据共享技术基础，也是链接逆向物流各运作主体的媒介。

（1）发货更简单。在原有订单管理环节，用户在 APP 上一键退货并自选上门取件的时间，寄件用户不用线下找快递点、时间由自己支配。

通过上门取件服务让寄件客户不用打电话，免填收件地址和物流单号，并且可以轻松选择约定时间、地点完成寄件、物流跟踪需求，在"原地"就能完成退货。

（2）支付更便捷、运费价格透明。快递员上门取货揽件与在线收款，通过 APP 在线支付运费。

快递鸟智选物流能根据订单信息中包含的重量、体积、所在地等数据实时计算出运费，解决线下或私下转款等支付方式。

（3）退货运费险说明。当用户要退货的话，一般会根据"谁过错，谁承担"的原则处理。假如是非商家或者商品问题，运费大多数由用户自己来承担，虽然无可厚非，但是给用户心理上造成了落差，影响购物体验，降低对平台的忠诚度。

为了解决运费费用，快递鸟也有对应的解决方案：与三方知名保险公司合作推出"任性退"退货运费险。减少用户的纠纷、降低客诉成本，转嫁平台、用户的风险。

平台或者商家加入服务后，用户收到商品申请退货，等到商家完成退货，系统自动申请理赔，运费返还给用户。

要注意的是，运费险的赔付不是按照用户寄快递时实际花费的快递费用来赔付的是根据不同的地址和商品，有一个固定的赔付标准。

（4）上门取件时效保障。当用户在线提交退货寄件中，可设置在 2 个小时内让快递员上门取件，大大缩短了售后时间；如果当天时间不方便，也可预约其他时间段。

操作成功后，快递员 10 分钟接单响应。用户及时收到上门快递员的相关信息，他们会在约定时间和地址进行上门取件。

（5）服务有保障：支持物流数据跟踪、在途监控功能。对订单进行实时监控，当物流轨迹有更新时，实时获取数据，计算运单预计到达时间、全流程的物流状态（无轨迹、已揽收、在途中、已签收、问题件、到达派件城市、派件中、快递柜或驿站签收、超时未更新、超时为签收、拒签/退件）、当前所在城市等数据后，推送给用户，监控直到订单签收后结束；也可以通过即时查询接口，即时获取订单当前的实时状态。不仅仅用户在 app 端可实时查看物流轨迹，商家后台和平台照样也能跟踪物流。

3. 商家后台监控分析

逆向物流监控管理方面，在线跟踪物流状态，实现货物在途监控减少问题件。现在有些商家后台缺乏物流模块，获得物流查询需对接 N 多物流公司，各家接口标准不统一，开发周期太慢，成本投入太高。

接入集成过的物流数字轨迹服务，用户在线提交订单信息（寄件人地址、姓名、电话，收件人地址、姓名、电话，货物名称、重量，运单类型等信息）通知快递公司有货要发，物流商接收订单信息后，应该及时反馈客户地址信息准确性以及可到达性，揽件前快递员信息、揽件确认通知,揽收后将运单信息同步订阅到物流轨迹服务业务模块,实现全程业务链路实时数字信息化,并可视化的展示在后台。

提高客户良好体验性,通过对历史订单发货数据分析,定期对逆向物流时效性、问题件数量、运费变化等情况进行核验,帮助物流企业降低运行成本,提高店铺好评率。

4. 平台监控

监控管理是系统重要的监控环节。能够查询快递时间和发货时间、顾客确认收货的时间是否匹配。监控仓库是否已将商品发出;监控收货人何时签收商品;监控客服是否对异常件进行快速跟踪处理;监控是否虚假发货、运费险校验。

6.3 逆向供应链与低碳经济

6.3.1 低碳经济背景下逆向供应链的产生

在低碳经济背景下提高供应链管理水平有两个基本点:一是在生产、物流和再加工等过程中实行低碳化,将碳排放量降至最低程度甚至零排放,在保证正常供应的同时,获得最大的生态经济效应;二是在供应链管理的各环节中努力做到能源节约,形成低碳能源模式,以实现产业的绿色、清洁、可持续发展。以提高再生资源的利用率和有效地保护环境为目的的逆向物流是发展低碳经济的必然趋势,是衡量企业综合竞争力和可持续发展能力的重要指标,也是企业应对全球竞争的必备条件,同时也为人们的低碳生活提供保障。

视频 6.3 逆向供应链与低碳经济

1. 外界环境压力

人们已经意识到环境恶化会带来严重的后果,因此逆向物流越来越受到政府与行业的重视。一些国家在环境保护法规中强调了生产企业在产品生命周期内的责任,或者出台了一些税收政策来控制容易造成环境污染的产品,以此来督促企业实现"循环经济"。

2. 企业追求利益的驱动

企业生产经营的最终目的是利润最大化,在企业运营过程中,来自顾客和供应商的退货行为以及产品召回等现象给企业带来了额外的成本,这迫使企业不得不考虑逆向物流管理问题。随着不可再生资源及能源的日益短缺,资源供求之间的矛盾日益突出,对废旧物品的再生循环利用,也逐渐成为各企业解决资源短缺的一条有益途径,这不仅可以有效降低企业的生产成本,而且还可以提高其效益,提升其企业形象,增强企业的竞争力。在供应链管理中切实贯彻权力平衡原则、互惠原则、资金投入原则、风险补偿原则和协商让利原则,使商品生产与营销企业、产品二次加工企业物流和仓储企业及相关企业都能分配到适当、满意的利润。

3. 顾客方面的压力

从 20 世纪 90 年代开始,消费者越来越强烈地关注环境问题,并倾向于对环境友好型产品的购买,这也给我们的企业进行生产制造增加了无形的压力。同时在无形产品供给方面，顾客也开始关注资源与环境，如快递包装、运输方式、配送形式等，诸多因素都影响到终端理性消费。生产型服务也开始进入消费者视野，由于C2M模式的不断推进，生产单元与消费单元的重叠度更高，生产领域中的环境问题与资源保护问题更加显性化，逆向供应链成为实现低碳生活的必要补充。

4. 碳规则的挑战

目前，发达国家正试图通过碳关税和碳足迹、食物运送里程、二氧化碳可视化制度等有关低碳经济的技术规则和标准来引导贸易规则的演化。特别是一些发达国家试图通过这种方式变相设置绿色贸易壁垒，在一定程度上已成为某些发达国家削弱发展中国家制造业出口竞争力的手段。在可持续发展理念引导下，低碳经济是指通过采用制度创新、产业转型、技术创新等手段尽可能地减少石油和煤炭等不可再生、高碳能源的使用，缓解温室气体的排放，在经济发展的同时，尽可能降低对环境的破坏程度，以实现两者的双赢。因此，要建立质量保证体系、实施延迟策略、构建供应链信息网络、使用现代配送策略、应用供应链金融技术等以实现供应链层次的总体效益优良和利润的最大化，同时平衡各方利益，实施合理的利益分配机制。

6.3.2 低碳经济环境下逆向供应链实施途径

全球气候变暖已成为国际社会关注的焦点问题，它严重影响了人类环境和自然生态。因此，企业应从外部环境和内部机制两个方面着手，探索在低碳经济环境下的逆向供应链管理的实施途径。

1. 从企业外部环境方面实施逆向供应链的途径

企业可以借助外部资源，有效构建逆向物流供应链流程，在实现自身效益提升与社会效能提高之间寻求平衡，主要做好以下几点。

（1）强化宣传，树立低碳理念，发展工业生态群落。低碳经济是指以低能耗、低污染、低排放为基础的经济模式，而实施逆向物流供应链管理的目的是减少对生态环境的污染和破坏。这两者所指向的都是经济、生态以及社会的和谐发展，而工业生态群落的出现和创新正是这一思想的体现。利用不同类型企业之间的共生关系来消化废弃物，降低废弃物的产出，将低碳意识充分融入逆向物流供应链当中来发展工业生态群落，从源头上就减少或者消化掉了废弃物，减少进入逆向物流系统中的物流量，达到降低成本、保护环境的目的。

（2）完善制度，形成行业规范，进一步完善法律法规与制度。政府可以从税收政策、财政补贴等方面制定一系列逆向物流管理的激励机制，建立、健全逆向物流管理法律、法规，为逆向物流供应链管理提供必要的法律依据，使逆向物流供应链管理的各个环节能够有法可依。目前，在美国、日本，欧盟等发达国家和地区，大都出台了关于残次品的退回、包装材料的循环利用、废弃物的回收处理等法案，这在很大程度上推动了企业逆向物流供应链的发展和实施。

（3）增强消费者的环保意识和责任意识。低碳消费模式是人类社会发展过程中的根本要求，是低碳经济发展的必然选择。消费者应该积极参与和支持节能减排活动，选择低碳消费模式。因此必须使人们消费观念发生根本变革，通过消费理念宣传，让公众树立新的资源观、环境观和消费价值观。

（4）电子商务与逆向物流供应链融合和发展。未来社会需求产品会逐步向环保型、节能型、安全型转变，这样的需求趋势无疑对我们的技术提出了很大的要求和挑战。计算机技术和具有高效、方便、绿色特点的电子商务对发展低碳经济、低碳物流有着举足轻重的作用。电子商务的融入使得社会上各种资源得到优化整合，进一步降低了逆向物流中的成本和损耗，建立起高效、低耗的经济生态环境，从而使所有的企业和社会成员从中受益。其具体内容如图6-3所示。

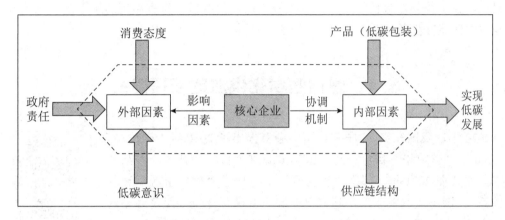

图 6-3　低碳经济环境下逆向供应链实施

2. 从企业内部机制方面进行逆向物流供应链管理

该实施途径主要有以下几点。

（1）加强企业逆向物流供应链管理意识。因退货、过量生产、不合格品退回、报废和损坏等产生的损失正在以惊人的速度增长，开展逆向物流对面临资源和环境制约的企业来讲是迫在眉睫的事情。作为企业整个物流供应链系统的组成部分逆向物流供应链同样需要专业的人员进行管理和协调，须成立独立的部门进行管理，明确逆向物流供应链系统在企业中的地位和作用。企业高层领导要对逆向物流有足够的重视，相关部门要制定出有利于逆向物流实施的政策，给予物流供应链部门足够的权力，并大力培养物流供应链人才来实施逆向物流。

（2）积极推进逆向供应链物流相关技术创新。我国的经济发展模式主要为粗放型，信息化技术相对比较落后，逆向物流供应链的成本高，再生资源的利用率比较低，相当大一部分废弃物因技术的制约无法回收利用，从而直接进入生态和社会系统中，加剧了环境污染和负担。技术水平已成为制约逆向物流供应链发展的瓶颈，所以应大力提倡逆向物流供应链领域相关技术的研发和创新。运用先进的信息技术，如 GPS、条码、RFID 等，以及运营管理体系作支持，采取一系列规范化的计划控制手段和措施，以提高资源利用率和投资回报率。

（3）建立完善的逆向营销供应链管理系统。加强信息共享一个完整的逆向营销流程是由消费者或其他逆向物流源，通过零售商、批发商、配送中心、生产商和供应商几个节点逐级回溯的过程。在这个过程中建立合理的逆向物流供应链数字信息系统，进行信息共享，实现从回流入口到最后处理的全过程的信息跟踪处理，可以缩短逆向物流供应链处理周期,提高这个物流系统的运作效率。

(4)实施生产性逆向供应链专业化外包。采用第三方逆向物流企业通过把物流供应链业务外包给第三方物流公司,可以减少因开展逆向物流而带来的风险,一方面降低了企业的物流费用,直接增加了总收益,另一方面可以实现价值的多元化,在同等成本基础上从高效率的物流服务中获得更多价值。低碳经济背景下,需要运用信息技术、科技手段调控产品的加工、运输和仓储等供应链的各环节,以达到产品的库存适量、浪费较少、运输线路合理、各节点的信息共享,最终实现全流程的碳排放最低,社会和环境效益最优、各主体利益最佳的状态。从经济平衡的角度看,只有当产品供应链中各环节的参与主体都能够获利时,才会主动采取有效措施减少碳的排放量。

6.4 逆向数字化供应链管理模式

视频 6.4
逆向供应链管理模式

2020年,我国在第75届联合国大会上提出了2030年"碳达峰"与2060年"碳中和"目标。此后国家围绕这个目标展开了一系列的工作,尤其在2021年,国家"十四五"规划要求"构建资源循环利用体系",国务院《关于加快建立健全绿色低碳循环发展经济体系的指导意见》提出要"引导生产企业建立逆向物流回收体系"。

6.4.1 低碳背景下的逆向物流与逆向供应链

从国内外的逆向物流供应链市场来看,电商退货、汽车零部件回收和外卖是逆向物流供应链的主要对象。逆向物流供应链往往具有不可见性,却是真实地发生着,影响着与低碳相关的内容。

1. 低碳供应链和逆向物流的关系

逆向物流和循环经济有着紧密的关系。从生产运输到消费者使用,乃至于周期生命的末端都体现了产品整个生命周期的流动。从包装、升级维修、回收并提取到有价值的东西、再到材料的合成,回到生命周期的源头。这是一个循环的过程,不再是一个单直线的过程。从供应商提供原材料和零部件给厂商,到厂商加工、生产出产品,再到市场上进行销售,这是一个能源输入以及废物排放的过程。企业在生产运营过程中,非预期产品如废物的排放是一种客观存在,同时,能源过度输入也会引起碳累集。

2. 绿色回收和逆向物流的持续性

废物的排放、边角余料的产生以及消费者使用后废弃和废旧的物质回到它原来的地方的过程都叫作逆向物流。绿色回收和逆向物流是持续的过程。回收以后会进行处置、再利用和再制造,从而实现能源再次转换。

减少碳排放可以通过减少产品碳足迹和利用节能技术实现,然后是加大可再生能源使用,最重要的一点是促进循环经济:使用可循环、可回收的环保材料,延续材料的生命,使它可以重复使用,从而减少能源的投入。

根据专业公司从事碳足迹的认证结果表明:从材料的开采到产品的生产乃至于到使

用，再到循环过程都会产生碳。可口可乐、百事可乐和沃尔玛引入了 ISO 的碳足迹认证，除了计算经济效益以外，还在做所有碳足迹排放量的计算。

3. 整合设计的一种全新商业模式

正向物流供应链和逆向物流供应链的关系和人体内的血管一样，静脉和逆向物流相关，动脉和正向物流相关，静脉里面的血回流到动脉是一个循环的过程。

产品完成了它的历史使命以后被回收，从消费者末端往上走，是逆向物流供应链的一个流程。这个过程不再是生命的终结，而是重新设计的一种全新商业模式，通过可再生能源来提高供应链低碳的能力、促进环保未来发展。

逆向物流供应链通过回收再利用、再制造，延长产品使用寿命，可以显著降碳。全国旧衣回收利用，年降碳量 1.68 亿吨；全国废钢回收利用，年降碳量 7 亿吨。

目前，全球资源循环行业每年节省材料 1400 万吨，能耗降低水平相当于 8 个中等规模核电厂的年发电量，约减排 7000 万吨。美国宇航局重新利用改制与翻新的零部件，间接减排 50 万吨。根据美国汽车零部件制造商协会估计，最先制造出的起动器中将有 50% 会在回收制造中得以更新、翻修。这可能会减少数百万加仑的原油、钢铁和其他金属产生的碳排放。通过逆向物流实现产品材料的再利用，从而实现降碳数十亿吨。

6.4.2 低碳逆向物流的创新模式

1. 我国低碳物流供应链的创新模式

未来逆向物流是一个完整的"第五利润源"生态圈。它包容了服务商、电商、渠道商、回收商、金融、再制造商等，组成了一个非常具有生命力的供应链生态系统，能够大大降低碳排放量。

（1）主动式逆向物流供应链。我国很多企业通过主动式逆向物流（reverse logistics operation model in-proactire-manner，RLOM），每年可以为企业挽回 30%～50% 的损失，提升 5%～8% 的利润，降低 15%～18% 的退货率，降低 23%～28% 的碳排放水平。逆向预测的组织跨度涉及逆向物流网络的所有层级，而在每个层级有效退货数字信息的反馈都对动态预测的准确度产生重要影响。

RLOM 系统包括追溯系统、预防减少系统、信息管理系统、矫正系统、绩效管理系统、大数据分析、预测计划系统以及应急管理系统，使企业现金流更加充裕，并突显碳减排。

（2）预测系统加入了碳估算。通过神经网络的大数据 AI 算法技术，帮助企业做精准预测，减少不必要的碳排放，做好碳足迹记录。另外实施全生命周期的追溯跟踪系统，结合碳足迹对产品的全生命进行监控，实时回报和动态管理，介入绩效管理系统以控制溢出成本，降低碳的排放。

比如：通过 PPT-SIR 帮助企业分析评价供应链的风险度，创建逆向物流 -X 实验室对平台的采集数据进行分析和科学实验，为 80 余家知名新能源汽车动力电池及回收企业搭建逆向物流大数据及追溯平台。

（3）构建逆向物流供应链数据平台系统。"主动式逆向物流平台系统"项目亮相于

2019年第21届中国国际工业博览会，获高校展区"优秀展品奖"，得到文汇报、上海日报等几十家媒体的广泛报道。国际顶尖专业期刊《Reverse Logistics Magazine》报道了"逆向物流-X实验室"，引起国际关注。主动式逆向物流平台系统项目组还成立了全国物流标准化技术委员会逆向物流标准化工作组，主持了7项逆向物流国家标准和行业标准，产生直接经济效益1.313亿元，间接经济效益4 270万元。

2. 国外逆向物流供应链管理创新体制

在资源紧张和自然环境恶化的双重压力下，世界各国都借助逆向物流供应链管理模式，实现低碳循环经济模式的可持续发展，供应链管理体制的创新为本国逆向物流供应链价值实现提供制度和组织保障。

（1）日本模式。日本对于包装废弃物和低碳逆向物流有一套完整的机制，通过消费者分类排放、专门协会分类回收、再商品化，实现循环使用。日本的碳排放也有一套完整的标准在管控（图6-4）。

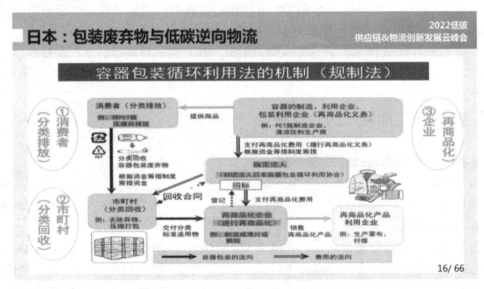

图6-4　包装废弃物与低碳物流供应链流程

（2）FedEx-Genco模式。FedEx-Genco是提供全球逆向物流服务的一家企业，在回收运营商管理、供应商产品逆向转运以及缺陷产品召回管理等方面都提供了可供借鉴的管理模式。在过去的30年中，FedEx-Genco的年销售额达16亿美元，每年处理的退回产品达6亿件以上，降碳规模千万吨。

（3）Call2Recycle模式。Call2Recycle是北美专业的电池回收商。该企业提供了电池回收最佳方案以及实施端到端服务的全新模式，以最低碳环保的方式回收电池。2016年回收了14万磅（6.3万千克）的电池，回收与再利用的过程中减少了30%以上动力电池产生的碳排放。

6.4.3　制造业逆向物流供应链管理模式分析

低碳背景下的逆向物流，不仅能降低成本，提高顾客满意度，也是我国制造企业提升竞争力的必经之路。但是我国企业在具体运作逆向物流业务时，常会遇到逆向物流与正向物流相冲突、供应链上的风险扩大化、经济利益与环境效益相矛盾、核心业务与附属业务争权等问题，因此企业应根据自身的特点选择合适的逆向物流运作和管理模式。

1. 正向物流与逆向物流一体化管理模式

实践中供应链流程往往是双向的，既包括正向物流，也包括逆向物流。逆向物流与正向物流相比，也需要经过运输、加工、库存和配送等环节。大多数企业很关心管理物流的正向部分，对管理逆向物流的投入很有限，当两者发生冲突时，常常会放弃逆向物流。要有效地管理逆向物流，就必须统一规划正向物流与逆向物流，考虑货物的双向流动。大型制造企业可建立自己的逆向物流中心，负责安排废弃产品的收集、分拆、处理、退货等工作。逆向物流系统的主要任务是收集和运送废旧物品及退货。该系统可以建立在原有的传统物流渠道上，也可以另外单独重建，或是将传统物流与回收退货物流系统整合在一起。

2. 横向结网设立集中返品中心管理模式

集约化处理已成为逆向物流管理的主导方式。目前，外国跨国企业的配送中心都设有专门的退货集中地，逆向物流流程上所有的产品都会被先送到这里，经过分类、处理后，再送到其最终的归属地。一般而言，返品中心的活动与逆向物流资讯系统的指令是相一致的。我国的企业除了有个别大型企业有实力设立自己的集中返品中心外，大部分的企业都属于中小型企业，自身没有实力去建立返品中心，因此可以考虑几家合伙的方式建设返品中心。而且我国行业协会在管理逆向物流的过程中，也可以发挥其独特的作用，将类似的很多企业联合起来共同面对逆向物流的问题，从而实现规模效益和技术进步。

3. 构建供应链集成的逆向物流管理模式

也就是在供应链的网络内构建企业的逆向物流系统。成功的供应链管理能使企业在激烈的市场竞争中，明显地提升企业的核心竞争力，无论何时，企业的生存与发展必须依靠供应链上的每个节点，包括上游供应商和下游顾客，也必然包含倾听顾客的呼声，满足顾客的退货需求。逆向物流是一个复杂的运动过程，牵涉到供应商、制造商、中间商等节点企业和顾客，如果其中有某一节点企业没有处理好退货问题，就会影响到供应链的整体绩效，因此企业要实施逆向物流，还必须与供应链上的其他企业合作，建立契约式合作的战略伙伴关系。

4. 逆向物流外包管理模式

第三方逆向物流已经成为逆向物流发展的趋势，随着大型企业的市场扩张的触角逐渐向边缘地区延伸，有些销售网络的布局相对分散，企业不利于设立自己的返品中心对逆向物流实行集中管理。出于经济效益的考虑，制造企业可委托从事第三方物流的公司承担逆向物流管理业务。这些公司也由此逐步发展成为以逆向物流管理为主的专业化公司。对于我国大部分中小企业而言，无力投资进行逆向物流系统的建设，第三方逆向物流就显得尤为重要。对于大型企业，为了集中精力形成核心竞争力也非常有必要将部分或全部逆向物流活动外包。

5. 逆向物流联盟管理模式

物流联盟是为了比单独从事物流活动取得更好的效果，企业间形成的相互信任、共担风险、共享收益的物流伙伴关系。在现代物流中,是否组建逆向物流联盟,成为企业物流战略的决策之一。选择的联盟厂商,应是与本厂商目的相同或相似,且在运输的产品、路线等方面比较接近,同时还应对潜在联盟伙伴的成本状况、长期发展的能力、信誉等进行评估,看其是否能够帮助厂商提高灵活性并能充分利用运输和仓储的规模经济降低成本。

必须充分认识到逆向物流供应链的重要性和价值,在实际操作中给予逆向物流供应链充分的资源和支持,这是逆向物流供应链发挥作用的关键。随着时间的推移,逆向物流供应链在制造企业生产经营活动中的作用将会越来越突出,越来越多的厂商将逐渐开始重视逆向物流供应链,加大对资金、技术等方面的投资,而在这一转变过程中逆向物流供应链管理模式的选择是至关重要的。

6.4.4 逆向物流供应链模式的商业应用

21世纪以来,随着互联网、物联网、大数据、AI、循环材料设计等一系列科学技术的推进,被专家誉为"第五利润源"的逆向物流展现了更大商业价值和环保意义,尤其在商业领域,推广全新的低碳供应链模式,不仅提高了商业企业的可持续性收益,而且对企业的社会形象重塑意义非凡。

1. 顺丰与必要商城(C2M模式)

顺丰与必要商城(C2M模式)合作。比如顺丰与必要商城(C2M模式)合作推出的逆向物流"一键退货"功能,就为电商消费者带来了良好的售后快递体验,提升了客户再次购买意愿和黏合度。

必要平台结合运营数据和经验,制定《产品包装管理规定》,通过包装要求及优秀包装示例,给予商家商品包装开发指导建议。必要要求预上架商品的包装具有高品质,在满足快递物流运输条件的前提下,力求节能环保,杜绝过度包装。

必要商城认为,中国制造的趋势是低质高价和低质低价的低端制造业都会被逐步淘汰,未来只有高质低价的高端制造业才能活下来,而C2M模式是实现高质低价的一个有效手段。未来,必要商城将持续深耕C2M模式,为消费者提供更加高标准的产品及服务。

2. "小龙虾模式"

专注服装逆向物流十余年的北京众诚一家公司则是国内最早一批掘金"第五利润源"逆向物流的领先企业,该公司每年的逆向物流处理量超过3000万件。该公司的商业模式又名"小龙虾模式"(图6-5),其中小龙虾的大钳子是做商品检验的,另一个小钳子是做逆向物流增值服务的。

通过精益化的逆向物流配送中心运营,为客户节约了大量的成本,赢得了预算外的利润,强化了与客户之间的战略合作关系。

3. 新商业模式:"爱回收"的C2B逆向物流

中国已经是全球手机消费的最大市场,但根据联合国环境发展署2009年发布的报告,全球每年废弃的手机约有4亿部,其中中国有近1亿部,回收率却不足1%。

成立于2011年11月的"爱回收"瞄准的就是手机回收这一特定的逆向物流市场,

事实上,"爱回收"并非唯一的"手机回收"行动实践者(图6-6)。

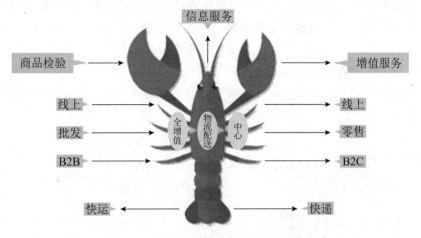

图 6-5　众诚一家的"小龙虾"运营模式

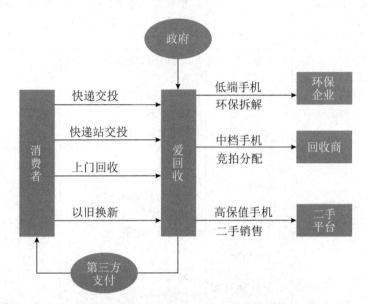

图 6-6　"爱回收"的 C2B 逆向物流商业模式

2015 年初,苹果宣布在华地区手机的以旧换新计划;2015 年夏,魅族推出 mCycle 业务,正式展开旧手机回收业务;同年,华为、荣耀相继提出手机回收项目。

作为一家典型的 C2B 互联网企业,"爱回收"通过"互联网+再生资源"的商业模式将消费者、回收商和处理企业聚集在一起,同时为回收交易作担保,并能够得到政府的有效监管。

如图 6-6 所示,从"爱回收"回收平台的逆向物流商业模式来看,主要由消费者、回收平台、专业处理商、第三方回收商、第三方物流企业、第三方支付、政府等主体构成。

以手机回收为例,平台的商业运作包括以下流程。

(1) 消费者与爱回收平台的交易流程(交投、回收、以旧换新);

(2) 平台对回收手机的质检评级;

(3) 低端手机交由合作伙伴的环保降解;

（4）中档手机竞拍分配给回收商；

（5）高保值手机（九成新以上）经专业处理后的二手平台销售和维保服务等。

与此同时，政府为平台提供资助补贴，维持着平台的稳定运行，并对平台的运行进行监督管理。

4. 逆向物流供应链生态圈模式

从目前国内逆向物流整体商业生态来看，逆向物流生态圈大体可以归纳为 5 种商业模式，如表 6-1 所示。

表 6-1　主要逆向物流供应链商业模式

商业模式	代表企业	服务内容	业务特色	涉及产品
互联网+再生资源（电子产品）	爱回收、回收宝、转转、闲鱼、阿拉环保网、回收宝、盈创、乐疯收、回收哥、易再生网等	1. 回收交易 2. 二手商城 3. 拆解物交易 4. 以旧换新	1. 再生资源公共服务平台 2. 回收商竞价模式 3. 二手电子产品检测与评级 4. 平台与专业处理商、第三方回收商、第三方物流、三方支付合作	手机、平板电脑、笔记本、智能数码、家用电器、摄影摄像
一体化逆向物流供应链服务（时尚产品、电子产品）	众诚一家、云丰国际、利丰物流等	1. 返品管理 2. 全检服务 3. 整理维修 4. 产品复原 5. "仓卖"消纳	1. 逆向供应链全环节增值服务 2. 专业化的产品复原技术和流程管理 3. 精细化运营模式	服装、皮件、服饰、首饰、鞋、手表、电子产品等
第三方逆向物流快递服务	顺丰等	1. 单程逆向服务 2. 多程逆向服务 3. 分仓退货 4. 分仓换货 5. 一键退货	1. 订单信息电子化 2. 运单信息全程监控 3. 退款服务 4. 智能验货服务	- 电商网购和网络直销产生的退、换货 - 商品的日常维护、保养 -3C 类产品的维修、回收 - 产品召回类订单 - 电视购物平台的逆向物流订单
原厂逆向物流服务	华为、魅族、苹果等	1. 原厂通过渠道回收产品 2. 折扣价格换新机	1. 循环利用并践行保护环境的社会责任 2. 销毁产品并最大程度获得可回收材料，如钢铁、塑料、铝、铜、银、金等	手机、平板电脑、电子设备
电商/零售平台逆向物流服务	京东、当当、苏宁易购、迪信通等	1. 旧机回收 2. 二手优品	1. 传统电商平台延伸客户持续价值 2. 通过反向回流拉动正向销售	手机、电脑平板、数码摄影、电脑配件、娱乐影音、家用电器

一些企业的逆向物流运营模式雏形从 2000 年就开始产生了，如"爱回收"、华为、众诚一家、利丰物流等企业的逆向物流运营模式，有的企业启动逆向物流时间较短，但是所有模式都在数字化进化，从各种模式实践的行业领先者来看，其经营状况总体良好，业务量及流量增长速度都较快，赢利趋势明显，未来发展空间巨大，这也是吸引众多投资机构加大注资的关键原因所在。

6.4.5 逆向供应链发展趋势

我国逆向物流最早始于服装、图书领域，因为市场销售的服装通常在销售三个月后进入疲软期，所以由于回流成本太高，大量库存会选择直接被销毁或者被卖到周边地区或者农村。过去一直存在的个体户"废品回收"是逆向物流的一个商业机制，在废物里找有价值的东西进行变现或是加工。由于正向物流体系是标准化的，但是回流的物品由于损坏程度、归类方式、处理方式不一，都需要个性化处理，难以保证标准化运作。同时，以往逆向物流主要依靠人工操作完成，因此效率很低，如果将智慧物流管理系统应用于逆向物流活动中，使得预期对回收物进行定性与定类的识别和分拣，并根据回收物特点形成各自的逆向处理方式，对废弃物进行修补、销毁甚至转卖等，那么逆向物流效率会极大地提高。

1. 宏观与微观角度

宏观逆向供应链的提出是站在客户的角度，把退货、返修等由客户所驱动的动作归为逆向供应链；而"微观逆向"是站在供应链的角度，把一切与正向供应链流向相反的动作都归属于"微观逆向"，甚至更进一步，把所有需要采用逆向思维进行的供应链设计都归属于"微观逆向"。据统计，有超过60%的供应链规划问题，是由于对于"逆向供应链"的不够重视导致的，尤其是对"微观逆向"没有引起足够的重视。我们可以借鉴"数字电路"的设计逻辑，采用"零壹原则"来大幅简化供应链架构的复杂性。

2. 中观角度

国内逆向供应链从消费者—产成品—半成品—生产商—原材料产业基地全链条供应链管理，但成熟度相对较低，基本也是分段式管理，分段逆向订单处置细分领域暂未形成较有规模和成熟的处置平台及行业规范，在正向供应链能力话语权较强的企业还未有整合的机会点。

（1）人才发展。逆向作业环节链路长，相对复杂，涉及新旧品换包装，批次管理，保质期，线上线下串货，商品分类管理，处置合规等问题，对综合类商品逆向管理人员的工作流程设计及正向供应链的理解要求会相对较高。

（2）系统功能。相对正向供应链系统对正向营收贡献程度，逆向供应链履约系统的建设需求优先级相对被弱化，需要较长周期进行建设迭代。

（3）运营管理。不于企业的不同发展阶段，需要稳定加强逆向物流的组织能力和管理能力，初期主要以服务正向供应链能力建设为主建设制度、流程、指标、判责、考核机制等。

（4）经营管理。从审核规则、逆向回货率、无损处置率、挽损收入、错发漏发、逆向原因分析、逆向履约达成等维度找到降本增效的机会点。

（5）风险管理。逆向物流供应链风险预判，商品交付标准与回款规则建立，逆向处置经营成本的控制。

国外逆向供应链基本考虑到往返成本及销售时机匹配度、汇率、保质期、税费、航运资源等因素的平衡来决定是否发起逆向操作，所以海外跨境电商衍生了海外仓模式、保税仓模式、直邮转运模式；但其一直存在退货流程复杂，退货时间长，非七天无理由退货等问题，行业整合的机会较大。

案例讨论 1

京东让包装循环起来

日前在海口投放循环快递袋，并非京东物流在循环包装上的首次尝试。2017 年 12 月，京东物流首发试点循环快递箱——青流箱。段艳健介绍，青流箱由可复用材料制成，箱体正常情况下可以循环使用 50 次以上，破损后还可以回收再生。同时，青流箱无需胶带封包，在循环使用的同时可做到不产生任何一次性包装垃圾，并配合自行研发的循环包装管理系统，借助唯一码和 RFID 管理技术，实现循环包装全流程监控。目前，青流箱在北京、上海、广州、杭州、成都、西安、沈阳、武汉等 30 余个城市进行常态化使用，已累计使用 1600 余万次。

此外，在京东生鲜业务中已全面推行使用可折叠保温周转箱，代替一次性泡沫箱，通过京东逆向物流返回仓库循环使用。京东循环冷链箱使用寿命超过 1.5 年，平均单箱使用次数达 130 次，历年累计使用次数达 1.8 亿次，有效减少了一次性泡沫箱和冰袋、干冰的使用。目前已累计减少一次性泡沫箱 1.8 亿个，减少一次性冰袋 6 亿个，减少干冰 0.5 亿千克，累计减排量达 30 多万吨。

据介绍，京东物流还发挥自身在供应链方面的优势，与上游企业合作共同在包装减量循环上下功夫。一方面，使用原发包装，即商品包装在物流运输过程中具备防护商品功能，且满足外界物流环境，无需二次包装实现直接发货。京东物流通过入仓优惠政策激励上游品牌商企业推行直发包装，宝洁、联合利华等品牌商上千个商品 SKU 已实现出厂原包装可直发，截至目前已减少物流纸箱使用 1.5 亿个以上。段艳健指出，这一措施共减少纸张使用约 12.5 万吨，相当于减少碳排放 462 吨。

另一方面，使用简约包装，即通过简化或去除品牌商纸箱版面 logo，提升商家纸箱在下游物流企业中的重复利用率，降低供应链一次性包装的使用。目前宝洁、联合利华、强生、欧莱雅等 50 余家企业落地推广简约包装，已减少使用一次性纸箱 1 亿个以上。

京东物流方面提供的数据显示：截至 2020 年 12 月 31 日，京东循环中转袋平均使用率已经超过 98%；通过将胶带将宽度由 53 毫米"瘦身"至 45 毫米，2020 年全年京东胶带瘦身行动减少胶带使用 4 亿米；通过仓内无纸化作业以及电子面单，2020 年全年减少纸张消耗 1.3 万吨。

（资料来源：https://new.qq.com/rain/a/20210830A09RFC00）

问题：

1. 为什么说退货问涉及供应链管理问题？基于生命周期的供应链管理包括哪两种物流模式？各有何种特点？

2. 包装回收的逆向物流管理会给企业带来何种收益？京东的包装闭环供应链管理主要流程如何？

3. 京东循环中转袋逆向物流的目标是什么？

思考与练习

1. 逆向供应链核心内容有哪些？
2. 逆向供应链的概念及核心内容是什么？
3. 举例说明逆向供应链问题的解决方案。
4. 结合具体的制造业，说明逆向物流供应链管理模式分析。

扩展阅读6.1 案例分析

即测即练

第 7 章　全球数字化供应链管理

本章学习目标

通过本章学习，学员应该能够：

1. 了解全球供应链在一国经济发展中的地位与作用，掌握以国内供应链为基础的全球供应链的架构基础与价值分析，理解后疫情时代全球数字化供应链功能演进与扩展。

2. 从实战角度出发，掌握全球数字化供应链管理的核心思想，通过创新思维方式分析，培养全局观与系统思想。

引导案例

芯片全球供应链问题突出

芯片半导体产业并非仅仅是一个经济问题或者市场问题，因为行业的特殊性质，越来越多的国家把它当作一个战略问题，直接与国家的发展联系在一起，因而在国际上越来越具有政治色彩。这主要是由以下三个因素造成的。

（1）全球经济数字化。全球经济的迅速数字化使得国家愈加重视芯片半导体产业。从生产方式上看，以芯片为核心元器件的移动互联网、物联网、超级计算机等新技术的广泛运用对原先的生产结构造成了颠覆性影响。从生活方式上看，新冠肺炎疫情使得基于芯片的数字技术和产品的应用成为生活的必需。从规模上看，2020 年全球 47 个国家数字经济增加值规模高达 32.6 万亿美元，占 GDP 比重为 43.7%。另外，半导体产业对 GDP 的增长也具有巨大的推动作用。随着全球数字化进程的加速，以 AI、区块链（Blockchain）、云计算（Cloud Computing）和大数据（Big Data）为代表的新兴产业成为数字时代全球竞争的关键，芯片作为上述产业的核心元器件使得整个半导体产业成了支撑国家数字化进程的关键。因此，全球主要国家均把目光投向了这些领域，纷纷出台政策，以支持相关产业发展。

（2）竞争主体的国家化。第三次工业革命开始于 20 世纪 50 年代，主要以原子能、电子计算机和空间技术为代表，这些技术主要是以美苏争霸为背景由国家设项和投资而发展起来的，并非市场自由竞争的结果。如今人类社会正处于第四次工业革命初创时代，无论是 AI、区块链、云计算、大数据等新技术、新业态，还是半导体、芯片等更为基础的产品，背后都有国家的支持。各主要经济体都把促进技术创新和数字进程作为政府的核心任务并加以扶持。可以说，在数字时代的全球化竞争中，国家才是竞争的主体。以欧盟为例，"欧洲共同利益重要项目"（IPCEI）是《欧盟运作条约》规定的一种国家援助形式，2018 年之后，欧盟先后批准了有关微电子和电池的三项 IPCEI 项目，并建立了 IPCEI 战略论坛，作为欧洲战略自主的重要工具。对于半导体，欧盟成员国正在积极讨论与此相关的新的欧洲共同利益项目，试图通过国家援助来促进该行业的突破和发展。

（3）产业链问题的安全化。当国家纷纷把促进本国数字经济发展作为政府的主要推动目标时，原先盛行的自由市场理念逐渐让位于政治考量。同时，近年来国际、国内两个层面上的贫富分化造成了全球各地民粹主义和逆全球化势力的崛起。其政治后果是特朗普式的人物纷纷走向政治前台，各国政府开始实行经济民族主义政策，经济失衡问题被迅速地政治化，先前建立起来的相互依赖的经济体系转而成为各国危机感的来源。在中美贸易战和新冠肺炎疫情的冲击下，这种不安全感被迅速放大，于是各国开始寻求降低关键行业和领域的对外依存度，以寻求供应链安全。全球半导体产业链几乎掌握在少数几个参与者手中，因此造成了国家对少数企业以及特定国家和地区的严重依赖，在全球地缘政治的背景下，这种依赖从心理上带来严重的不安。为了促进更为平衡的相互依赖关系，各国纷纷出台政策措施，寻求建立一个安全和弹性的供应链，确保本国在芯片供应上不再简单依靠某一国家或公司。

（资料来源：http://www.rmlt.com.cn/2022/0803/653215.shtml）

7.1 全球数字化供应链概述

单边主义虽然导致经济全球化推进受阻，但是伴随数字技术的进一步推广，供应链的全球布局不断加快形成，运输、仓储、采购、外包等业务流程全球化延展已成为现实，全球经贸活动迫切需要格局重建，国际产业链与供应链的重构趋势日益明显。

7.1.1 全球数字化供应链的概念

全球供应链（global supply chain）是指在全球范围内组合供应链，它要求经济组织以全球化的视野，将自身供应链系统延伸至整个世界范围，根据企业的需要在世界各地选取最有竞争力的合作伙伴。

1. 全球数字化供应链内涵

全球供应链亦称"全球网络供应链"。供应链的成员遍布全球，生产资料的获得、产品生产的组织、货物的流动和销售、信息的获取都是在全球范围内进行和实现的供应链。全球数字化供应链解构了传统的垂直一体化的全球分工体系，改变了中小企业在国际贸易竞争中的生态，可以说数字化供应链平台体现了新科技革命下国际贸易发展的新趋势，也是我国外贸高质量发展的重要推动力量。

（1）全球数字化供应链构建的意义。作为一种由经济全球化和数字变革催生的新模式，全球数字化供应链将是我国打造国内、国际双循环的战略节点，以及推动贸易数字化转型的主要推动力，需要更多的战略指引与政策支持。着力拓展数字国际供应链海内外战略布局，加大中小企业融入数字化在供应链体系的政策支撑，加紧制定持续优化数字国际供应链的政策体系，积极引领形成全球数字化供应链与经贸规则新框架。

（2）全球数字化供应链构建的功能。全球化供应链管理强调在全面、迅速地了解世界各地消费者需求的同时，对其进行计划、协调、操作、控制和优化，在供应链中的核心企业与其供应商以及供应商的供应商、核心企业与其销售商乃至最终消费者之间，依靠现代网络信息技术支撑，实现供应链的一体化和快速反应，达到商流、物流、资金流和信息流的协调通畅，以满足全球消费者需求。

（3）全球数字化供应链含义。全球化供应链是实现一系列分散在全球各地的相互关联的商业活动，包括采购原料和零件、处理并得到最终产品、产品增值、对零售商和消费者的配送、在各个商业主体之间交换信息，其主要目的是降低成本扩大收益。

2. 全球数字化供应链本质

产业链供应链是全球经济一体化发展的产物，也是支撑全球经济一体化的基石。随着国际分工持续深化和细化，全球产业链供应链已经形成相互依存、共生发展的格局。各国在全球供应链的运营中，深切感受到：开放共享、包容共生是全球产业链供应链融合发展的前提；数字化、网络化建设是全球产业链供应链融合发展的根本途径；绿色低碳、可持续发展是产业链供应链融合发展的根本方向。只有深度融合的产业链供应链才是稳定的、具有较强韧性的产业链供应链。

因此，各国需要通过共同数字化改造当前全球治理环境，共商共建具有普适性的顶层设计，通过完善的国际化的规则设计、对话平等的协商机制，充分考虑供应链成员所属国家和地区的实际情况和独有特征，才能使全球供应链在面对重大突发事件影响时，仍然能够确保关键资源的全球顺畅流通。

3. 全球供应链发展动因

近年来，在政府政策驱动、市场需求驱动与组织供应链驱动的牵引下，我国企业参与国际供应链呈现出积极的增长态势。由于跨境供应链环节中仍存在诸多瓶颈与堵点，大大增加了企业贸易成本，阻碍了全球普惠贸易进一步拓展。同时，企业跨境国际供应链小单化、多频次的交易特点给各国海关和政府监管带来一系列挑战，要求各国政府加强合作，对基于跨境支付、监管程序、跨境物流等整个产业链上的各环节进行整体创新。

（1）政策红利明显。我国在"十四五"规划《纲要》提出，提升全球产业链、供应链现代化水平，完善全球产业链供应链保障机制。当前宜加大统筹，科学调度产业链、供应链关键材料和关键环节，在有效打通堵点和疏通痛点基础上，努力补上断点，确保我国产业链、供应链高效运转。

（2）国际压力加剧。伴随着国际分工的深化和全球化进程的加快，全球范围内资源配置效率提升和社会化生产扩大，显著增进了全人类福祉。但过去几年，个别国家逆全球化行事，鼓吹单边主义，全球化进程放慢，商品和技术交流受阻，冲击了全球范围内产业链、供应链的正常运转。

（3）负面影响凸显。突如其来的新冠肺炎疫情，又加剧了产业链、供应链运转的脆弱性。事实上，由此引发的供给端冲击，正推动国际大宗商品价格明显上涨。虽然普遍预期供给端冲击时间非常有限，特别是全球范围内疫苗接种覆盖面加大，生产端恢复将平抑波动，但短期冲击引发的"断点"，也可能会产生脉冲效应，增加相关产业链和供应链恢复的难度与成本，值得高度警惕。据报道，2022年蔚来汽车因芯片短缺将暂停生产5天，福特、通用、本田和大众等国际汽车企业也都因芯片短缺遭遇停产冲击。包括手机制造等诸多行业，都不同程度受到芯片问题的影响。

7.1.2 全球供应链问题应对措施

从目前来看，由芯片和原材料等核心资源供应短缺引发的供应链"断点"问题，需要科学统筹调度，未来关键要想方设法连上全球供应链，中远期要打基础确保补上断点。

1. 着眼于当前供应短缺问题

特别是关键原材料供应，关键环节接续，需要科学统筹挖掘存量供应和现有资源潜力，避免各自为战、以邻为壑和恶性竞争，努力减少产业链上下游企业为防范断供风险而增加的安全库存量，进一步加剧市场供应紧张的状况。中远期要加强长远战略布局和规划，加强核心技术攻关，完善技术标准规范，提高测试验证能力，打造合理产业集群，提升产业链、供应链自主可控水平。

以芯片为例，我国芯片设计能力与发达国家接近，但在生产设备、芯片制造、原材料和设计软件等方面，还存在较大差距，有必要加快国产化替代进程，推动国产品牌芯片导入，同步实施关键核心技术攻关工程，尽快解决一批"卡脖子"问题。

2. 提高产业链、供应链自主可控能力

当前要防止各地为发展经济，不顾实际一拥而上搞芯片等高科技产业，盲目招商引资芯片链条相关高科技产业，引发重复投资、资源浪费和产能过剩等问题，附加带来巨额不良金融资产。此外，还要严厉打击市场囤积牟利行为，需要合理调度供应，防止供应端冲击出现外溢和累积。

应该说，全球产业链、供应链运转出现"断点"是暂时的，但无疑敲醒了警钟。我国要加快提升产业链、供应链自主可控能力。

3. 财务指标与扩张 VMI

虽然全球物流已经进入到供应链时代，但是传统的运输、仓储、库存、采购特别是财务仍然是这个领域内探讨的主要问题。

2000 年以来，企业实施的物流供应链管理最终都反映在企业的财务指标上，任何类型生产企业的物流环节都要对其利润率、资金周转率、营业额有直接的贡献，所有的供应链绩效都是跟财务指标挂钩的。

现在的竞争不是企业的竞争，而是供应链的竞争。VMI（vendor managed inventory）概念又称为供应商存货管理概念，就是把供应商的存货放到生产企业的仓库里，直到生产企业出库的时候，存货的所有权才归生产企业，即生产企业占用供应商的资金。

戴尔公司采用 VMI 模式虽然从表面上看很可能是供应商的流动资金被占用在生产企业里面了，但经仔细研究分析，这样做可以使供应链上的企业生产计划的透明性、协调性高度一致，也能为供应商的生产计划节约大量时间；虽然供应商会损失一点点物流代价，但换来的是供应链上所有企业的协同一致，是整条供应链的活力和竞争力。

7.1.3 全球数字化供应链的现状

2022 年全球经济下行趋势明显，全球经济走势不确定因素增加，全球物流环节效能研究重新纳入供应链研究框架之中。

1. 趋势明显，研究不足

供应链全球化的趋势日益明显。在 20 世纪七十年代，芝加哥及中西部地区的一些大运输公司组成了物流协会，目的是在本土的范围之内大家能够切磋物流管理的经验，然后推动产业的发展；在之后四十多年的时间里，包括供应链管理协会在内的美国物流协会，探讨的大部分问题是从美国本土的角度上考虑，很少关注国外的情况，这就是为什么跨国物流企业进入中国最早的都是由海运的陆上服务部门揽货，空运的陆上服务部门也由它的机队揽货，而真正做供应链管理的企业进入中国相对较晚的原因了。

2. 经济体量较大，全球供应链发展乏力

据国家统计局 2022 年 1 月数据显示，2021 年全国规模以上工业企业实现利润总额超过 8.7 万亿，比上年增长 34.4%，高科技制造引领作用较为突出。而对于高科技制造来说，伴随中美贸易等多个领域的逐步脱钩，逆全球化趋势上扬等因素，全球供应链未来发展也更加不确定。在 Gartner 发布的 2021 年全球供应链 25 强最新排名中，中国只有阿里巴巴和联想集团两家入选，而高科技制造企业就只有联想一家。

3. 全球供应链不确定性增加

当不确定性成为新常态，全球供应链也显现其脆弱性，遇到国际冲突等因素容易导致全球供应链的中断与崩溃。基于有关反脆弱性的思考，提高中国高科技制造全球供应链的"韧性"是从中国制造到中国智造的重要保障，因此深入思考如何提高中国高科技制造企业的全球供应链"韧性"变得重要且亟需。在 20 世纪 90 年代，美国提出了 VUCA 这一概念，是"多变性""不确定性""复杂性"与"模糊性"四个单词的缩写。目前社会进入 VUCA 时代，是因为与过去相比变得复杂多变，不确定性事件比比皆是，成为一种新常态。这种不断产生的新事件促使我们在 VUCA 基础之上加入第五个维度，即新颖性（novelty），因此，我们将 VUCA 修改成为 VUCA+ 或 VUCAN。

4. 对全球供应链风险认识不足

提到"不确定性"，人们经常与风险混淆。其实，这两个概念之间有本质的区别。早在 1921 年弗兰克·奈特著作《风险、不确定性和利润》一书将不确定性确立为经济学和金融学的基本理念，在此基础上美国战略经济学家大卫·梯斯等也曾多次指出"风险"和"不确定性"在概念上的本质区别。"风险"一般可以通过处理概率事件的方式去预测未来可能性，并通过风控的方式降低风险，我们熟知的保险就是典型的应对风险方法。然而，当面对不确定性事件或突发黑天鹅事件时，照搬应对风险的方式即通过预测概率的方式只会显得手足无措，因为不确定性是不可知性，不具备概率规律，无法预测。就好比新冠疫情，很难通过预测概率的方式去预测风险发生的可能，更多时候像是各个城市"开盲盒"。

5. 全球供应链低成本布局

以低成本为基础的原有全球供应链布局，拉长生产配套与零售消费之间的地理性长距离，导致物流供应链配送的多个环节以及运营复杂性的提高，直接后果便是经营风险难以掌控。2020 年以来，持续反复的新冠疫情，就造成全球运输检疫的复杂性与不确定性，之前的全球生产供应链，仅仅因为巨大市场空间和低劳动力成本而集中在少数几个国家，甚至某一个国家，我国就在之前一直被称为"世界工厂"。

我国也在不断尝试摆脱"世界工厂"的局面，因为目前中国中低端制造业已经成熟，自 2020 以来国内 GDP 的增速放缓，高端制造成了中国经济增长的新增长点。我国将进一步支持科技和制造业发展，作为高科技制造企业更要承担起责任，锻炼长板、补全短板，突破瓶颈，保障中国产业链安全。

所以，在高度不确定性的今天，原有的全球供应链以及跨国公司都遇到前所未有的挑战，如何重构自己业务的全球供应链需要新的思路。

7.1.4　全球数字化供应链架构建立

得益于国家宏观政策红利以及业态模式的创新，一批数字平台通过不断完善数字化跨境服务贸易与全链路跨境供应链体系，支持中国贸易数字化，为众多国内企业提供全产业链、全供应链一体化综合服务，推动更多企业融入全球普惠贸易，参与全球供应链竞争。同时，助力中国制造出口产品附加值提升，产业向价值链上游攀升，为增强企业产业链、供应链效率与"韧性"发挥重要作用。同时，作为一种由经济全球化和数字变革催生的新模式，数字化国际供应链将是打造国内、国际双循环的战略节点，以及推动贸易数字化转型的主要推动力，需要更多的战略指引与政策支持。

全球供应链架构逻辑依旧是底层支撑、中层功能和顶层设计。其中底层的韧性是全球供应链运行的基础。

1. 供应链架构的韧性

"韧性"（resilience）其实在各个领域关于"韧性"的定义很相似。例如，在工程领域，好的韧性的表现是材料在塑性变形和断裂过程中吸收能量的能力。韧性越好，发生脆性断裂的可能性越小。韧性的核心本质就是反弹能力：弹性越高，在变形压力下继续发挥功能的潜力越大。

提高链韧性是供应链底层支撑的关键，VUCA+ 是逆境事件也包括一般灾难危机与黑天鹅事件。专家认为面对逆境事件，跨国企业的组织韧性显得尤其重要。不难看出，当 VUCA+ 这五个要素相互叠加会很大程度增加逆境事件发生的可能性，因此组织韧性非常重要。

需要特别指出，不少人将"韧性"与对抗打击的"抵抗力"（resistance）相提并论，混为一谈。两者具有本质区别：后者不会被逆境危机情境打击而受损，当然也不需要反弹或反超，而前者必须遭受打击后严重受损，却能够恢复反弹，甚至改进反超。一个形象比喻就是橡皮筋，其弹性反映韧性的恢复力与前冲力，但不是吸收性或容忍性，也不是泛泛的适应性。

2. 提高供应链韧性的策略

1）实现短期与中长期政策的过渡

疫情暴发之后，经济方面的政策重点集中于短期之内对中小企业的救助。全球的疫情通过外部输入的方式导致中国国内疫情防控不可能短时期内结束。2020 年 4 月 8 日，中共中央政治局常务委员会召开会议，提出做好较长时间应对外部环境变化的思想准备和工作准备。

既有的部分短期政策需要延续下去，但也有一部分需要退出，代之以中长期的政策。这是因为，疫情暴发之后的短期政策是要避免企业集中倒闭，政府直接干预，予以支持；

但立足于全年或更长时间的预期,政府应该考虑角色回归,为竞争性企业提供更好的营商环境,同时集中于解决失业等社会问题,出台更多社会政策,保持社会稳定并避免市场失灵。政府角色需要有连续性、阶段性的重要变化,政策调整必须有助于而不是有损于供应链的韧性能力。

2)为全球供应链布局调整预备空间

中国为稳定全球供应链做出巨大努力,这是大国的担当与责任,也完全符合国家产业利益。但针对后疫情时期,要考虑到全球供应链变化的趋势,最重要的是两个方面:第一,疫情之前,全球供应链变短、朝着区域化方向演进的趋势已经出现。第二,可以预见的是,疫后部分国家出于国家安全考虑,强调供应链回归。

需要指出的是,中国从自身条件出发,供应链也有适度调整的必要性,如中国制造业实际增加值的全球占比可能会降,但结构需要优化、质量需要提升;又如疫情推动中国数字经济升级,部分产业链将会数字化重组。

面对以上各方面情况,中国要坚定地维护全球供应链的稳定性,同时也需要充分考虑各类趋势特征,为自身调整留有回旋余地,在关键环节和政策领域提高适应复杂变化的韧性能力。

3. 加大对韧性供应链投入

针对全球供应链不确定性风险,根据麦肯锡2020年9月发布的题目为《全球价值链的风险、韧性和再平衡》指出,全球不同行业供应链高管计划采取措施来使自身的供应链更有韧性,这些措施包括在供应商之间建立冗余、近岸外包、减少独特零部件的数量以及实现供应链的区域化。当企业明白它们可能会因供应链中断而面临多么严重的损失时,他们就会权衡应在建立韧性上进行多少投资。我国应通过加大投资,支持跨境电商和海外仓发展,促进外贸产业链供应链高效运转。提高利用外资质量,鼓励外资企业加大高端制造和高技术领域投资,支持外资研发中心创新发展。高质量实施RCEP等区域贸易协定,用好各类多边机制,构建互利共赢的产业链、供应链合作体系。

4. 利用科技对逆境危机

高科技制造是中国未来发展重点。所以,其全球供应链所展示出的韧性是面临当今VUCA+时代,应对逆境危机的核心能力。从宏观政策经济层面和动态能力视角,诠释中国高科技制造企业如何提升其全球供应链韧性,阐明全球供应链韧性所带来的短期生存和长期成长两者相辅相成的效果。按照"木桶"理论,短板决定容量。重大产业短板往往就是经济健康发展的瓶颈制约。国家将聚焦国计民生、战略安全等关键领域,紧盯"卡脖子"薄弱技术环节,一体推进短板技术攻关、迭代应用和生态培育,打好关键核心技术攻坚战。同时将启动一批产业基础再造项目,突破基础领域短板弱项,夯实产业链、供应链基础。

5. 加大海关体制改革力度

从我国的海关体制改革和未来的发展来看,我们更有条件能够承担更多的国际中转的问题。虽然我们现在的港口吞吐量增长很快,国际中转的比例却非常低,如果能从釜山、新加坡或其他国际中转中心竞争过来一部分,中国建成国际物流中心的步伐才能加快,这对于构建全球供应链意义重大。

总而言之,现在对发展中国家的全球供应链构建的关注,对我们来说是提供了非常多的商业机会；而对于他们来说是因为看到了中国越来越多参与全球供应链构建的机会。中国全球供应链构建方案将来在全球范围内的影响力和受到的重视程度会越来越大。

7.2 全球数字化供应链研究

目前，全球数字化供应链应着力拓展数字国际供应链海内外战略布局，加大中小企业融入数字化供应链体系的政策支撑，加紧制定并持续优化数字国际供应链的政策体系，积极引领形成全球数字化供应链与经贸规则新框架。

视频 7.2
全球数字化供应链研究成果

作为应用性研究，全球数字化供应链研究工作以跨国公司的当前需要为导向，主要回答这样一个问题：对于多国公司（multi-national company，MNC）在不同地区开展业务活动时，如何决策以实现数字建模最优？即多国公司决策问题。

7.2.1 全球数字化供应链研究概况

1950 年代起，跨国公司的地位和数量迅速增加，至 1960 年代，发达国家跨国公司达 7 000 家以上，海外子公司超过 27 000 家，对石油、汽车、医药、计算机、重化学工业等主要工业领域实现跨国垄断。发展中国家尚在革命战争中，无暇顾及国际经济局势。全球供应链研究仅仅局限于少数发达国家。

1. 全球供应链古典阶段研究的侧重点

1950—1970 年是资本主义战后的黄金发展时期。跨国公司在全球攫取生产要素，出于利润最大化的要求，公司总部赋予分部一定决策权以提高绩效，却又不愿意分部掌握太多决策权力而失去控制。因而决策权分配成为一个两难问题。这一难题又因为信息技术的应用和物流科技的发展，发展中国家利益集团的不断加入而变得更为复杂。

对 MNC 优化问题，最早的讨论限于在一国的不同地区，认为集中决策是最优选择。之后问题扩展到不同国家，同时将问题简化为 MNC 应该采用集中决策模式还是分散决策模式。

随后的 20 年中，学者们就该问题进行争论。部分学者支持集中决策，部分学者则支持分散决策。争论的最新进展提出 MNC 在战略层面上应选择总部集中决策，在战术层面选择总部集中决策和分部分散决策均可，在运作层面应选择分部分散决策，该观点得到了美国铝业公司和汽车制造集团在案例上的支持。

总结全球供应链的古典阶段研究工作，是以众多企业为研究对象，重点研究企业决策模式，特别重视总部和分部之间的联系。由于问题涉及跨国公司内部，相关研究工作多受到跨国公司的资助。

2. 现代全球供应链研究的主要问题

1970—1990 年，发达国家集团内部就跨国贸易问题矛盾加深。受石油危机影响，美国政府在规划现有产业布局。在政府需求引导下，企业地理研究的重要力量华盛顿学派集体转向区位理论研究。而跨国公司的需求是，如何在有冲突的国际环境中实现生产要素配置，以实现自身利益最大化。至此，全球供应链的研究和企业地理的研究出现分化，开始探索自身的研究范式。

1970—1990 年，经济学理论界产生了一系列新理论，有力地支持了全球供应链的研究工作。最主要的贡献来自国际分工理论、交易费用理论、核心竞争力理论。跨国公司调整运营战略，将出口产品转变为出口工厂和出口资本，在全球寻找成本洼地。全球供应链研究工作需要解决一个具体问题，重新规划跨国公司的生产 - 配送网络，实现收益最大化，即全球物流系统（global logistics system，GLS）问题。

7.2.2 全球供应链问题研究过程

全球供应链整合了分散在各国的从原料供应商到最终消费者的关键商业过程，用于向消费者和其他利益相关者提供产品、服务、增值和信息交换。

1. 研究方法

对于 GLS 问题，最主要的研究范式是规划方法（mixed integer planning，MIP），占据约 50% 的成果。可用决策变量、业绩指标、供应链结构变量、国际因素来归纳 MIP 模型。

对于全球供应链的决策变量，这一时期的学者选择以工厂选址为主。部分原因是受到美国政府需求影响，部分原因是跨国公司有调整全球产能布局的需求。受此需求影响，产能和运输量也成为决策中的主要因素。学者将产能与运输能力平衡作为重点决策变量。为配合这一决策变量的优化调整，形成的模型中还伴随有对供应商的重新选择。

2. 研究的动因

迫于日益增大的压力和自身的发展需要，跨国公司纷纷制定对社会做出必要承诺的责任守则，或通过环境、职业健康、社会责任认证应对不同利益团体的需要。

1990—2008 年，是全球供应链研究的转型期。单一使用 MIP 工具缺乏平等的视角，理论模型没有考虑相关群体。跨国公司迫切需要解决这样一个问题：如何平衡全球供应链上各个相关利益方的利益，更好担负起全球社会责任（global corporate social responsibility，GCSR）问题。

3. 评价指标

对于业绩指标，学者们比较认同的有三类目标函数。第一类为税后期望收益最大化。第二类为运作成本最小化。由于利益相关者理论的引进，出现了第三类目标函数，要求多方收益最大化。

对应供应链结构参数，多数学者支持两层结构。而对于供应链的合作决策形式，无一例外都选择了多工厂多市场模式（multi-factory multi-markets model，MFMM）。

构建全球供应链，需要考虑国际相关因素影响。关税、汇率、消费税是模型中不可缺少的三个重要因素。此外也有考虑到工人技能、非关税壁垒以及运输时间，但未能形成统一认识。随实践工作展开，不断有新因素加入模型。2008 年 MIP 模型国际因素方面的变量超过 30 个。

1980 年代以后，企业社会责任运动在欧美发达国家逐渐兴起。和平、环保、社会责任和人权等非政府组织也不断呼吁，要求社会责任与贸易挂钩。

4. 全球社会责任问题新理念的引入

为解决全球社会责任问题,社会责任理论、利益相关者理论被引入到全球供应链管理理论体系当中。

(1) 利益相关方。全球供应链的利益相关方包括了股东、债权人、雇员、消费者、供应商等交易伙伴,也包括政府部门、本地居民、本地社区、媒体、环保主义等压力集团,还包括自然环境等客体。这些利益相关者与全球供应链生存发展密切相关。全球供应链的经营决策必须考虑他们的利益或接受他们的要求。全球供应链的生存和发展依赖于对各利益相关者利益要求的回应的质量,而不仅仅取决于股东。

(2) 研究范式。对于 GCSR 问题,主要研究范式是案例分析方法,占据约 80% 的成果。但在具体研究过程中,学者们选取了不同的行业背景,因而对社会责任关注的重点不同。可用社会责任重点、业绩指标、案例对象和建议履行方式来归纳研究成果。

(3) 研究方向。各国的经济发展水平不一,利益相关方的诉求不尽相同,因而对各国学者的研究需求也不一致,最终形成了三个主要方向。

①以研究环境无害化为主的环境学派,响应了发达国家压力集团的诉求,强调公司社会义务,要求建立产品回收系统和环境检测系统。

②以研究社会福利整体改进为主的社会福利学派,响应了发展中大国压力集团的诉求,强调国家社会责任,要求政府干涉全球供应链的运作过程。

③以研究劳工权益维护为主的劳工权益学派,响应了发展中大国劳工集团的诉求,强调劳工权益,反对全球供应链管理中的不平等现象,要求建立全球统一的劳工标准。

(4) 研究出发点。由于研究出发点的不同,这三派学者在选取案例时往往有倾向。

①环境学派选取的案例为电子电器、汽车、核电、通信、医疗等高附加值产业,案例所属国家多为美国、欧洲、澳大利亚等发达国家和地区。

②社会福利学派选取的案例为粮农、化工、化纤、养殖、水产、纺织等关系国家经济安全的产业,案例所属国家多为东欧、东亚、东南亚等发展中国家。

③劳工权益学派选取的案例多为成衣、鞋帽、玩具、塑料制品、造纸、计算机组装、快餐、娱乐、零售等劳动力密集型产业,案例所属国家多为中国、越南、罗马尼亚等廉价劳动力国家。

发展中国家的全球供应链社会责任研究集中在社会福利提高和劳工权益保障方面,而发达国家则集中在环境和资源使用方面。随着研究工作的不断深入,在劳工集团和生产者集团之外,消费者、政府、学者集团也作为重要力量提出对应社会责任要求。

5. 对现代研究的评价

1970—1990 年是全球供应链研究的黄金时期,MIP 工具得到广泛应用。变量复杂化导致计算规模爆炸,模型只能给出满意解。由于研究门槛较低,方法学容易掌握,大量研究存在缺乏数据支持、模型雷同、观点接近的情况,存在严重的学术跟风。因而只有少数学者的研究得到跨国公司的支持。

6. 对当代研究的评价

当代研究扩展了全球供应链的参与者集合,它把现代研究视为研究边界的公司环境也纳入到研究视角中来。这是一个巨大的进步,也是一个巨大的挑战。现代研究主流工具 MIP 不再适合当代问题。设计新工具成为当代研究的当务之急。当代研究的服务对象也出现了多样化。有社会责任成本焦虑的跨国企业、期望改善国际贸易关系的本土企业、期望获得长期伙伴的本地企业成为引导研究的主流。

当代研究开始脱离纯粹的经济目的，它介入到社会活动领域，为社会团体和政党服务，为政府改善人权和环保记录提供思路和方案，这是当代全球供应链研究的泛化和深入的具体表现。

全球物流供应链理论对我国相关领域的研究产生了实质性影响，目前，我国在物流供应链业态发展方面，虽然尚落后于西方某些发达国家，但是，如果我们能够审时度势，采取用成果研究推动价值进一步转化的逆向研究方式，就可以借助更多的内外部资源，实现与国际供应链缩小差距的目标。

7.3 全球数字化供应链管理现状

全球供应链涉及运输、仓储、供应乃至上游核心材料研发等相关环节，主要物流环节和基本业务趋于全球化，同时，采购、外包、供应链流程的全球化日益明显。经济全球化的影响，从主要发达国家，到南美、非洲、中东、亚洲等新兴物流市场，还涉及全球供应链安全的挑战、全球供应链的速度、敏捷性与成本效益优化等领域。

视频 7.3
全球数字化供应链管理创新

7.3.1 全球数字化供应链趋势与格局

自 2008 年金融危机及 2020 年疫情暴发以来，经济全球化与经济区域化并行在物流和供应链领域的影响日趋明显。全球供应链涉及运输和仓储等主要物流环节和基本业务的全球化，采购、外包、供应链流程的全球化。供应链全球化与区域化的影响已经深入到企业商业活动的方方面面。

1. 全球数字化供应链趋势

供应链全球化的趋势在以下两个方面值得重视。

1）供应链管理流程的全球化外包

物流外包已经发展到供应链管理流程的全球化外包，供应链管理是企业内部和企业之间所有物流活动和商业活动的集成。随着对运输时效的重视以及相关信息技术的开发，运输、仓储等主要物流活动的全球化将会持续更长时间，全球采购与配送等主要物流环节的全球化趋势在近几年更加明显，而供应链商业过程，如制造、研发、IT、客户服务近年来外包发展迅速，供应链商业流程外包增加了链条企业的数据价值增值能力。

2）提供全球供应链服务

领先的全球化物流服务供应商，已经从提供全球物流服务，向提供全球供应链服务转化。仅仅具备资产和物流服务能力已经不能满足跨国企业的要求。物流企业要具备供应链管理技术，从提供物流能力，转化到提供知识管理服务的层面，其中涉及供应链战略、供应链网络设计、供应链流程再造和优化，为生产企业提供完整的供应链管理服务。如锐得和戴姆勒克莱斯勒的全球供应链合作，提供了典型的案例。

供应链全球化的趋势表明，物流供应链企业的能力，必须从提供以资产为基础的物流服务，向提供以管理能力为核心的完整的供应链服务转型，才能在竞争中处于优势地位。

2. 全球供应链基本格局

中国在构建具有自身特色的全球供应链上应该更加关注自身优势，考量自身供应链的侧重点。例如，中国和印度是全球外包供应链流程的两个主要承接地，但两国的优势和承接外包的主要商业流程不同，跨国公司所考虑的侧重点也明显不同。

全球供应链缺口尚存，但是我国全球供应链运作中依旧有作用空间。在全球物流和供应链方面，跨国公司担心的是中国产业向内地转移的过程中，沿海地区的港口和物流枢纽与内地的连接度不足，而增加物流成本和时间成本。但是，中国会充分利用自身的相对优势和区位优势，抵消由此产生的物流成本和时间成本，保证全球供应链的有效性和韧性。

7.3.2 全球供应链资源整合

全球供应链伴随经济全球化而生，是国际分工深化的必然结果。通过不同地区企业之间的合作，建设一个响应速度快、运作成本低、质量水平高的全球化产业链，使供应链上的企业能够获得持续竞争优势。

全球供应链整合包含两个维度：内部整合与外部整合。内部整合关注制造企业内部的活动；外部整合包括供应商整合与客户整合，其关注的是组织间、区域间的资源整合。比如菜鸟设置的海外仓库，其业务不仅仅局限于自身的服务与送货，主要是为构建全球供应链奠定基础。菜鸟除了是一家快递公司，它本身还是一个非常优秀的全球数据平台，可以为中国品牌打造了数智化全链路、全库存、全渠道的物流供应链解决方案，其中以菜鸟"货运参谋"的功能最为突出，它可以运用领先的算法与公开数据对商家的产品进行合理优化，有助于提升商品销量。除此之外，菜鸟提供的服务也是公开透明的，始终能够秉承"客户第一"的理念，旨在将全球供应链整合提上新高度，其核心竞争力显著，与协作方共享利益，合作前景广阔。

1. 内部整合

以客户为中心，供应链环节上各部门在企业内部形成一个紧密无缝的流程。包括：S&OP 机制、矩阵式管理、标准化、一体化库存管理、供应链各环节活动实时整合与联结。

2. 外部整合

全球供应链以核心地区某企业供应链为主，与主要的供应链成员（客户/供应商）形成伙伴关系，对整个供应链上相关的生产流程和企业管理进行优化，将供应链上所有的相关链条和环节进行集合优化，以实现供应链效率的提高，满足客户需求。

（1）供应商整合

供应商整合可以增强供应链体系的柔性，提高供应链各企业之间的协调性，提高企业生产效率，减少库存，降低交易成本。通过研发设计整合，提高技术、生产工艺等，增强供应链各环节企业的核心优势。

①原材料供应整合，与主要供应商建立快速订货系统，实现跨地区供应源整合。

②产品制造整合协同，与主要供应商共享生产计划、生产能力信息，让其参与采购、制造过程。

③研发设计资源整合，主要供应商参与产品设计，核心企业参与供应商产品规划与设计。

④需求预测共享与库存整合，核心企业与主要供应商共享需求预测细信息，共享双方库存，提高供应链柔性，降低库存成本。

如某汽车电子制造商，仅仅通过与主要上游供应商的需求预测、生产计划、库存共享与协同，通过有形与无形资源整合，在一年内，原材料库存降低15%，制造商及其供应商的准时交付率提升接近20%，而且产品供应周期从原来15天缩减到12天，这就是供应链整合的成果。

（2）客户整合

①整合制造商、分销商、零售商、客户，各节点之间的紧密协作，减少供应链反应时间，减少各环节的流通成本消耗。

②共享库存、生产计划信息，降低库存，提升生产效率，降低物流成本。

③共享销售与预测信息，提高满足客户需求的响应效率。

④共享与整合市场信息，主要客户与核心企业共享市场信息，提高应对市场变化的效率。

自2020年全球物流深陷供应链困扰以来，供应链管理技术的应用和影响日趋深入。新的管理技术在供应链管理过程中得到广泛应用，精益供应链、闭环供应链、六西格玛、供应链流程标准、供应链运作参考模型等管理技术，正在提高全球供应链绩效方面产生巨大价值。

供应链管理策略的重点主要在以下几个方面。

（1）全球化供应链设计。全球供应链设计是国际企业核心战略的主要内容之一。优秀的供应链设计，能够使企业获得供应链竞争优势，优化成本和服务。作为供应链流程的首要环节，供应链设计受到越来越多的关注。供应链设计能够为企业带来更大的利益，但也同样要求重视企业间的合作和供应链协同。企业间的联合，必须能够冲破部门的限制，从而保持供应链伙伴之间的战略一致性。

（2）全球供应链合作。全球供应链上独立企业与组织之间的横向合作可以改进服务水平，减少成本，为资本合理有效利用创造良好的环境。企业之间的供应链协同战略，可以实现链上企业同时获得价值增值的能力，创造更多的经济增加值（economic value added，EVA）。如美国与欧盟、英国、法国、德国、日本和韩国等18个经济体召开"2022年供应链部长级论坛"，并于会后发表《关于全球供应链合作的联合声明》，承诺将共同解决近期的运输、物流和供应链中的中断和瓶颈问题。根据声明，各国提出供应链合作的四大原则分别是：透明度、多样化、安全和可持续性，并坚持高标准的劳工环境，包括防止强迫劳动，再加上满足未来需求的劳动力发展，以提高供应链韧性。

（3）全球供应链与客户服务。客户满意度对企业增长起着关键的作用。提供卓越的客户服务的关键是要有强大、高效供应链的支持。满足客户需求需要创新、灵活的工作流程以及供应链的支持。优秀企业在实践中能让供应链更能满足客户的需求。越来越多的国内企业，在整合上下游供应链和物流网络，线上线下一体化运营，和数字智慧物流供应商一起打通数据断点，推进国际、国内物流供应链运营的数字化，提升运输，仓储，分拨等配套服务的智慧运营能力，实现从入厂物流，零部件的多级仓分配，到产成品到消费者的供应链可视化，自动化和整体优化。供应链服务商积极推进数字化智慧物流建设，将业务场景与数据和科技深度融合，服务于智能制造供应链，不断为其客户提供有建设性的解决方案，助力其客户在市场上有更强的竞争能力。

（4）全球供应链的思想流。全球供应链整合贯穿于供应链全流程，除了传统的产品流、信息流与资金流整合以外，同时还需要增加了最重要的一流：思想流。思想流的整合包括供应链运作过程中各种管理思想、管理组织、管理技术、管理方法的综合整合。传统三流的整合有赖于互联网、AI 等 IT 技术的支持来实现。思想流的整合是供应链整合的基础，供应链各参与方需要形成统一的价值观，在此中心思想指导下，围绕共同的目标，相互融合，使自己的资源和行为与合作伙伴相互适应，相互学习、求同存异。过程中可能需要对自身资源控制做出一些让步，使得资源整合和最大化。

MIT 的研究认为，影响 2020 年供应链管理的假设条件和可能的宏观因素，包括石油冲击、绿色法规、全球贸易和亚洲经济增长等。其中，建立对环境负责的全球供应链，是保证供应链可持续发展的关键。

7.3.3　阿里巴巴全球供应链管理案例

供应链一体化是在经济全球化，以及跨国集团兴起的背景下产生的，目前，随着企业产品生产的"纵向一体化"运作模式逐渐被"横向一体化"所代替，围绕一个核心企业，无论这个企业是生产企业还是商贸企业，生产或经营的是一种或多种产品，都可以形成国际化的上游与下游企业的战略联盟。上游与下游企业涉及供应商、生产商与分销商，这些供应商、生产商与分销商可能在国内，也可能在国外。

在这些企业之间，商流、物流、信息流、资金流形成一体化运作，这样就构成了供应链的一体化运作。供应链一体化的运作模式是对企业纵向一体化运作模式的扬弃。阿里巴巴跨境供应链是阿里巴巴集团旗下，为全球中小微企业提供确定性履约保障服务的数字化协同平台。其前身为阿里巴巴外贸综合服务平台—达通，2018 年 11 月，一达通正式升级为阿里巴巴跨境供应链。

阿里巴巴跨境供应链整合了全球知名银行、金融机构、物流服务商、一达通以及菜鸟网络和蚂蚁金服等资源，为阿里巴巴国际站平台上的中小微企业提供外贸综合服务、信用保障、国际物流、支付结算和供应链金融等一站式服务。

中小微企业通过阿里巴巴跨境供应链积累的订单数据，可以反哺国际站店铺流量，增加曝光，带来更多询盘与订单。

1. 阿里质保验货服务

阿里巴巴引入全球知名第三方专业检验检测机构，在产品生产及包装完成待交运前，由第三方专业验货人员上门对货物的数量、工艺、功能、颜色、尺寸规格和包装等细节进行检查，并出具检验报告。发货前降低贸易纠纷，提升买家信任度，放心全球买全球卖。

2. 国内归类查询 + 国际关税查询

国内首家集国内外归类、计税功能于一体的智能查询产品。涵盖在线自助归类、归类先例查询、智能关税计算、HS 编码查询等 6 大核心功能，实时同步海关税则数据，仅需输入商品信息即可在线自助查询商品归类计税，秒级反馈结果，准确率高达 98% 以上。

3. 阿里报关服务

为全国进出口企业提供在线采购出口报关服务，服务范围覆盖全国主流核心口岸报关，助力企业通关无忧。纵观阿里公司的供应链发展历程，其在世界许多地区都有主营业务。但这些业务的管理是否连贯一致，是否集中化，则是问题的另一个方面。事实上，对于公司制造和业务转移到其他国家的企业来说，这都是问题的症结所在。为了削减成本，但却不得不面临着要管理一个跨越全球的复杂供应链的问题。

7.3.4 思科全球供应链管理案例剖析

用自己的经验指导其他企业的公司是思科系统公司，该公司和物流咨询公司 D.W. Morgan 合作，帮助企业在全球范围内建立"由需求驱动"的供应链。思科公司制造业营销部主管思科特·维斯特雷克（Scott Westlake）表示，这项工作的难度在于，要在多家合作企业间建立协调一致的流程。

1. 供应链协同机制建立

任何一家全球供应商都不会仅仅为末端客户提供服务，因此供应链合作伙伴间的有效沟通是非常基础的要求。那些机制灵活的企业很少依赖传统的预测方式，他们更多地依靠的是适应突发状况的能力。在环境、安全和出入境控制等问题的影响下，如何让库存和运输状况的信息及时传送到相关各方变得比以往任何时候都更加重要。

Adept 技术公司就是思科和 Morgan 公司技术的用户之一。Adept 是一家生产用于高科技制造业机器人的企业。他们的一件普通产品通常都会包括 30 万个部件之多。这些由世界各地的制造商负责供给的零件对整个制造流程都非常重要，任何时间都不能缺少其中的任何一种零件。Adept 公司必须一天 24 小时都能在很短的时间内对客户的备件或服务订单做出反应。

2. 缓解服务成本与服务水平矛盾

对于 Adept 公司来说，这种高水平的客户服务相应地也带来很高的成本。同时，这个公司全球范围内的存货和运输情况也缺乏可视性。所以他们面临的困难是双重的：既要削减成本，又要提高服务水平，而该公司只有 200 多名员工。

Adept 公司最后把运输和物流管理业务外包给了 Morgan 公司，使用了基于思科公司技术的数据网络。思科公司的系统可以让 Adept 公司在供应链伙伴间进行流程的同步协调，他们的路由器也可以使 Adept 公司的制造和服务部门以及外部供应商的人员都能接触到思科网络的实时数据。

3. 全球范围内的库存控制

此后 Adept 公司在全球范围内的库存就得到了更严密的控制。比如说，在某个配件到达一个服务站之前,工作人员就可以直接把这个配件和相应的客户、产品的保修期和服务历史对上号。对条形码进行识别也可以帮助实现对备件所处位置的实时可视性。Adept 公司因此可以一览所有存货的情况,不论存货是外向的、内向的,还是处于运输途中或加工流程之中。

4. 面向服务的动态网络结构

基础架构是面向服务的体系结构(service oriented architecture,SOA)是思科公司的国际供应链基础。SOA 是一个新名词,指的是用动态的、整合的方式处理多个软件体系的系统。思科公司对这一系统进行了优化,创造了面向服务的网络结构(service-oriented network architecture,SONA),使得这套系统不仅可以在企业内部得到应用,而且也可以应用于企业外部。这套系统可以随时把一些关键的状态信息和出错提示传送到无线可视电话或其他手提设备上,让信息在最广泛的范围内传播。

思科公司认为:获取数据是帮助企业进行全球化竞争的最重要的事情,思科所创造的系统实际上就是一个集中了所有相关信息的平台。

5. 供应链的整体成本问题

为了通过采取不同措施来体现制造业务和客户支持移植海外所带来的优势,Aberdeen 公司最近的研究就发现了一些这样的负面效应。通过将工厂迁到中国等低成本国家,企业在降低了生产成本的同时,也发现自己的交货间隔时间变得不确定,从而干扰了他们对客户需求做出及时反应的能力。运营超复杂的供应链所增加的成本,尤其是物流相关成本,抵销了企业本来期望节省的支出。公司发现:从中国采购,预算超支的最大一类成本就是运输费用。不完整的系统和流程有时也会抽走相当多的利润。

因此,企业要注意处理好供应链的整体成本问题。企业在进行成本核算时不应该只看到低廉的制造费用,还要考虑运输费用、出入境问题,以及为了应对供应方面的突发事件而不得不准备更高的库存。此外,企业有时候还不得不使用一些诸如空运等费用高昂的运输方式,来弥补供应方面的缺陷。

Alameda 公司认为:管理顺畅的全球化供应链不应该借助任何的高成本运输方式。Alameda 公司所提供的软件可以帮助企业跟踪供应链体系中的成本和产品。提高可视性才是真正的解决方案,企业如果能早一些收到有关供应链意外情况的信息,他们就可以对供应计划做出及时的调整,而没有必要增加计划外高昂的成本。

6. 建立可视化的供应链平台

刚跨出本国国门第一步的企业在实施全球化供应链时候会很快发现,他们的那些潜在的合作伙伴使用的都是各不相同的系统。对于像 Management Dynamics 公司这样的软件提供商来说,这就意味着他们所提供的技术需要能够在不同的系统中实现完全的可视性。此外,一个有效运作的网络系统可以使新的合作伙伴在加入该网络时遇到的困难最低。

在多个系统和合作伙伴间实现可视性的关键之一就是要建立一个单一的管理平台,这个平台能够随时显示供应链中的什么事物在如何流动,流动到了哪里。软件提供商经常会发现他们所做的事情实际上就是在为客户把不同的系统"缝制"在一起,然后加上一个统一网络的外表。

SSA 公司的"需求网络执行系统"（demand network execution system）就是一个基于运输、仓储和制造等多个系统之上的事件管理工具。它可以监测货物的流动，检查补货水平以及确定存货的位置。

　　许多企业的供应链缺乏完整可视性的现象值得重视，他们的信息管理中存在着多处"黑洞"。一个有效管理的供应链能够让企业避免遭受自然灾害、运输堵塞和其他意外事故的冲击。这样的一个系统如果要起作用，所有的信息都必须集中到一个单一的门户网络中，把企业的工厂、运输商、物流服务商和与产品流动有重要关系的其他各方连接到一起。

7. 数据的及时和准确

　　仅仅一个门户网络还不能确保供应链本身的有效性，各个合作伙伴必须保证上传的数据都是及时的、准确的。凯弗尔说："我们发现其中 30%～40% 的数据都是不准确或不完整的，这种现象很常见。"低质量的数据会提高成本，迫使企业不得不将赌注压在过高的安全存货上。

　　Click Commerce 公司认为不同的行业在完成这一目标的能力上又都有所不同，比如，包括个人电脑在内的电子行业在微薄的利润和客户高标准需求的影响下，在这方面就走在了最前面；而医疗护理制造业还没有达到这种成熟度。

　　尽管全球通讯标准还没有最终制定，但是全球化的企业应该能够通过不同的手段把自己的合作伙伴整合到一起，比如网络服务、可扩充标记语言（extensible marke up language）文件、电子数据交换和现有的传统系统等等。Click Commerce 公司使用的是企业服务总线（enterprise services bus，ESB）作为骨干系统，能够为各种来源的数据传输提供标准化的流程。

7.4　全球数字化供应链安全

视频 7.4
全球数字化供应链安全

　　疫情之下人们注意到，以半导体芯片短缺为导火索的全球供应链危机，正迫使汽车制造商在世界各地的工厂停产。而欧盟和印度限制疫苗出口，则破坏了全球疫苗接种行动。在抗击疫情和面对不断加剧的地缘政治紧张局势之际，各国政府正在从追求供应链效率转向自力更生，这一趋势对全球供应链体系安全构成新的威胁。

7.4.1　安全供应链构建的逻辑方法与哲学思维

　　当前，中国有能力保证自身供应链的安全与韧性，尤其当国家利益与主权处于危险时候，通过发挥政府作用，借助数字技术的应用，保证全球供应链更加畅通与安全具有可能性，所以，退出全球化并非明智之举。

　　苹果手机依靠遍及 49 个国家的制造网络，辉瑞制药有限公司拥有 5 000 多家供应商。但对效率的过度追求导致了低库存和供应瓶颈。当地缘政治变得更具对抗性时，这种依赖就尤其具有威胁性。在疫情期间，各国通过了 140 多项特殊贸易限制措施，许多国家悄悄加强了对外国投资的审查。

目前，面对被破坏了的全球贸易体系，把大量资本花在重建这一体系上变得越来越不可能。重构安全供应链方法与思维比资金实力更重要。

1. 以消除内部风险系统为逻辑起点

国际供应链风险的降低在于各国超越最小限度的干预。美国供应链进行为期100天的安全审查。欧盟到2030年，将在世界芯片制造业中所占的份额增加一倍，达到20%。这种突然的转向存在不合理性，政府管理的国内供应链比全球供应链更缺乏弹性。

随着疫情期间全球消费市场需求的激增，中国的口罩产量增长了9倍。规模达8万亿美元的全球食品供应链迅速调整，使大多数超市都有货。全球2022年将提供100亿剂疫苗。自力更生表面看很安全，但人们必须知道，他们的食物、手机、衣服和疫苗都是全球供应链的产物。

对自力更生的呼吁也曲解了相互依存的代价与好处之间的平衡，复制相同的生产链所造成的效率损失将是毁灭性的，成本的增加是对消费者隐性征税。随着时间的推移，通过逐步寻求新的投资方向，全球企业将适应长期风险，包括美中紧张关系和气候变化的影响。全球化是几十年的成果，不要让它搁浅。

2. 重视全球供应链体系的构建

当今全球范围的经济环境、技术环境发生着快速的变化，在这样的背景下，不管是对国家、产业还是企业的供应链物流体系都有了更高的要求。从国外和国内的供应链与物流政策环境中，都可以看出在国家层面对于供应链物流体系的建设高度重视。近几年在政府视角的城市供应链物流体系建设与试点，企业的供应链物流创新应用的评估，以及在企业视角的企业供应链物流体系规划与设计中，再次使人深刻认识到供应链物流体系建设是一项系统工程，需要从系统方法论的思维出发进行构建，这也是我们在进行供应链物流规划中的核心思想。

3. 哲学思维的灵活应用

哲学里研究得很多的是系统论的哲学方法论，而供应链物流规划最重要的则是方法论的构造，有了方法论才能将一个问题有效且高效的落地，所以与其说在研究供应链物流规划（文中简称规划），不如说是在将供应链与物流作为应用层来研究哲学（系统论）。

1）供应链是一个复杂系统

除了在一些"硬"的学科中应用系统论以外，系统论也广泛地应用了供应链组织和管理方面的研究，包括在一些前沿的研究中，将供应链作为一个复杂系统进行研究，看似这些研究内容比较超前，但是随着智能化在各个行业中应用的快速推进，这些前沿理论研究也将得以逐渐落地。

在物流领域中数字化、智能化的应用，比如快递行业中的"货到人"拣选，智能化存储与分拣等等，我们看到的是场景的应用，设备在自动运行，作业效率在提高，其实背后是有复杂的算法作为支撑，将一个局部的场景作为一个系统，通过计算机系统的运算与控制和设备的执行来进行作业，这也是系统论在物流场景中的应用。

系统论最早的时候可以追溯到笛卡尔的还原论，把大的事物分解成更小的事物，从而更容易理解事物。在 Derek K.Hitchins 的《系统工程：21世纪的系统方法论》书中也提到，每当我们进行问题列表、方案优选、系统结构分解、解聚和拆解等，都是对笛卡尔及还原论的致敬。我们通常在做供应链物流规划的时候也会蕴含这种哲学思维。

对于哲学的定义："哲学是有严密逻辑系统的宇宙观，它研究宇宙的性质、宇宙内万事万物演化的总规律、人在宇宙中的位置等等一些很基本的问题。"那么可以将系统论理解为将哲学落地的一种有效方法。

2）系统论在全球供应链物流规划中的应用

在一周的大部分时间里，苏伊士运河被20万吨的"长赐"号堵塞。它不仅是世界上最大的集装箱船之一，还是指责全球化走得太远的强烈抵制情绪的象征。自20世纪90年代以来，供应链的运作一直是为了实现效率最大化。然而，越来越多的人担心，就像一艘大得无法驾驭的船一样，全球供应链已经成为脆弱之源。

供应链的活动是计划、采购、制造、交付、退返，物流的活动包含在供应链的活动中，用SCOR的模型来看，很大一部分物流活动都发生在交付的这个环节中，交付环节又可以嵌入在采购、制造、退返之间，那么这样可以理解为将物流的活动与供应链需求进行组合，就构成了供应链物流的基本活动，全球供应链更是如此。

（1）系统要素的拆分与组合。系统论方法已经成为一种在考虑整体的前提条件下了解系统组分、分组与环境相互作用并适应环境状况的常用实践方法，因而该方法几乎进入了所有科学工作的领域，包括社会科学、生命科学，其中，管理科学和组织科学也采用系统论方法。

如在物流供应链的运作中，主要是解决货物的时间和空间问题，基本动作是将货物进行反复的拆分和组合，分拣、卸货等动作是拆分，装车、码垛等动作是组合，这些动作分布在物流七要素活动中，结合供应链形成了供应链物流的系统。那么可以理解为，我们将供应链物流系统，从供应链的活动环节，拆分到物流功能的四个环节，再将物流功能的环节拆分到物流功能要素，再将物流功能要素拆分到物流动作，最后就是对货物的拆分和组合，这个逻辑也就是系统论里面提到的对系统的拆解。

（2）系统要素组合的最优化。任何一个系统都有"最优化"的状态，那么供应链物流系统的最优化可以是成本、效率、灵活性、柔性等目标的最佳组合状态。在供应链物流的行业应用现实环境中，存在着不同的公司，不同的公司业务，以及不同的产业环境，这里就不能将供应链物流笼统地看成一整个系统，而要根据实际的业务需求进行拆分，分别寻找不同环境的"最优化"状态。

（3）系统的智能化转换。从不同产业中的供应链物流来看，在制造业的供应链中，传统运作模式的企业在向精益化的方式转变，在成本和效率找到最佳的平衡。一些精益化做得比较好的企业在寻求数字化转型，让供应链在运作管理中有更好的灵活性和柔性，以便应对行业在用户需求端的变革。有的企业在向智能化转型，积极探索更加先进的技术与理念。

（4）系统构建应适应新环境。如在分销零售的供应链中，面对"新零售"、"全渠道"的新环境，在仓储或者配送中心的选址与布局、库存优化与控制、更加全面和复杂的信息化架构实施等方面都在不断地深入和推进。在物流供应链中，随着生产、分销、零售以及C端消费者等环节的物流需求不断提高，物流企业在为自身成本、效率和服务水平上"寻优"，同时也在不断地尝试各种新兴的运作模式和技术。

比如供应链一体化的服务，在过去只是单一的功能性服务居多，而现在逐步深入到 B 端的供应链环节中，提高供应链的增值效果。另外更多的自动化、智能化技术在物流行业应用，比如"货到人"拣选的 AGV、无人机的应用、智能化存储设备等，努力探索新兴技术来提高全球供应链运作的柔性。

7.4.2 国际供应链的战略问题

我们把供应链物流的功能、环节以及对其体系的优化与设计的相关内容，看成是对供应链物流内涵理解的话，供应链物流在国际宏观层面的意义，可以理解为供应链物流的价值外延。后疫情时代，随着国际环境的变化，供应链物流外延部分的内容显得越来越重要，特别是站在政府层面，来看待供应链物流意义，不管是欧美还是中国，都已经把供应链物流上升到了国家战略的层面。我们可以从几个方面来看。

1. 国际供应链战略决策的提出

美国早在 2012 年就已经发布《全球供应链安全国家战略》，分别从促进商品的高效和安全运输、培养一个有弹性的全球供应链两个主要方面来维护国家的安全与经济环境的稳定发展。

我国要扩大国际贸易流通范围，就更需要打通国际物流枢纽的渠道。这不但需要在供应链创新应用方面着力，而且也要在供应链枢纽城市物流基础设施建设方面加大投入，同时使政策红利覆盖面更大，使得这一举措可以在全国得到积极推广。

2. 全球供应链体系战略模型

（1）全球供应链模型的目标要素。全球供应链物流可以上到宏观，下到微观，在研究和分析具体对象的时候，只需要研究全球供应链的体系、目标和约束等问题。

（2）全球供应链限制性要素。在供应链管理的活动中，它是没有国界的，也就是说在全球范围内都可以开展，但当不同的主体开展供应链物流活动的时候，会受到各种约束条件，里面包含了商业环境的约束、政策环境的约束、地理环境的约束等。

（3）全球供应链的外延及影响变量。全球供应链的外延延伸到了经济环境、地缘政治环境、军事环境、自然环境几个主要的方面，在此基础上还可以继续细分，而且这些外延中所包含的要素是可以融合进全球供应链物流的体系结构中。

目前，对于全球供应链宏观层面的解析，在帕拉格·康纳（Parag Khanna）的《超级版图 - 全球供应链、超级城市与新商业文明的崛起》上升到最高层面，也是一本很有价值的供应链相关书籍。他主要从地缘政治的角度，解析供应链对于国际环境的影响，其中包含了全球的经济环境、政治环境、军事环境、自然环境这几个外延的关系解析。

3. 全球供应链关系网络

各国的全球供应链有一条清晰的主线，同时，由各国的供应链主线又构建成了一个全球关系网络，传统的经济、政治和军事都将被这张网所制约。

（1）全球供应链与经济环境。"如果仔细观察供应链上的每根链条，就可以看到这些细小的交易如何组合起来，影响全球发展趋势。亚当·斯密所称的自由市场、大卫·李嘉图所言的比较优势及埃米尔·涂尔干的劳动分工理论都得以体现：资本、劳动力和生产在全球范围流动，流向最能有效连接供给和需求的地方。如果'市场'是世界上最强大的力量，那么是供应链将市场与人们的生活结合起来。"从这里可看到供应链对于全球经济最深刻的影响，供应链是渠道，让贸易可以连接。

（2）全球供应链与政治环境。通过供应链网络的连接，设施的互联互通，城市和企业的国际化，相互之间的协同和利益的连接，让各国的政治关系变得更加密切。

（3）全球供应链与军事环境。供应链中利益的争夺一定程度上替代了通过军事手段进行争夺的行为，这也是现代供应链对于军事影响的一个方面。

总之，理解全球供应链物流的外延作用，在于充分的去感受它的影响力，从更大的一个世界观的角度来构建全球供应链物流体系，并且一定程度上它影响甚至主导了全球供应链物流的发展趋势，预示了未来的走向，进而可以帮助体系的主体获得更开阔的视野和最大的价值，这个主体可以是企业、产业、城市、国家等。

案例讨论 1

全球供应链"旧伤未愈再添新伤"欧美制造业叫苦

欧美经济体的逐步复苏，对消费品需求的激增，再加上近期美国得克萨斯州寒潮、日本汽车芯片制造商遭遇火灾以及苏伊士运河大堵塞等一系列意外事件，令本已紧张的全球供应链面临着短缺加剧、价格上浮等诸多挑战。

"我们的集装箱已经在码头上停放了26周以上。长时间的订单周转让我们不得不把一些客户的订单推到了50天以后。"美国橱柜业内人士斯威弗说，"以前，我们认为20天就不可接受了，15天也算过长。"

美国玩具公司Basic Fun的首席执行官福尔曼（Jay Foreman）则称，一年前将一个12米长的集装箱从中国运到美国西海岸港口的成本是2500～3000美元，但现在已经涨到了4500美元，这样下来一年的运输成本将暴涨180万美元（约合1178万人民币）。

根据IHS Markit在3月24日最新公布的制造业采购经理人指数（PMI），原材料短缺、交货时间延长、未交付订单积压增加，以及投入资源价格大幅回升，这已经成了全球很多企业当前的共性问题。

但尽管供应链遭遇连续的考验，汽车制造等行业仍然表示不愿大幅调整其采购和生产方式。美国智库布鲁金斯学会高级研究员多乐（David Dollar）称，大公司仍然会专注于短期利润，并希望尽可能保持运营的精简和高效。

1. 原材料短缺压力

根据IHS Markit的数据，美国工厂收到的新订单正以近七年来最快的速度增长，美国商务部的数据也表明，1月份美国消费者在商品上的支出比去年同期增长了近10%。但与此同时，原材料的短缺却导致产量增速落到了五个月以来的最低点。美国企业经理人报告的供应链中断情况已经到达自2007年开始全美调查以来最严重的程度，企业"普遍报告说，由于缺乏履行新订单的原材料，产出增长放缓"。

原材料的短缺一部分要归咎于货物卸载的长时间延误。在需求的激增下，美国港口堆积着运载了数万个集装箱的船只。在美国集装箱吞吐量最大的加州洛杉矶和长滩港，在1月中旬最拥挤时有约40艘船舶在近海等待靠岸，到3月中旬时仍有17艘集装箱船在南加州海岸附近等待。一些急于转移货物的进口商只能将船只转移至奥克兰港等其他口岸。

在美国密歇根州工作的巴恩斯在社交媒体上抱怨称:"我是做家具行业的。除了司机短缺外,由于港口积压,集装箱也大量短缺。因为供应链问题,原本需要3-6周的东西现在需要25-28周(才能交付)。"

美国售卖家居用品的Honey-Can-Do公司创始人兼首席执行官格林斯彭(Steve Greenspon)说,一年半前需要30天完成的订单现在需要长达三个月的时间才能完成,而运输成本则高出50%。"在美国,船舶可以在海上等上几周的时间。"格林斯彭说,"而且情况似乎没有任何缓解。"

在所有原材料中,半导体的供应短缺最为严重,这主要是因为疫情期间人们对笔记本电脑和其他电子产品的需求激增。由于半导体供应有限,汽车行业遭受了巨大冲击,通用、丰田、本田、福特和日产汽车公司都一度被迫关停了工厂或进行减产。受此影响,可供美国汽车经销商售出的卡车和汽车已经越来越少,买家不得不付出更长的等待时间,并面临更少的车型选择。

"生产商越来越无法跟上需求的步伐,这主要是由于供应链中断和延误。"IHS Markit首席商业经济学家威廉姆森(Chris Williamson)说,"随之而来的是更高的价格。投入成本和销售价格的通胀率都远高于调查历史上往期的情况。"

不仅是美国,根据工厂经理人的报告,整个欧元区出现了十年来原材料价格上涨最快的情况,以及23年以来原材料交付的最长等待时间。德国制造商强调,等待亚洲供应的时间越来越长。德国汽车制造商早在去年12月就警告说,由于半导体供应不足,将不得不在今年第一季度削减产量。德国汽车工业协会也表示,1月份的乘用车产量只有不到24万辆,比11月份减少了约一半。

"制造业活动严重依赖全球供应链提供的原材料,但库存偏低且跟不上销售速度,国内生产面临过热风险,工人的加班时间急剧上升,投入成本迅速攀升。"牛津经济研究院美国首席经济学家克拉钦(Oren Klachkin)分析称:"这些干扰很可能在近期内持续存在,直到我们在全球范围内走出新冠危机后,它们才会显著减少。"

2. 供应链"备份"

2020年,有声音称供应链的紧张可能会促使制造商将一些商品的生产转回国内或至少是缩短供应链。然而时至今日,据美媒报道,这种行为几乎没有出现,因为企业发现与以前的海外承包商合作更便宜、更容易。

事实上,一些行业正逐步恢复到疫情前的经营状况。韩国生产消毒产品的Soosan CMC公司在去年2月需求大涨时,曾首次向国外供应商寻求合作。但自2020年12月以来,该公司已经恢复了正常运营,并回到了只与一家供应商打交道的状态。

在欧洲,许多汽车制造商也不愿改变其"及时性第一"的供应链。全球最大的汽车零部件供应商之一的法国法雷奥集团表示,事实证明其供应链"极具弹性"。大众汽车也是,虽然会重新考虑与半导体供应商的关系,但不会对其供应链进行彻底整顿。

德国汽车游说团体VDA也表示,其成员认为现有的汽车供应链"通过了封锁的考验",并且仍然是获取原材料最有效的方式。同时,随着电动汽车的日益普及,车辆类型越来越多,为了确保生产顺利进行,必须要有"及时性第一"的系统。

多乐认为，虽然一些政府将供应链安全摆在议程优先位置，但供应链不太会因政治因素而出现大规模的变革。"政治和经济之间总存在紧张关系，我怀疑在大多数情况下，经济会赢得胜利，"多乐说，"供应链发展成现在这样是有原因的。"

罗兰贝格全球管理委员会联席总裁戴璞（DenisDepoux）在接受第一财经记者专访时表示："我们去年和今年见证过中国和亚洲整体供应链的非凡韧性。在去年的2月到4月之间，供应链出现了混乱，但随后很快就恢复了正常。……理论上，你可以对供应链弹性和依赖度表示担忧，但是到最后，你要的是尽可能简单、直接、实惠地供应给你的终端用户。"

一位业内人士告诉第一财经记者，近一年来被热议的"供应链转移"问题，更应该被称作是"供应链备份"，疫情引发的后果并非工厂会全盘迁移，而是未来可能会在一些地区准备紧急情况下的备用方案。

此外，随着疫苗接种的大规模进行，经济学家预计，等到各国政府放宽对疫情的限制，以及人们恢复更正常的工作和教育模式，消费者对笔记本电脑和其他家用电子设备等特定商品的需求将会减弱。未来几个月，许多企业的业务将回归正常。

"增长会有一点放缓，也许会对价格产生些许的上涨压力。"美联储主席鲍威尔（Jerome Powell）在本周三表示，"但这应该是暂时的事情。毕竟，我们常说的（供应链）瓶颈问题是暂时的，因为供应方正在调整。"

（资料来源：https://finance.ifeng.com/c/84vS1tLNGjc）

问题：
1. 全球很多企业当前的共性问题是什么？企业端看问题的原因是什么？
2. 原材料短缺对供应链产生的最主要的影响是什么？从供应链角度看，短缺的最主要原因是什么？
3. "海外承包商合作更便宜、更容易"这说明国际供应链会在疫情之后发生何种变化？"供应链备份"说法的真正意义是什么？

思考与练习

1. 通过近期媒体材料，说明全球数字化供应链的基本趋势如何？
2. 试述全球数字化供应链的基本现状如何？
3. 结合我国实际，说明全球供应链问题应对的主要措施是什么？
4. 系统论思想在全球供应链物流规划中是如何应用的？

扩展阅读7.1
案例分析

即测即练

第 8 章 生态数字化供应链管理

本章学习目标

通过本章学习,学员应该能够:

1. 了解生态数字化供应链概念与特点,掌握生态数字化供应链的自然属性与社会属性,理解后疫情时代构建生态数字化供应链的现实意义。

2. 结合思政元素,掌握生态数字化供应链管理的核心思想,通过运用创新思维方式进行分析,培养全局观与系统思想,科学的自然观与社会历史观。

引导案例

山高供应链构建产业供应链集成服务生态圈

山高供应链作为山东高速集团在供应链管理领域的专业化子公司,成立于2019年,立足供应链、服务产业链与产业集群、延伸价值链,聚焦工程物资、民生物资、高端制造、新能源新材料、特色产业集群及高成长性产业等领域,搭建集产业供应链综合服务、智慧供应链物流服务、供应链金融赋能服务于一体的供应链综合服务平台,通过创新组织供应链管理流程,达到精准匹配、高效对接、成本先的目的,促进地方产业降本、提质、增效,助力山东省产业经济高质量发展。

山高供应链的"4+X"业务内容及"1234"发展战略。作为国有供应链企业,山东高速供应链将坚持先进制造业和现代服务业"两业融合"发展方向,利用山东高速品牌聚集效应,以专业能力盘活优势资源,深化集合采购、b2f反向供应链、产业链多级联供、协同物流等模式,做精、做专业务链条,塑造核心竞争力,构筑体系完备的流通供应链平台,打造服务全省产业转型升级的重要窗口。山东高速供应链大力推进"1234"发展战略,即聚焦一大主业,实施双轮驱动、建立三个平台、实现四种跨越,构建"高速流通、广融共生"的产业供应链生态圈,持续提升供应链管理服务方案设计和执行水平,构建立足山东、辐射全国、走向全球的供应链集成服务网络,以数字化、一体化、绿色化供应链解决方案助力企业、产业、区域降本增效、提质升级,成为服务模式新颖、品牌效应显著、市场占有率领先的智慧供应链管理行业一流企业和新型专业化无边界组织。

山东高速供应链的业务布局是聚焦"优势业务+发展业务"良性产业供应链业务体系,强化全链条、一体化集成服务能力。目前,在创新发展方面的探索实践,公司重点围绕产业供应链集成服务平台、智慧物流服务平台、金融赋能平台做文章。其中,产业供应链综合服务平台引领商流,聚焦"优势业务+发展业务"良性产业供应链业务体系,强化全链条、一体化集成服务能力,为生态构建提供流量资源,丰富生态场景;供应链智慧物流服务平台链接物流,以仓网新基建和运网新架构为两大支点,构建辐射范围广、服务能力强、响应速度快的物流支撑网络积极推动物流服务网络数字化、智能化转型升级,打造智慧型物流服务体系;供应链金融赋能平台注入资金流,以金融集成服务和金融投资为两大抓手,塑造特色化金融服务能力,全面赋能产业供应链业务发展壮大,加速高速高效供应链生态圈构建。到"十四五"末,供应链金融集成服务达到行业先进水平,金融投资全面铺开。

此外,山高供应链全链条生态衍生模式,以钢材为例,山高供应链以单一客户单一产品的单环节服务为切入点,从增加产品品类、延长服务链条、开发衍生业务、端到端复制客户、创造收益新增长点等维度,构建多主体、多品类、多元化、全链条服务生态。同时,戴总还介绍了山高虚拟工厂服务模式,通过整合供给端、生产端、流通端、需求端资源,一体化产品输出方案。山高供应链深入产业链条,打造赋能体系能力;提炼延展供应链综合服务内容,拓展业务商流、综合物流、供应链金融"一体两翼三层"架构,通过公证仓、库存质押置换、物流协同平台等业务以及"虚拟工厂""数字工厂"等模式,全方位赋能产业发展。以仓储监管业务为基础,整合运输、贸易等资源,延伸"运输+监管""运输+监管+贸易"的产业链条,增强链条的稳定性。

(资料来源:https://view.inews.qq.com/a/20220716A070KT00)

8.1 生态数字化供应链概述

得益于国家宏观政策红利以及业态模式的创新,我国新的一批数字化供应链平台,通过不断完善与优化数字化供应链内外生态环境,以支持中国数字化供应链系统的构建,为众多企业营造全产业链、全供应链一体化综合服务的政策与技术环境,推动更多企业融入生态供应系统之中,以此参与全球供应链竞争。

视频 8.1

数字化生态供应链

8.1.1 "供应链+生态"模式概述

2018 年以来,我国一直采取宽松和稳健的货币政策,但实体经济依然面临困难处境。2020 年以来的疫情则进一步引发全球对供应链生态模式的高度关注。因此,供给侧结构性的改革措施与改善实体经济的困难处境有必然联系,供给侧结构性改革终极目标就是希望最终形成一个生态产业链,以此保证企业之间能够互相赋能、共同发展。

1. "供应链+生态"模式提出的政策背景

以助力中国制造出口产品附加值提升,产业向价值链上游攀升为宗旨,终极目的为增强企业产业链供应链效率与韧性发挥重要作用。数字化背景下的国际生态供应链是借助全球化和数字技术双重助力下的新模式,也是我国着力打造的国内国际双循环的战略节点,未来将成为推动国内外数字化生态转型的主要推动力。

(1) 政策的提出。2017年10月，国务院办公厅印发了《关于积极推进供应链创新与应用的指导意见》提出："供应链金融的规范发展，有利于拓宽中小微企业的融资渠道，确保资金流向实体经济。"而以链联链的方式通过供应链将"产业链+资本链"链接起来，使资本机构能更好更全方位及更深层次地为实体企业提供融资服务。

(2) 明确应用方向。党中央提出区块链技术应用已延伸到数字金融、物联网、智能制造、供应链管理、数字资产交易等多个领域，使区块链技术在建设网络强国、发展数字经济、助力经济社会发展等方面发挥更大作用。区块链怎样应用到服务实体企业，首先，可以利用区块链的公开透明、不可篡改分布式账本，应用到实体经济的溯源、防伪、物流、供应链管理等领域，将产业上下游环节上链，实现跨组织、地域的数据共享。其次，基于区块链思维，可以设计新的或改变原有的生产关系。

(3) 新模式的确定。产业链中流通是企业痛点，目前，流通领域主要以需求为导向。随着我国消费规模不断扩大，新生代消费的能力不断增强，如何更快速、高效地满足这种消费需求的变化，是行业面临的主要课题。这就必须建立一种全新"供应链+流通链"新模式，以"供应链+大宗商品"或"供应链+电商平台"模式促进商品流通。

"供应链+"发源于实体业态，服务于实体企业。"供应链+"以链联链从根本上解决了实体企业的生产、流通、融资、信用等问题，帮助实体企业加快成长，加快产业结构转型升级，促进我国经济稳定、健康、可持续的发展。

2. 生态数字化供应链的概念

生态数字化供应链（ecological supply chain）是在系统观和整体观的指导下，运用生态思维把经济行为对环境的影响渗透在数字化供应链体系设计之中，既追求经济效益又追求社会效益和生态效益，目的是达到人类、自然和社会的"三赢"，实现人与自然的共同繁荣和人类社会的可持续发展。

生态型设计的实质是通过整体优化和局部优化来降低各节点企业的环境影响，借助于生态型设计可以把传统供应链代表的单程经济转化成生态供应链代表的循环经济。随着互联网和大数据的不断发展，供应链也在不断迭代，传统供应链已难以满足当前发展，市场需求发展出"供应链+生态"社会模式。

3. 生态供应链的本质及主流模式

"供应链+生态"社会模式是当前的主流模式。"供应链+生态"是以供应链为中心，链接产业链（实体生产企业）、流通链（现货交易中心或电商平台）、资本链（银行、保险、基金等）、区块链（分布式数据库）等机构，形成一个互为依托，互为扶持的稳定闭环生态圈。

(1) 生态供应链本质。生态供应链是可持续发展思想的产物。生态供应链是在辩证唯物主义哲学观的指导下，运用系统化的生态思维把人类预期经济行为与非预期行为对自然与社会环境的影响体现在系统构建上，确保经济活动过程中供应链内的物质流和能量流对环境的危害最小。生态供应链包括社会生态与自然生态两种属性，所以生态型设计必须兼顾经济效益和生态效益，这是生态供应链的核心内容。

(2) 生态供应链构成与循环。生态型设计由生态供应链的整体设计和组成元素的设计两部分组成，具体内容包括产品设计、原材料采购、产品生产、产品营销、产品回收和反向物流。

①生态供应链循环模式。从本质上来说，供应链是一种"开路循环"：原材料供应商从自然界获取原材料，经过加工后把半成品运送到产品制造商处，制造商完成产品的制造后把产成品运送至销售商，销售商通过销售活动把产品卖给用户，用户消费完商品后把用后制品抛弃到自然环境中。在原料采购、产品制造、产品销售和产品使用这4个环节都有废弃物向外界环境排放，都会对环境造成不同程度的损害。

供应链只是采取了另一种方式继续着大量生产、大量消费、大量排放的单程经济模式，这导致在经济运行质量不变，甚至是经济质量下降的情况下仍然维持着经济速度的增长。

②与传统供应链流程上的差异。与传统供应链相比，生态供应链是一种循环经济。生态供应链中各节点企业之间的供需关系不仅体现在节点企业之间的产品上，同时还体现在企业之间产生的废弃物上。

对于生态供应链来说，物质在供应链内循环流动形成闭合循环，一个节点企业的输出即是另一节点企业的输入，没有原材料和废弃物之分，理想状态下物料能达到100%的利用率；在非理想状态下，即使物料不能达到100%的利用率，所产生的向外界的排放要么可以被另一生态供应链利用，要么可以自然降解，不会对环境造成不可消除的危害。

③与传统供应链目的上的差异。虽然在传统供应链中也存在着废旧物回收的现象，但是回收的目的和回收的种类都与生态供应链有着本质的区别：传统供应链以废弃物的经济性作为回收动力，回收的产品多为具有较高经济性的重金属或纸张；生态供应链回收的目的是消除供应链所有节点企业的经济活动给自然界带来的负面影响，因此，生态供应链的回收对象是供应链所有环节产生的废弃物。

8.1.2 数字化供应链的生态型设计

供应链生态型设计的灵感来自于工业生态学、工业共生和环境经济学，设计的出发点是内在化供应链经济活动的外部不经济性。

1. 生态型供应链设计的目标

作为生态供应链的核心，生态型设计构思的完善程度直接关系到生态供应链经济、生态、社会三重目标的实现情况。在进行生态型设计时，不仅要考虑生态供应链的经济效益，还要考虑生态效益和社会效益，再加上供应链是由多个企业构成的功能网络，所以生态型设计是一项包含了众多因素的复杂系统工程。

2. 生态型供应链设计原则

生态型设计既可用于构造全新的生态供应链，又可用于改进和完善现有供应链的环境性能。生态供应链的设计既有个性，又有共性。其个性设计体现在：不同的企业提供不同的产品和服务、具有不同的资金、技术和生产条件、面临不同地域环境法规的制约、服务于具有不同文化背景的顾客，因此在进行生态型设计时，要根据不同企业的特点进行个性化设计。然而，在设计生态供应链时，还有一些应遵循的通用设计准则：

（1）保证企业获取一定的利润是生态型设计应遵循的首要原则。在设计生态供应链时，首先要满足供应链和企业对经济效益的追求。利润是企业生存和发展的基础，经济效益是企业研发新产品、改进技术和管理的原始动力。即使是生态效益和社会效益都很好的生态供应链，如果不能帮助企业获得适当的利润，在利润驱动的市场经济机制下也不会有企业自愿采用这种设计方案。

（2）设计时保持经济社会效益和自然生态效益的平衡。社会效益和生态效益是企业获取长期经济效益的保障，为了获得一定的社会效益和生态效益，在某些情况下甚至要适当地牺牲暂时的经济效益。尽管短期内企业的经济效益或许会有所下降，但牺牲短期经济效益是为了获取长期的经济利益。

生态型设计的出发点是内在化企业经济活动引致的外部成本，因此生态型设计不仅包含了工厂选址、运输路线选择、分销商和零售商的布局等传统供应链的设计内容，还包括了生态供应链独有的、具有生态特色的内容。

（3）生态型设计是一个并行工程。在产品设计的初始阶段就考虑了产品的制造、营销和使用对环境的破坏和用后制品的回收等问题；参与设计的人员不仅来自设计部门，同时还包括来自采购、营销、环境管理等部门的工作人员。生态型设计的内容由两大块组成：对供应链的设计和对供应链组成元素的设计。

就生态链的设计而言，在选择供应链的设计方案时，除了可以借助诸如运筹学的知识来选取经济性好的供应链以外，还应采用诸如 LCA 等环境评估手段对供应链设计方案的环境性能进行评价，选取经济性和环境性都好的供应链。对生态供应链组成元素的设计包含了产品设计、原材料采购、产品制造、产品营销、产品包装、产品废弃、产品回收和反向物流等内容。并行原则具体要求如下。

①在产品的设计阶段，不仅要考虑到产品的质量、功能、价格、美学等常规内容，还要考虑产品整个寿命周期对环境的影响，在不消减产品质量、功能和寿命的前提下把产品对环境的影响降至最低。在设计产品时，设计者应当充分考虑产品从全生命周期的，包括原材料采掘、产品制造、产品消费和产品废弃的整个生命周期对环境的现实和潜在影响，从源头减少废弃物的产生数量，使工业界和消费者产生的废弃物实现闭合循环，把改善环境质量的努力凝固在设计阶段。

②原材料采购包括两部分内容。第一部分内容与原材料本身的环境特性有关，包括选用无毒、可再生原材料，避免使用濒危的动植物、剧毒的原材料和会对环境会造成不可恢复影响的原材料；尽量以回收再用的原材料代替初始原材料；使用环境可降解的原材料。第二部分的内容与供应商有关。

除了及时向生产部门供应优质的原材料外，采购经理的另一项重要职责就是对原材料供应商进行管理。为了顺利地实现企业的环境管理目标，采购经理应把供应商也纳入本企业的环境管理体系中，通过给供应商制订详细的原材料性能说明书，或协助供应商通过诸如 ISO14000 认证来帮助供应商提高环境管理的能力。

③产品制造。制造业是国民经济的支柱产业，它既是消耗资源的大户，也是产生环境污染的源头产业。在生态型设计下，传统制造业转变成了集资源优化利用和环境保护治理于一体的新型制造模式—"绿色制造"。绿色制造通过对制造资源和生产过程实施全过程的紧密控制来达到节约资源、合理使用资源的目的。

④产品营销。生态型设计的市场营销—绿色营销不仅能满足消费者的需求，还兼顾

营销活动的利润和产品消费对环境造成的危害，目的是实现企业利益、消费者需求和环境利益的统一。有的放矢地开展绿色营销要求厂商"绿化"营销理论的 4P's，开发绿色产品、制定绿色价格、建立绿色渠道和开展绿色促销。绿色营销还涉及产品包装物的选择，建议尽量选用可重复使用的包装材料，提倡适度包装，反对过度包装。

⑤产品的回收和反向物流。正向物流是指产品从制造商流向消费者的过程，反向物流是指包装物、废弃物或用后制品由消费者流向制造商的过程。反向物流是变单程经济为循环经济的重要途径。

8.2 绿色生态数字化供应链管理视角

中国经济发展进入新常态阶段，经济发展速度放缓，同时追求质量发展。因为环境问题日益突出，因此供应链物流将进一步向绿色化转型。

8.2.1 绿色生态供应链管理的实质

绿色供应链的概念最早由美国密歇根州立大学的制造研究协会在 1996 年进行一项"环境负责制造（environment responsible manufacturing，ERM）"的研究中首次提出，又称环境意识供应链（environmentally conscious supply chain，ECSC）或环境供应链（environmentally supply chain，ESC），是一种在整个供应链中综合考虑环境影响和资源效率的现代管理模式，它以绿色制造理论和供应链管理技术为基础，涉及供应商、生产厂、销售商和全球用户，其目的是使得产品从物料获取、加工、包装、仓储、运输、使用到报废处理的整个过程中，对地球环境的影响以及负作用最小，资源效率最高。

绿色生态供应链是一种可持续发展的新的管理模式，其核心在于引入全新的设计思想，对产品从原材料的选择、采购、供应、生产、销售、消费直到废弃后的回收利用的整个过程进行以"实现最大程度的资源利用和最低程度的消耗及环境影响"为宗旨的生态设计，通过供应链中各企业之间以及企业内部各部门之间的紧密合作，使整条供应链在全球环境管理方面协调统一。

1. 绿色生态物流与社会经济的发展

生态供应链依托的主要是现代物流管理，物流供应链管理作为供应链管理的重要组成部分，在生态供应链管理环境下，必然要求物流运作的绿色化。物流活动与社会经济的发展是相辅相成的。一方面，现代物流是经济发展的支柱；另一方面，经济的发展又会引起物流总量的增加，促使物流活动更加频繁。随着经济的发展，物流对生态环境的负面影响也越来越严重。例如，大量的公路货车运输消耗了过多的能源，加重了废气污染和城市噪音污染，加剧了城市交通的堵塞；商品包装的一次性、豪华性，甚至采用不可降解的包装材料，不仅造成资源的极大浪费，成为城市垃圾的重要组成部分，而且废弃物严重污染环境。

2. 经济的可持续发展

在社会文明程度日益提高的今天,经济的发展必须建立在维护地球环境的基础上。当代对资源的开发和利用必须考虑对下一代的影响,为了实现长期、持续的发展,就必须采取各种措施来保护我们的自然环境。可持续发展的原则之一就是今天的商品生产、流通和消费不至于影响未来的商品生产、流通和消费的环境及资源条件。

将这一原则应用于现代物流管理活动中,就是要求从环境保护的角度对现代物流体系进行研究,改变经济发展与物流之间的单向作用关系,抑制物流对环境造成的危害。同时又要形成一种能促进经济和消费生活健康发展的现代物流系统,即形成一种与环境共生的物流系统,这就产生了"绿色物流"这一全新的概念。

8.2.2 绿色供应链的基本概念

未来随着绿色消费观念的渗透,绿色消费群体的扩大,将从需求端推动供应链进行市场革新,输出绿色产品和绿色服务,提供更为节约、环保的消费方式。未来全球数字化供应链中的经济组织更加重视通过信息流、物流等协同合作,降低在物流运输环节的产品损耗率,提高包装箱等综合利用率,实现绿色供应链价值。同时,以电商、零售等行业为代表的企业,通过绿色消费观念推广与营销,促进绿色消费的实现。

1. 基本内涵

绿色供应链广义上指的是要求供应商对与环境相关产品或服务进行管理,亦即将环保原则纳入供应商管理机制中,其目的是让本身的产品更具有环保概念,提升市场的竞争力。在做法上,有些企业提出以环境为诉求的采购方案、绩效原则或评估过程,让所有或大部分的供应商遵循。而另一些企业则研究对环境有害物质的种类并列出清单,要求供应商使用的原料、包装或污染排放中不得含有清单所列物资。

如知名的运动鞋制造商耐吉公司为配合环保诉求,于1998年淘汰聚氯乙烯作为其产品的主要材料,并要求供应商,原因是聚氯乙烯焚化处理会产生对人体有害的戴奥辛。绿色物流供应链的基本概念就是在可持续发展思想的指导下,采用先进的物流技术,降低物流活动对环境的污染,减少资源的消耗,在促进经济发展的同时,实现物流活动过程与环境保护的协调和统一。

2. 主要研究成果

绿色供应链管理的概念和内涵至今虽无统一定义,但研究发展不断。

(1)国外研究成果。Webb于1994年研究了一些产品对环境的影响,建议通过全球环境准则来选择合适的原材料,同时注重再生利用,并提出了绿色采购的概念。美国国家科学基金(NSF)资助40万美元在密歇根州立大学制造研究协会(MRC)进行一项"ERM"研究,于1996年提出了绿色供应链的概念,并将绿色供应链作为一个重要的研究内容。1997年,Min等人讨论了在选择供应商的决策中如何考虑环境保护因素,以及绿色采购在减低废物中的作用。1999年,Beeman将一些环境因素引入供应链模型,提出了更广泛的供应链设计方式。Hock则研究了供应链实际运作过程中如何保持生态平衡。

(2)国内研究成果。1999年,但斌等综合考虑了绿色供应链的目标(环境保护与资源优化利用）、对象（供应商、生产商、销售商、用户）、技术基础（绿色制造、供应链管理）和内容（决策技术、运作与管理、制造过程、集成技术、再造工程）的基础上构建了一个绿色供应链的体系结构。2000 年，武春友等人认为绿色供应链构建时要考虑公众、法律及环境标准的压力。2001 年，郑迎飞等谈到绿色供应链的成功运营离不开高层的重视。2003 年，汪应洛等人也提出社会系统（包括规制、文化、伦理等）对绿色供应链管理有一定影响。

3. 绿色供应链的关系要素

1）绿色物流供应链的行为主体

绿色物流的行为主体既包括遍布全球的专业物流企业，同时也涉及相关生产企业、政府组织和消费者。绿色物流是可持续发展的一个重要环节，它与绿色制造、绿色消费共同构成了一个节约资源、保护环境的绿色经济循环系统。

2）绿色物流供应链的目标

生态供应链是为了适应可持续发展的战略目标而产生的，一般的物流活动主要是为了实现某一主体的经济利益，而绿色物流供应链除了实现经济利益目标外，还强调节约资源和环境保护。在供应链管理环境下，物流服务的承担者是第三方物流企业，因而，第三方物流企业主要物流活动的绿色化运作是供应链物流绿色化的重要内容之一。

3）绿色物流供应链管理的价值

绿色物流供应链管理作为一种新的物流管理模式，符合可持续发展的要求，代表了未来物流管理的发展方向。21 世纪的物流供应链活动必须从系统构筑的角度，站在物流与环境共生的立场上来不断推进物流管理的全方位发展，最终在整个经济社会建立起包括供应商、制造商、批发商、零售商和消费者在内的生态供应链循环物流系统。

8.3 行业生态供应链管理

国民经济高质量发展，离不开建设高质量生态供应链体系，建设良好的生态体系要树立长远的生态观，打造共生共荣的新型行业生态。

当前经济领域内存在一些恶性竞争、过度竞争、低层次竞争，不健康的行业生态是制约经济高质量发展的瓶颈。无论是传统的线下企业，还是线上企业，创造良好的行业生态刻不容缓。政府与行业协会依托线上和线下网络，更好地连接供应商和全世界。企业取得成绩的关键不是战胜竞争对手，而是战胜自己实现利他共赢。

视频 8.3

行业生态数字供应链

8.3.1 供应链行业生态建设的维度

行业绿色生态供应链直接影响企业的经营、效益，而一个区域乃至一个国家的发展状况或经济地位，同样与生态供应链竞争力关系极为密切。随着全球经济环境、贸易格局、创新产业的不断变化，当下已进入到了供应链多元化、高质量、生态化发展的新时代，无论企业、区域或者国家，供应链体系的构建和升级能够使得竞争主体有效利用更多资源、单位产能不断提升，从而保持领先地位；而对于供应链发展的忽视或迭代滞后，终将导致竞争主体被更具优势的对手替代。

1. 核心是构建数据管理系统

以绿色供应链管理信息系统（GSC-MIS）为核心，系统可以通过 Internet 与各地的供应链、制造商、分销商、零售商和物流商相连接，互换信息。而供应商、制造商等又各自组建自己内部的管理信息系统（即内部 MIS）。零售商组建内部 MIS 与用户相联系。

其他供应商、制造商、分销商、物流商等与零售商同样重要。GSC-MIS 又通过互联网（Intranet）与环境管理系统（EMS）、知识管理系统（KMS）、人力资源管理系统（HRMS）、财务管理系统（FMS）、质量管理系统（QMS）连接在一起。而决策支持系统（DSS）通过 EMS、KMS、HRMS、FMS、QMS 反馈的信息，同时考虑社会系统的一些因素，并根据行业的建议后决定流程是否重组或改进，把最终的结果传递给 GSC-MIS。

2. 绿色供应链以四个维度作为架构支撑

专家提出的四个维度即"一硬""一软""一网""一生态"。

（1）"一硬"指的是建设供应链新的生态体系。新的生态体系首先要有基础设施与基础设备，这是供应链的落脚点与重要支撑。

（2）"一软"指的是生态信息体系的建设，要将资金流、商流与信息流进行整合。

（3）"一网"指的是在当今互联网时代，万物互联互通，供应链生态建设同样需要实现各个层面的链接协同。

（4）"一生态"指的是通过生态实现供应链的垂直联系，上、中、下游纽带以及产业之间的融合。

这四个维度的逻辑关系是"一硬"和"一软"更多是从企业内部考虑如何去打造线上和线下的平台。"一网"和"一生态"则更多是企业之间、城市之间，甚至是国家之间的协同、融合。只有将这四个层面都做好，供应链体系才能形成一个真正的、有效的、智慧型的新生态。

比如国美之前是一个纯线下的零售企业，现在国美从线上到线下，开始做物流供应链。国美认为要在硬件和软件两方面进行基础设施建设，加强新技术的运用与推广，以此助力企业发展、用户体验提升和行业降本增效。此外，还要加大绿色物流项目的投入以及营造良好的营商环境，促进供应链行业生态的高质量构成与发展。

3. 与经济转型升级优化的对接

在经济稳定发展中，要促进国有企业和民营企业共同布局，处理好两者的关系，使所有企业之间形成合理组合，促进产业结构优化升级，加快行业生态供应链体系的整合与构建。同时，要在供应链相关业态高质量发展中处理好政府与市场的关系，坚持创新驱动，打造发展新引擎，培育新的增长点。

"十四五"时期是我国由全面建成小康社会向基本实现现代化迈进的关键时期，供应链相关业态作为支撑国民经济发展的基础性、战略性、先导性产业，仍然处于大有作为的重要战略机遇期。建设社会主义现代化强国的目标，要求我们从供应链相关业态大国向现代化供应链相关业态强国转变，从高速增长阶段向高质量发展阶段转变，促进我国供应链相关业态迈向全球价值链中高端。新时代推动供应链相关业态高质量发展，而供应链相关业态高质量发展是我国成为供应链相关业态强国的前提。如图8-1所示，供应链生态环境架构的"四梁八柱"。

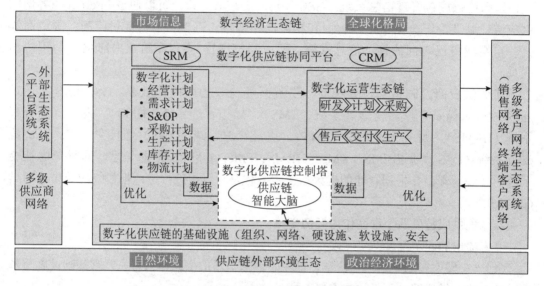

图8-1　数字经济生态链与供应链与外部环境生态关系图

双驱模式下拉动的消费成为我国的供应链相关业态迅速发展内在动力，现在我国企业的国际业务，无论从体量到收入占比还有上升空间，未来有更多企业要走向国际市场，国际供应链的生态元素为进入国际市场的企业提供基本生存保障。目前我们在适应和构建方面的能力略显不足，应该从政策与行业方面整合并形成合力。

8.3.2　行业生态供应链构成的新路径方式

我国生态供应链高质量发展，呈现多元化特点，且实现生态化的路径具有多样性。

1. 加强企业内部管理

由于企业的情况千差万别，绿色生态供应链管理的模式也是多种多样，因此企业在决定实施绿色供应链管理时，应仔细分析自身的状况，要从承载能力和实际出发，既能解决企业急需的问题，又能以较快见效的环节作为突破口，明确认识实施目标，确保成功。

加强企业内部管理，重新思考、设计和改变在旧的环境下形成的按职能部门进行运作和考核的机制，有效地建立跨越职能部门的业务流程，减少生产过程中的资源浪费，节约能源，减少环境污染。

强化企业领导和员工的环境意识，企业高层领导转变观念，积极地把经济目标、环境目标和社会目标恰如其分地同供应链联系在一起考虑，通过学习和培训，提高企业各个层级员工的环境意识，让员工了解企业本身对环保的重视。

实施绿色采购。尽量根据企业的需求，采购原材料和零部件，减少原材料和零部件库存量，对有害材料，尽量寻找替代物，对企业的多余设备和材料要充分利用。

2. 加强供应商的环境管理

供应商是生态供应链构建中的重要因素，绿色供应过程对供应商提出了更高的要求。首先，要根据制造商本身的资源与能力、战略目标对评价指标加以适当调整，设置的指标要能充分反映制造商的战略意图。其次，强调供应商与制造商在企业文化与经营理念上对环境保护的认同，这是实现供应链成员间战略伙伴关系形成的基础；再次，供应链成员具有可持续的竞争力与创新能力。最后，在供应商之间具有可比性，这样有利于在多个潜在的供应商之间择优选择。

3. 加强用户环境消费意识

要从中国人均资源占有水平低、资源负荷重、压力大的角度出发，充分认识绿色消费对可持续发展的重要性。发展绿色消费可以从消费终端减少消费行为对环境的破坏，遏制生产者粗放式的经营，从而有利于实现中国社会经济可持续发展目标。同时，发展绿色消费不仅可以从优质无污染的消费对象来改善人们的消费质量和身体健康，而且在消费过程中通过消费者观念的转化、行为的转变，提高他们对环保、绿色消费与可持续发展的认识。

4. 加强管理部门环境执法

构建健全的法律制度，是实现生态供应链价值的政策基础。由于一个企业的技术水平和资金是相对有限的，企业的生产过程是否最节约资源、能源和减少环境污染就不能确定。企业为了节约成本，会对生产过程进行适当的修改，但由于习惯、经验、技术、设备和资金的影响，大多数企业生产方式的改革是有限的，对后期的效果缺乏跟踪和纠错。即使部分企业效益客观，基于节约资源和能源，以及减少环境污染等目的，对生产过程进行生态化改造，以期最大限度规避风险。有些企业为了追求短期效益，甚至不顾环境污染。这时需要全社会的力量参与进行。执法部门要广泛深入地宣传环保，既向各企业决策者宣传绿色市场营销观念，又向广大消费者宣传生态环境的重要意义，针对不同对象，采取不同方式进行教育培训。

5. 全面推进供应链行业智能化

智能化是提高企业效率的一个非常重要的手段。供应链相关企业首先应该在点上实现智能化，比如仓储、运输、配送、相关服务等；此外还应该帮助客户在整个供应链服务过程中实现智能化。供应链的驱动力是数字化。现在是消费者主导的时代，这种情况下就需要企业用数字化供应链来提高供应链的柔性，建立网状智慧供应链，整合线上和线下全渠道。

同时，通过智能科技推动供应链高质量发展。以数字化、智能化、智慧化为代表的新一轮科技革命，无疑是推动中国供应链相关业态高质量发展能够出奇制胜的法宝。如中国外运提出了"智于科技、慧于生态"的智慧供应链理念，开启了AI、区块链、云计算、大数据、物联网五大科技创新场景和全链条应用，以数据驱动、算法领先、智能取胜为主旨，从产品服务、运营管理、商业模式等几个层面开启了全面数字化转型，并取得了积极的进展（图8-2）。

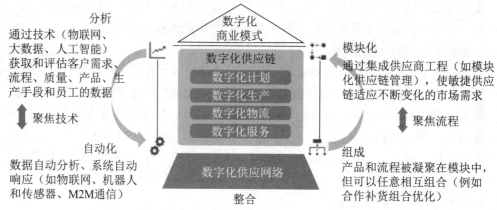

图 8-2 数字化供应链结构图

6. 战略性和前瞻性的思考

目前，我国的实体经济从外向型转向消费型，制造业从粗放式走向智能制造和工业4.0，这意味着中国经济对供应链相关业态行业的要求发生了重大变化，在供应链相关业态布局上，需要一些战略性和前瞻性的思考。企业感觉重构生态系统时机已经成熟，基于行业重构的创新实践，将是供应链创新实践的主方向。如果要重构，就必须要提升客单价还需要在运营上取得突破。

随着我国经济持续快速发展，当前，我国已经成为有全球影响力的供应链大国和全球最具规模的供应链网络。但是，我国目前还不能称为是供应链强国。2019年，《交通强国建设纲要》提出，要建成人民满意、保障有力、世界前列的交通强国。在这一要求下，同时要建成供应链强国，实现我国由供应链大国向供应链强国的转变。

8.3.3 数字化背景下的生态供应链体系构建

绿色供应链的体系构建需要一个渐进过程。绿色供应链管理所追求的是经济利益和绿色利益即环境利益双丰收，可以实现社会的可持续发展，这里的绿色效益包括环境保护和社会资源优化利用。

1. 数字化背景下的生态供应链构建的影响因素

要达到可持续发展的目标首先要考虑的是各种影响因素。这是我们把影响因素分为两大类——驱动因素和障碍因素。

1）驱动因素

增强企业的竞争力提高整个供应链的效益。企业在激烈的市场竞争中寻找联盟来实施绿色供应链。在绿色供应链中可与上下游企业进行整合，优势互补，强强联合，为整个供应链带来更多效益。

增加客户价值。绿色产品不仅保护环境，也为客户带来绿色收益，可赢得顾客的长远信任；提升企业绿色形象。实施绿色供应链的企业可以树立产品的安全可靠、重视社会责任的信息,赢得顾客青睐;可规避绿色技术贸易壁垒。世界上很多国家尤其是发达国家都重视生态问题,并为此设立了相应的技术条款和环保法规。而企业要长久生存就必须使产品达到相应的绿色标准,而要达标就必须实施绿色供应链。

2)障碍因素

实施绿色供应链可能会给企业带来财务负效应,绿色生态供应链虽能提高资源的利用效率,在一定程度上降低成本,但绿色回收和废弃物的处理却需要花费巨大的代价,两者相抵可能会使财政入不敷出。

企业之间缺乏信任。企业在决策时总是从自身利益最大化出发,而非整个供应链或社会效益最大化原则。企业希望自己的上下游企业实施更多的绿色工艺,这样就可为自己的产品达到绿色标准而花费最小的成本。

实施绿色供应链的技术和知识欠缺。虽然绿色供应链在理论上可以建立,但相应的绿色产品的开发和废物的处理技术和手段有待建立和提高。

2. 供应链运营平台建立

对供应链生态及信息平台的新一轮数字化变革是主要驱动力,对数字化概念深度认识、数字化实现途径探索仍然是构建过程中面临的主要难题。

德国工业 4.0 报告中要求在顾客与生产者之间,破除传统的生产者直接给顾客提供产品,增加了中间的平台、服务商,并通过他们将产品交付给客户,并收集客户的使用数据,再将数据提供给生产者和服务提供商,支持他们提供更好的商品与服务。这个模型就是"平台+服务",也是行业生态供应链体系构建的逻辑基础。供应链运营平台是供应链与互联网融合的"平台+服务"新物种(图 8-3)。

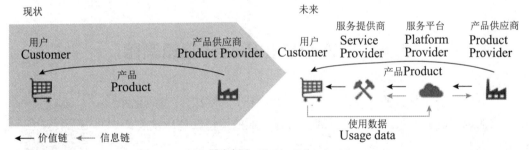

图片来源:Platform Industries 4.0

图 8-3 数字化前后供应链运作模式对比

观察"物流+互联网"的演进历程可以发现,从最早从车货匹配 APP,通过互联网和移动互联网,提供信息匹配与交易撮合,到后来基于 SaaS 的社区型物流管理软件,都在通过互联网提升沟通、交易效率,但并未给物流业务带来真正的影响和变革。接着物流行业的自动化迎来发展,我们开始运用现代科技,将原有的仓、运、配等资源,更好整合以此满足客户的需要。

3. 头部企业与长尾企业在体系中共存

行业生态供应链的场景是供应链新生态物流领域的千亿级公司(包括市值、估值等)越来越多,如海航、中外运、招商等,顺丰很快应该可以跨入千亿俱乐部。以前物流生态是丛林式的,也有一些规模较大的企业但不突出,而现在逐渐出现了超高市值、估值的公司，我们称之为物流领域的恐龙。当恐龙与蚁群共存时，行业生态在发生大的改变，恐龙具有明显的优势，他们有资源、资金、资产、业务并不断强化服务，但同时，大企业的服务获取存在壁垒，使小型需求企业无法买单，这也让蚁群有了生存空间。这就是为什么拼多多上的东西便宜，质量不高，但仍有很多人买的原因，它就是用低成本满足另一部分人群的需要。小公司的存在，是为了满足低收入群体的需求，物流领域也一样。如图 8-4 所示，物流行业的生态体系。

图 8-4　物流行业的生态图谱

8.4　生态数字化供应链管理策略

从供应链资源整合的角度出发，构建数字化、高端化、集成化和生态化的现代流通体系，将会促进我国流通产业的可持续健康发展。

8.4.1　生态供应链的数字化途径

供应链数字化生态是面向现代化供应链管理要求的数字化高效协同创新综合体，是现代供应链生态未来的预期表现形式。建设供应链数字化生态，需理清生态的类型和表现形式，分类施策。

1. 生态供应链的产业链构成

从产业链构成来看，产业链包含供、产、销多个环节，任一产业链节点，如生产环节、物流环节均可形成一个个"行业生态"；任一企业连同其上下游又将形成一个个"供应链生态"；产业链生态主要以"行业生态"和"供应链生态"形式存在。另外，考虑到衔接产业链上下游的资金流要素，金融服务生态为与产业链生态密切相关的生态表现形式。因此，为推动供应链数字化生态建设，需着重关注三大生态：行业生态、供应链生态和金融生态，三大生态共同构成供应链数字化生态建设的客体。

现阶段，三种生态虽均已存在，但开放、创新、协同水平不高，难以贯通，远无法满足现代供应链的发展要求。

2. 数字化生态供应链发展的制约因素

数字化供应链发展至少面临四大制约。一是信息碎片化，上下游产业链整合不畅；二是平台孤岛化，数据共享和综合运用不足；三是信息平台缺乏标准化和一致性，平台整合困难；四是企业经营轻资产化，公共平台服务、数据整合开放等方面功能有待升级。在数字化生态供应链中扮演重要角色的金融机构，如果仅仅是依托链上优质核心企业，并为其上下游企业提供金融服务，而忽视在横向上不同类型企业，实现跨业态、跨地域金融服务，那么就难以延伸至更多链上价值环节和跨界异类企业。

破解这些难题需要开放生态体系，促进行业生态、供应链生态、金融生态的深度融合，实现各生态间数据的有效实时交互，提高供应链上下游企业对市场的反应能力，带动供应链向规范化、高效化方向发展。

3. 数字化生态供应链建立的技术基础

以 5G 通信技术、区块链、AI 等为代表的现代数字技术的发展和应用为传统供应链体系的升级改造以及产融深度融合提供了可靠的技术支撑，数字化新技术与实体经济的深度融合正在推动产业链条各节点企业的数字化改造，各行各业以及平台的互联互通成为可能，以数字化技术为基础的供应链生态体系的形成将成为未来经济发展的新特征之一。

基于此，企业必须运用"互联网+"技术思维，加快供应链的智能化与数字化。利用大数据、云计算、"互联网+供应链"等，建立集成仓储、实时配送性能系统等所有服务环节的综合性信息服务平台，构建适合自身发展的仓储管理系统、运输管理系统、全球定位系统等，将电子数据交换（EDI）、有效的客户反应（ECR）、快速反应（QR）、仓库管理系统（WMS）以及协同计划（CPFR）等比较成熟的供应链管理技术，以及云计算技术嵌入供应链企业运作中，进一步推动供应链发展的智能化建设，建立供应链数据信息共享机制，加强供应链软件标准化建设，加快通用标准体系的建立。

4. 政企合作，促进行业供应链的生态化数字化

充分发挥区域政策与自然资源优势，建立健全供应链法律体系，通过资金支持、程序简化、税收优惠等方式扶持供应链企业发展，为供应链发展创造良好的环境。加大对港口、公路、铁路、物流集散地等供应链基础设施的统筹规划、建设和支持，充分考虑物资集散通道，做到各种运输方式之间的有效衔接；加强对供应链管理中心、配送中心内的各类运输工具、作业设备等的建设。打通供应链企业和金融企业的联系通道，走绿色、低碳物流的发展道路，增强物流行业的竞争力，更好地服务于制造业等其他相关产业。依托如自贸试验区建设的创新举措，加快推进地区的商检、通关、物流、结汇的一体化处理，推进贸易便利化，提高国际供应链运作效率。加强与各国在海关、监管、税收、商检等方面的合作，为数字化、智能化供应链发展创造更便利环境（图 8-5）。

PWC提出的智能数字供应链运营的生态系统框架

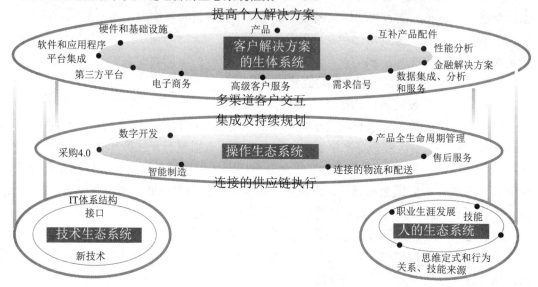

图 8-5　数字化供应链生态系统框架

5. 供应链各个环节环环相扣无缝衔接

如今已是从企业竞争转向供应链条竞争的时代。传统的供应链管理，主要针对供应链上直接的上下游企业，各企业单纯地用契约来约束对方的行为，是单兵作战的形式。现在企业要实施全程货物跟踪的可视化服务，就必须为消费端提供货物交易状态的数字信息，以降低流通企业信息获取成本。

比如，在国际贸易活动中通过大数据和大平台理念建立包含进出口报关、检验检疫、电子口岸结汇单据、退税等通关数据库信息平台，使其高效透明，提高海关监管效率。

8.4.2　生态供应链数字化的重点

供应链数字化核心是通过数据和技术的驱动，实现更高效率和更快速的反应去抵御不确定性。同时，产能和存货发生了变化，供应商的供货、存货目标不能实现，这部分的供应应该怎样通过其他的供应体系来进行补充，这就要求要建立一个非常快速的预警和反应的机制。

1. 生态供应链的数字化

生态供应链数字化是最大的趋势，也是企业发展的必由之路。目前，由技术驱动的从制造商到品牌商，及至终端用户的供应链数字化转型中，我们能看到各参与方都在发生一些改变，但如果纯数据驱动，那就是数据/IT 公司，不结合产业，就无法做大做强。实现全链条整个供应能力的共享、库存信息的共享、运力信息的共享、包括质量信息的共享，数据非常重要。但是数据的充分共享就需要以一种共赢的方式去打破数据壁垒，能够真正意义的把有价值、高质量、能够创造价值的数据共享起来。

数字化的价值体现，不仅是既有链条各参与者简单的线上化，而是在用户需求驱动下全新的、协同、一体化的供应链网络。在这样的供应链网络，逐渐产生了一类新的商业模式：供应链运营平台，为品牌商提供"平台+服务"的综合解决方案（图 8-6）。

资源集聚池子就是数字平台,而所谓"平台+服务",是通过数字平台,实现资源的数字化组织与调度,为品牌商的供应链提供高效的服务并沉淀数据,比如京东物流作为供应链运营平台,通过对顾客购买活动的全过程数字化,并通过掌握数据,指导库存及仓储分布、配送服务设计等整个供应链及物流体系(图8-7)。

基于数据来指导服务可识别、可定义、可运营、可优化。平台,就是把订单数据、执行过程数据化,汇集到平台,支持对于整个流程

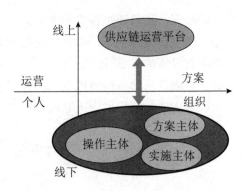

图 8-6　平台+服务的数字化供应链四象限

的优化,这就是现在这个时代正在发生的最大的变化,而这也让平台型企业比传统企业发展的更快。

数据平台是一个商业模式新物种,而传统管理模式下,数据的有效收集却是一件困难事情。现在因为互联网、移动互联网、物联网,真正可以做到将这些信息归集在一个平台。

构建平台和系统的基本途径,就是通过数据化,将数据汇总到大的平台,并帮助决策,将前端服务交付出去,如同我们现在基于平台在将营销、咨询交付出去。以前服务商也在,只是没有与平台连接。

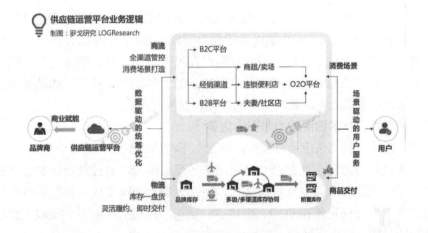

图 8-7　数字化生态供应链的业务逻辑

2. 用数字化赋能新商业模式

科技赋能新商业与供应链的当今,我们已无法脱离技术来研究商业、供应链以及物流的发展。对于消费者,已经可以很直观地从日常消费、物流体验中感受到技术带来的便利。从深层次看,寻找技术对商业变革、数字化供应链构建以及物流体系的支撑的原因十分重要,作为一个现代企业,对自身数字化实现到何种程度的认识也是管理者需要思考的问题。

2017年新一轮零售变革爆发,也就是阿里的新零售、京东的无界零售,以及苏宁的智慧零售等,我们关注物流的视角逐渐向供应链、商业端扩展。2018年,随着对数字化供

应链的研究，我们开始看工业供应链、工业互联网。而此轮零售革命，是在国内经济/消费结构转型的大环境下，以数字化技术为驱动的零售新商业模式的探索与孵化，如图 8-8 使得商业零售从传统以商品为中心的"人找货"模式，向以用户为中心的"货找人"模式转化，并驱动后端供应链的变革。在"货找人"的模式下，商业组织逻辑发生颠覆性的变化，体现出数字化供应链对商业模式创新的助推作用。

图 8-8　货找人模式下的数字化商业组织逻辑图

另外很明显的趋势是，供应链行业正在进入大规模投资、并购的整合期，投资\并购事件呈明显的上升趋势，2022 年以来行业单笔资金规模在 10 亿人民币以上的事件占比逐年走高。同时，商业主体越加频繁地出现在投资人列表里，供应链与物流对于商业生态布局的意义逐渐凸显。现代竞争是供应链条的竞争，各企业在契约的基础上，更加注重供应链条上的关系处理，转向集团立体化、智能化作战。

3. 扩大信息数字技术的渗透力与张力增强

利用数字技术，提高供应链可视性；增强上下游协作能力；持续分析并优化供应链，对于整个供应链环节来说，现在企业创新出许多商业模式，通过渠道以扩展规模的方式难以为继，在新商业时代，电商迭代之后，现在天猫、淘宝变成了传统的电商行业，新兴的电商行业发展方向定位在 O2O、微信、移动端，包括后期更多的是线上跟线下的融合，包括智能门店，这个新概念不断衍生出来。

4. 数字化使得客户多样化需求得到满足

为不断满足客户的多样化需求，企业需要不断优化整合自身的供应链系统，逐步实现供应链的柔性化，同时，在市场策略上，借助细分市场实施有针对性的营销。

当前物流的发展趋势，是往"五化"的方向发展，即可视化、自动化、仓储的流动化、仓储零售的网络化、系统设备的智能化，但是在这"五化"过程中，或者在物流发展的趋势当中会有几个瓶颈。

（1）是在软硬件系统的兼容。这涉及整个仓储，包括全渠道，会有不同的系统，不同的企业提供的系统如何做到高效的对接，这是跨行业的一个难题。

（2）在仓储物流的硬件设备。企业正在运作全自动化，但是目前真正能做到全自动化的品牌厂商或者企业还很少,包括在服饰消费领域是否真正适合全自动化这样一个方向,这其实也是值得探讨的,包括成本,前期投入等领域。

(3) 数字化供应链人才。另外数字化供应链对人才的需要也在重新考量之中,据不完全统计,我国在智慧物流、智能零售这个领域的人才缺口差不多在 20 万左右,人才缺口较大,为人才引进机制、人才培养机制等提出新的课题。人才的匹配是企业优先考虑的,也是数字化供应链管理系统建设的重要一环。

8.4.3 阿里行业生态供应链构建

随着中国物流快递业务量即将突破 700 亿的关口,中国物流行业的博弈,已经从企业间的竞争进化成了行业生态的竞争。

1. 阿里凭借商流优势,集齐"通达系"快递企业

(1) 菜鸟网络建设的初衷。初衷是为阿里生态内用户提供更低成本、更高效的物流服务。菜鸟网络通过整合路线运输公司,辅以大数据支持,注入阿里零售平台海量订单,链接商流与物流,降低物流环节成本,为商家及消费者提供更加实惠、高效的服务。这是阿里为了应对消费者多样化的运送需求,商家线上、线下供应链整合的需要,以及克服物流效率的瓶颈而创立的。从战略上看,菜鸟网络协助整合社会化资源,助力阿里生态的布局。

(2) 菜鸟网络运营模式。菜鸟天网是菜鸟数字化供应链的数字平台也是菜鸟的运作中枢。由阿里主导,其他物流伙伴公司广泛参与,从初期通过大数据对包裹量进行提前预测,到后期,借助数据化技术,对人、车、场、货进行全周期全方位监控,并将合作方业务逐渐搬到云上,实现网络运营的数字化转型(表 8-1)。

表 8-1 菜鸟天网主要产品及其功能描述

菜鸟天网主要产品	描 述
物料预警雷达(2013 年)	● 通过大数据对包裹量进行提前预测,在双十一这类旺季单量剧增时可起到核心协调枢纽的作用
电子面单(2014 年)	● 高效环保的信息化面单,有了它,一个包裹能在上亿个包裹中被识别、处理和配送
大数据反炒信系统(2015 年)	● 该系统可对消费者下单、卖家发货、物流运作详情、买家签收过程当中的数据进行全程监控,并且根据炒信订单特征,自动识别炒信运单号以及对应商家的商品订单
大数据路由分单(2015 年)	● 运用了大数据分析,结合高德地图的空间定位技术,可用数据实现包裹跟网点的精准匹配,准确率达98%以上,随着大数据沉淀,准确率可接近100%
菜鸟鹰眼(2015 年)	● 利用大数据对超时件高发区域进行锁定、查找原因,为快递企业提供相应的建议和解决方案
菜鸟物流云(2015 年,国内首个)	● 监控,赋能人、车、货、场,提升物流行业的整体效率,让每一个包裹快速安全抵达。韵达速递率先将所有业务系统搬上云

目前,菜鸟子公司浙江菜鸟供应链管理有限公司仍保留其控股股东地位,菜鸟网络及其子公司获得物流公司及其大型集团投资,标志阿里与通达系合作进一步深入,但阿

里在菜鸟体系中仍处于控制地位。菜鸟天网的建立透露出阿里对加大物流行业中的话语权与控制力的强烈诉求（表 8-2）。

表 8-2 菜鸟融资历程

时间	大事件	关键信息
2013.5	菜鸟网络在深圳宣布成立	定位：智能骨干网，即平台。实现"无论何地、物品 24 小时送达"的物流目标。
		股权结构：天猫＋物流＋地产＋投资公司
2013.8	天使轮融资	云峰基金参与天使轮融资
2016.3	A 轮	GIC 新加坡政府投资公司、Temasek 谈马锡、马来西亚图库控股公司（Khazanah）、春华资本等多家国内外著名投资机构，投资金额 100 亿人民币。
2017.9	战略融资	阿里增持，再投资 53 亿人民币，持股 51%，同时宣布未来 5 年继续投入 1000 亿元发展菜鸟网络。
2018.6	子公司浙江驿栈网络科技有限公司 A 轮融资	融资额共 31.7 亿人民币，其中其子公司浙江菜鸟供应链管理有限公司持股 55.8%，圆通 6.28%，宁波圆泽股权投资持股 8.72%，中通持股 15%，韵达持股 10%，申通、百世、上海云锋麒泰各持股 1.4%。
2019.11	战略融资	阿里增资和购买老股，斥资 233 亿人民币，持有股权从约 51% 增加到约 63%。

（3）菜鸟资产布局的逻辑。菜鸟资产的布局逻辑遵循着清晰的脉络，主要包括投资主要物流企业，布局仓库，以及掌握销售与物流大数据三方面。菜鸟通过投资主要物流企业及区域物流服务商，增强物流运输环节的控制力；此外，菜鸟以自建、加盟和平台入驻的形式布局仓库，为商品销量较大、出货频率高的品牌提供仓库；最后，菜鸟掌握入驻品牌库存销售及物流企业运输大数据，完成入仓 - 数据管理 - 运输 - 落地配全过程，同时为不入仓的商家提供物流面单平台，为物流服务商接入订单。

无论何种形式，菜鸟资产布局的最终目的是提升阿里平台众品类商品的交易效率（图 8-9）。

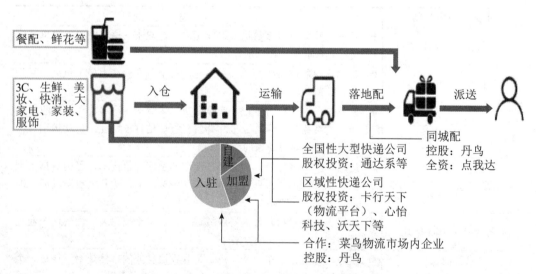

图 8-9 菜鸟生态化供应链运作流程

（4）菜鸟在国内物流业务方面的布局。主要包括投资了快递、即时物流、其他物流服务商及供应链服务商四个部分。由于背靠阿里，菜鸟投资路径与阿里在快递领域的投资路径互相交织，2010—2020 年，阿里与菜鸟布局快递物流领域投资，持有了主要"通达系"快递公司的股票以及主营落地配，小包裹速递公司。在即时物流方面，菜鸟于 2020 年全资收购了点我达，为饿了么的配送需求提供了便利的即时物流平台。在其他物流服务商方面及综合供应链服务方面，菜鸟都参与其中，助力阿里进行物流布局（表 8-3，表 8-4，表 8-5）。

表 8-3　阿里 / 菜鸟投资领域 - 快递

投资领域	投资企业	简介	投资时间	投资情况
快递	百世集团	民营快递公司	2008.5	阿里参与天使轮融资，投资人民币 1500 万元
			2008.6	阿里参与 A 轮融资，与富士康合计投资 1500 万美元
			2011.1	阿里参与 C 轮融资，与汉能投资等投资 2000 万美元
			2014.1	阿里参与 E 轮融资，与 IDG 资本等投资 1.38 亿美元
			2015.1	阿里参与 F 轮融资，投资 1.33 亿美元
			2016.2-4	菜鸟参与 G 轮融资，与中信产业基金等投资 7.6 亿美元；上市前，阿里持有百世 23.4% 股权，菜鸟持有 5.6% 股权
			2019.9	发行 1.75 亿美元可转换债，阿里认购 1 亿美元
	星晨急便	国内小件包裹速递服务	2010.3	阿里参与 A 轮融资，投资人民币 7000 万元
	全峰快递	民营快递公司	2014	马云参与的云锋基金参与 C 轮融资
	圆通快递	民营快递公司	2015.5	阿里创投和云锋新创合计投资人民币 25.2 亿元，持股 20% 的股权
	中通快递	民营快递公司	2018.8	阿里和菜鸟投资 13.8 亿美元，持股约 10%
	申通快递	民营快递公司	2019.3	阿里斥资人民币 46.6 亿元，持股申通，间接持有申通 14.65% 股权
			2019.7	阿里获得未来 3 年内以人民币 99.8 亿元获得申通 31.35% 股权的权利
	韵达快递	民营快递公司	2020.4 季报披露	阿里持股 2%
	万象物流	落地配	2012.6	阿里参与 A 轮融资，投资数千万元
			2016.2	阿里、菜鸟、复星等参与 B 轮融资，投资数亿元
	晟邦物流	民营快递公司	2013.5	阿里参与 A 轮融资，投资 1 亿元
			2014	阿里参与投资，持股约 29%
			2016	阿里和菜鸟参与增资，股权比例上升至约 50%

表 8-4　阿里 / 菜鸟投资领域 - 供应链与物流服务

投资领域	投资企业	简介	投资时间	投资情况
供应链与物流服务	卡行天下	为中小物流企业提供服务的交易网络平台。建立平台连接物流需求主体与中小物流企业，整合社会运力，完成物流运输。	2014.5	菜鸟和九州通参与 B 轮融资
			2015.9	菜鸟和德邦物流等参与 C 轮融资
			2019.1	菜鸟和普洛斯参与战略融资
	心怡科技	仓配一体的供应链服务商。是天猫超市核心仓储服务商，并为阿里零售通提供仓配服务。	2014.6	阿里参与 A 轮融资
			2016.11	菜鸟携手云峰基金参与 B 轮融资

续表

投资领域	投资企业	简介	投资时间	投资情况
供应链与物流服务	沃天下	仓配一体的供应链服务商。是天猫超市核心仓储服务商,拥有十大天猫超市运营中心,含上海奉贤、广州、天津、苏州、成都、武汉、济南、上海松江、福建、南京等。	2015.6	阿里和云峰基金等参与天使轮融资,投资人民币550万元
	北领科技物流	B2C供应链管理		菜鸟出资人民币1000万元,持股47%
	快仓	全球第二大的智能仓储机器人系统解决方案提供商	2017.3	菜鸟和软银中国参与B轮融资,加上债券融资共人民币2亿元
	中交兴路	公路货运行业提供综合服务	2018.2	蚂蚁金服和北京紫金道合参与战略融资,投资人民币7亿元
	汇通达	农村商业数字化服务平台	2018.4	阿里参与战略投资,投资人民币45亿元,持股20%
快递柜	速递易	24小时快递自助服务品牌	2017.7	菜鸟、中邮资本和复星参与速递易的股权转让,投资人民币4.8亿元,其中菜鸟持有10%股权

表8-5 阿里/菜鸟投资领域-其他

投资领域	投资企业	简介	投资时间	投资情况
企业	苏宁易购	国内领先的O2O智慧零售商	2015.8	阿里投资苏宁易购人民币283亿元,持股19.9%,成为第二大股东,其中人民币95亿元用于物流平台建设
地图	高等地图	地图、导航、位置服务	2013.5	阿里参与战略融资,投资2.94亿美元,持股28%
			2014.2	阿里11亿美元收购高德地图,持股100%

（5）菜鸟的社会资源整合。菜鸟通过加盟和入驻的模式整合社会仓配资源,通过制定仓库内部建设规范与服务标准筛选合格仓配企业加盟,针对未加盟企业,菜鸟打造了免费平台吸引中小仓配企业入驻,卖家根据需求选择合适的仓配商,既可以是品牌背书的加盟认证企业,也可选择平台上其他服务商。菜鸟通过平台引流的方式为中小物流企业创造订单。

另外,京东近年来打开了自身封闭的电商+物流体系,内部服务开始向外开放,同时不断吸纳战略伙伴。甚至电商平台后起之秀拼多多,也在逐步促成一个独立的物流生态圈。

京东一体化的物流供应链解决方案。对于京东物流供应链而言,其自身生态已经形成了一个完整的产品体系,包括京东供应链、京东快递、京东快运、京东冷链、京东云仓、京东跨境等组成部分,其目的不仅是为京东商城,也为第三方甚至个人客户提供一体化的物流供应链数字化解决方案。在仓储和末端配送都有充足优势的京东物流供应链生态,恰恰需要跨越速运的航空货运网络来加速其物流供应链生态圈。

在互联网时代,以用户或社群为核心形成的生态圈越来越构成市场竞争的主体。不论是阿里+菜鸟的物流生态圈，还是京东自成一体的物流生态圈，都是以极具渗透性的服务产品矩阵，通过互联网和大数据为生态群内的用户提供立体服务，从而不断扩大。

案例讨论1

构建汽车供应链生态圈

中国汽车产业的市场竞争日渐激烈，产业流通的原有模式已经不能够满足汽车经销商们对于汽车销售需求，旧的商业模式亟需改变，整个汽车后市场从产品形态到商业模式也都亟需改变。随着汽车流通领域互联网+汽车新零售方式的兴起，一大批互联网背景的新公司在汽车行业涌现。展望未来，中国汽车市场有较大的提升空间，具备超大的市场机遇（图8-10）。

图8-10 中国汽车行业非生态模式痛点

在这样的背景下，市场中仍存在物流信息不透明、仓储管控安全性难以掌控、经销商打款体系和交易手续不规范等问题，严重影响行业发展，汽车经销商面对产业内纷繁芜杂的数据往往感觉无从下手，重塑汽车产业流通领域健康、可持续发展的生态圈迫在眉睫。

畅游汽车新零售是一家什么样的平台？"畅游汽车新零售"作为新兴的汽车产业互联网平台，致力于构建全球化的汽车销售服务体系，使得汽车的交易流通"更高效"、"低成本"、"更安全"，改善中国汽车经销商经营环境，优化汽车产业供应流通环节，打造健康可持续发展的汽车产业生态圈，使之成为中国最大的汽车交易服务电商平台。平台本着让汽车经销商们轻松卖车、消费者安全买车的服务定位，依托公司开发建设的城市交易服务中心体系，为卖家提供规模化的采销渠道，为买家提供优质的产品服务，为汽车类商品"安全"交易保驾护航。畅游新零售平台已经被中国虎都控股有限公司（港股代码：2399）成功并购，助力平台稳步发展。

平台整体定位是怎么样的？专注于中国汽车产业流通领域的开发与建设，以汽车电商交易服务平台为核心。公司联合海外车源供应+国内主机厂/大型批售商+落地交付服务网络+智慧卖场，组建全球化线上线下汽车电商交易服务体系网络，通过移动互联网+线下实体服务机构构建全新的汽车销售及汽车销售相关的配套服务场景，优化汽车产业链各环节，通过B2B（企业与企业之间的电子商务运作方式）电商交易服务帮助经销商拓展规模化的采销渠道，通过B2C（企业与消费者之间的电子商务运作方式）本地车圈互动平台为汽车用户提供商品全生命周期的本地化服务。

后面战略怎么走？

第一阶段模式创新，2021年完成模式创新，完成线上平台体系的开发与运营，打造"畅游宝"在线交易担保模式，不用再担心买卖双方不诚信，车源出问题，实现经销商之间的B2B交易电商安全化，真正实现更安全的线上交易。

第二阶段优化供需，2022年完成供需优化，整合集采团购、跨行新零售、车友圈等渠道，一键转发好车源，实现用户要什么商家进什么的"以销定采"模式，让汽车生意更轻松，实现畅游汽车平台B2B2C（一种电子商务类型的网络购物商业模式）模式的转变。

第三阶段变革生产模式，2023年实现需求要多少工厂产多少的"以销定产"模式，让个性化生产订单在线即可获得，网上点点，工厂下单，实现汽车流通产业革命的变革，实现汽车交易M2B2C的新模式。

畅游宝的模式是如何操作？畅游宝保证了信息流、资金流、物流三流同时安全同步落地，真正实现了汽车交易电商化，而不是之前的"伪电商"。在买卖双方达成交易意向的基础上，通过畅游汽车与平安银行见证宝合作提供的"畅游宝"交易，解决买卖双方跨地区B2B交易难题，为全国经销商间的买卖提供安全便捷的交易服务。买方只需要支付少量定金，便可满足本地验车、提车，满意后支付车辆尾款。平台为卖方提供全国交车配套服务，为商品提供担保服务，在物流、仓储、监管等环节保障商品安全（图8-11）。

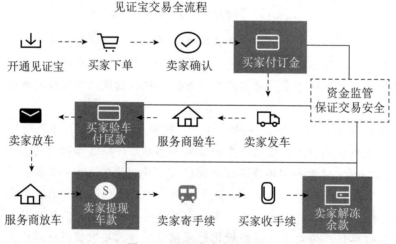

图8-11　见证宝交易全流程

2021年平台的目标是什么？平台目前重心是畅游汽车板块，解决经销商之间的B2B交易。平台通过整合汽车交易过程中的信息流、资金流、物流三流的解决方案，使汽车的交易流通"更高效"、"低成本"、"更安全"。

畅游汽车已经与中国汽车流通协会汽车有形市场分会达成战略合作，中国汽车流通协会作为唯一的汽车流通行业国家级社团法人组织，会协助畅游汽车电商平台在全国汽车市场进行推广和落地，帮助各地汽车市场及协会商户成为使用畅游汽车平台的合作企业。与 KAMA、长城 H9 等主机厂已经签订了合作协议。与京东、阿里、马上好车等平台从资源、流量、平台产品、金融服务等诸多方面进行更为深度的战略合作，提供品牌背书，增强平台的竞争力。

2021 年 4 月份，畅游汽车会继续开发 60 家城市代理商，预计再开拓 3 500 家经销商。计划在 2021 年，国内累计签约城市代理商 300 家、城市代理商累计开发 30 000 家经销商上线注册，实现 B2B 交易覆盖全国。

（资料来源：作者根据网络整理。）

问题：
1. 畅游汽车新零售平台在什么背景下构建起来的？该平台的基本功能是什么？
2. 平台整体的定位如何？平台综合生态服务后续战略的三个阶段各要完成什么目标？
3. 畅游宝的服务模式如何？2021 年平台的目标是如何设计的？

思考与练习

1. 生态供应链的本质及主流模式是什么？
2. 结合实际说明，供应链行业生态建设有哪四个维度？
3. 生态型供应链设计的主要原则是什么？
4. 数字化背景下的生态供应链体系构建的主要途径是什么？

扩展阅读 8.1
案例分析

即测即练

第 9 章　虚拟供应链管理

本章学习目标

通过本章学习，学员应该能够：

1. 了解虚拟供应链概念与特点，掌握虚拟供应链与数字化供应链的关系与相互赋能机理，理解数字经济时代虚拟供应链的行业价值及作用范围。

2. 从实战角度出发，掌握虚拟供应链管理的核心思想，借助先进数字化技术，创新供应链管理思维方式，培养学生唯物辩证观。

引导案例

站在数字化转型的关键节点

2022年，物流行业跨入新十二年，站在数字化转型的关键节点。数字世界与实体经济、智能技术与传统行业、消费连接与产业链接的边界被打破，供应链数字化正在帮助每个企业打造敏捷性能力。

在新一轮产业发展浪潮蓬勃兴起之际，京东物流在2020年曾力邀来自全球的专家学者、业内大咖，在上海和广州分别举办了以"京心打造 智链未来"为主题的物流供应链科技沙龙。来自供应链物流、咨询业、制造业、快消行业等相关领域的领军企业和权威机构代表参加了此次沙龙，共同交流与分享了行业趋势分析、前沿技术创新与应用、数字化供应链的价值挖掘等。这是物流行业规模空前的一次盛会，京东物流希望与广大合作伙伴共同打造智能供应链一体化服务，探索物流科技的更多可能，紧握产业互联契机，共筑物流新未来。

1. 供应链提升遇瓶颈，科技驱动新变革

"物流变革正在从单一性运输方式、集约化整合、网络化趋势走向供应链模式的变革，这是未来十年中国在供应链领域里最具有变革的机会。"在此次沙龙上，京东集团副总裁、京东物流首席战略官傅兵做了开场发言，分析了行业的发展挑战和机遇。

他指出，过去十年，中国物流和快递的前端零售端成本有较大幅度下降，已经拥有几乎是全球最便宜的快递价格和运输价格，但当前的发展模式已经遇到瓶颈，且供应端、制造端、流通端的企业供应链成本在这十年没有大幅度下降。在此方面，京东物流将努力通过科技的力量，让供应链变得更加敏捷，并链接更多的资源，形成网状供应链，用智能化帮客户做好企业供应链优化。

2. 供应链数字化，让企业管理更轻更灵活

"目前企业供应链效率、供应链管理水平处在有点滞后的状态。"著名上市咨询公司埃森哲战略咨询董事总经理楼姝指出，消费者不会因为企业供应链水平停止需求，消费者期望更加定制化的服务、更多的选择空间和更高的可靠性。

埃森哲曾就此问题对全球高管做了调研，两个非常集中的答案，与傅兵所说也如出一辙，即第一是供应链思维、供应链定位、供应链模式要做转型，第二是数字化转型。她指出，在这两个转型中有四个核心节点：以客户为中心多样化、轻资产的配置模式；链接内外部资源实现供应链端多端实时可视；灵活利用社会化资源、模块化资源提升运营效率；通过实时数据流分析迭代优化资源配置。

3. 不是"困在系统中"，而是行业在蜕变

关于技术与人的关系，罗戈研究院院长潘永刚在本次沙龙上提出了如下见解。他认为，系统、科技其实是在拓展人的能力，让人更好地做计划。

表现在物流行业，新科技带来的直观变化是同城快递的衰落，即时配送在科技的赋能之下快速增长，并正在取而代之，这完全是用系统、算法驱动的。可以认为，科技所管控、支撑的世界在逐渐扩大，创造出了与传统B2B物流完全不同的格局，而且已经在侵蚀物流的其他领域。未来数字化时代的物流供应链企业只会增多，而传统企业将迭代发展，科技在驱动物流产业发生迭代升级和变化。

4. "超脑"系统为供应链再造"虚拟世界"

过去15年是数据以指数级速度积累的15年，企业在"数字化+智能化"的转型中如何最优地运用这些沉淀下来的数据，京东物流给出的方案是"数字孪生"。京东物流数据产品部总经理吴盛楠博士介绍，这一方法是首先把多源数据中台化、网络化，建立起来一个物理世界在虚拟世界的数字镜像，加以结合高级智能算法，来让数据产生最大化的价值，优化并反向作用于物理世界。以此为支撑，京东物流在武汉疫情期间，将非常有限的资源在极端的情况下利用到了极致，为全社会的基础运营保障做出了很大的贡献。从疫情暴发初期，京东物流就在第一时间快速重启了"超脑"系统，把一线收集上的资源变化情况进行盘点，传输到数据中台上，并利用智能规划模型从多维度对新情况进行优化模拟，且可对订单全流程可视监控及预警。京东物流的数字化"超脑"在这个过程中通过高度智能化的实时调度，保证了每一步执行环节的高效、无缝对接。

（资料来源：https://baijiahao.baidu.com/s?id=1678991442494059146&wfr=spider&for=pc）

9.1 虚拟供应链概述

9.1.1 虚拟仿真技术

虚拟仿真技术是虚拟供应链的构建基础之一，随着虚拟现实AI及仿真技术的飞速发展，业界和学术界都慢慢开始尝试将其引入到制造业及其他业态当中，其中有代表性的有供应链管理、生产物流管理和顾客需求管理这三个领域。

视频 9.1
虚拟供应链理论的发展历程

1. 虚拟仿真技术含义

虚拟仿真指的是利用软件和硬件技术模仿实际物理世界中的系统以及系统的行为、操作和流程等关键特征的技术。简单来说，仿真就是对真实系统的抽象描述，并尽可能地挖掘其最本质的机理和特征。

虚拟仿真技术的应用广泛，从仿真对象的角度可以分为计算机硬件系统、控制系统、制造系统、服务系统、人力资源管理、项目管理、市场演化、社会系统、经济系统和生态系统等；从仿真的目的可以分为安全工程、开发测试、培训与教育、系统优化，以及游戏与娱乐等。

虚拟仿真技术应用机理是为研究解决某一实际决策问题，先建立该问题的同态模型，并对模型进行动态运行试验，按其运行结果进行评价和优选的决策技术。

虚拟仿真技术能解决很多需进行破坏性试验或危险性试验才能决策的实际问题，如核电站的核能外泄问题；可将年、月、日缩减到分、秒计算，避免试验周期过长；可用来检验理论分析结论的完善性及对实际问题研究中所作各种假定的有效性；给决策者提供了"实验室"，可以重复多次试验以研究单个变量或参数的变化对实际问题总体系统的影响，而这在实际问题中是不可能做到的；简单易懂，结果比较直观。

2. 虚拟仿真技术的特点

虚拟仿真技术具有多种优势，如可伸缩性、可扩展性、易理解性等，同时很多仿真技术还具备可视化的展示能力，如动画视频的形式不仅可以用于效果展示，还可以用于验证、培训和调试，使得仿真过程和结果更有说服力。

随着计算机图形学、大数据分析技术、人机接口技术、传感技术等新技术的迅速发展，仿真技术可视化的优势更加凸显，最有代表性的就是虚拟现实技术，也被称为 VR（virtual reality）技术。虚拟现实技术就是结合仿真软件和穿戴式智能硬件，为使用者提供一个计算机中的沉浸式模拟环境，这种沉浸式的体验包括了听觉、视觉甚至是触觉等感觉（图 9-1）。

高德纳的研究列出了最重要的具战略意义的供应链的技术趋势，它们是对传统的供应链具有颠覆性的技术趋势。供应链技术领导者在做出创新和转型决策时，应评估颠覆性的技术趋势可能对人员、目标和IT系统产生的颠覆性影响。这些趋势应该被检验，以确定它们在未来供应链中的作用。高德纳的这项研究首先强调的是颠覆性技术对供应链未来的影响，并且由此对供应链的技术领导者提出了若干建议，下表列举了其中最重要的两条建议，以帮助他们应对颠覆性技术给供应链带来的挑战

颠覆性技术对供应链的影响，给技术领导者最重要的两条建议	
影响	最重要的两条建议
• 新的和创新的技术可能会极大地颠覆现有的供应链运营模式	• 通过确定公司的风险文化，来评估是否准备好探索、使用和可能采用创新技术 • 考虑到其对人员、流程、业务目标和IT系统的影响，在未来供应链战略背景下引入并采用创新技术

高德纳关于战略性技术趋势的研究框架包括以下三个部分：

图 9-1　高纳德颠覆性虚拟仿真技术对供应链的影响分析图

模拟技术如同一切技术学科一样，材料成形学科的发展逐步由"定性"走向"定量"，由"经验"走向"科学"，在这一转变过程中应用基础研究起着关键性的作用。特别值得一提的是，利用计算机进行的模拟技术的发展，使材料成形学科由过去那种依赖于"试验"和"经验"的状态，开始进入"定量分析"阶段。

3. 虚拟仿真技术原理

模拟技术包括数值模拟、物理模拟和专家系统。

（1）数值模拟

所谓数值模拟，是指用一组代数或微分方程（或称为控制方程）来描述一个过程的基本参数的变化关系，利用数值方法求解以获得该过程定量的结果。与传统的解析或经验方法相比，其优点如下。

①提供整个计算领域内所有有关变量完整详尽的数据。

②它不仅能预测出某特定工艺所能得到的最终结果，而且能模拟并显示出工艺过程中的变化情况，使人们对工艺过程变化规律有深入了解。

③配合某些必要的物理模型实验验证，能方便地在计算机上进行工艺方法和工艺参数的优化选择，因而可避免直接采用实物原型的试验，从而大大地缩短试制周期或减少费用。

④在测量方法有困难的情况下，如凝固过程中的流速、含量无法测量时，这是目前唯一的方法。

（2）物理模拟

物理模拟是指采用缩小或放大的比例，或简化的条件，或替代材料的试验模型来代替对原型的研究。物理模拟能保证模型与原型在物理本质上的一致性。如钢在高温（锻造温度）下有类似铅在室温条件下的变形再结晶过程，因此常用铅来模拟研究钢在高温下变形规律。模型实验较用产品试验周期短、费用低，便于定量测量和进行机理研究。

（3）专家系统（ES）

专家系统是一种计算机软件。它把有关领域的专家知识表示成计算机能够利用的形式。它包括知识库、推理机构及人机接口三个核心部分。由于它可以汇集许多专家的知识和经验，以及科学规律和数据，因而它可以避免个别专家依靠经验解决问题的片面性，实现准确、迅速地解决实际生产问题，比如进行废品分析与改进，生产状况与产品的预测和规划，生产工艺过程的优化与设计，生产过程的自动控制与监测等任务。

9.1.2 虚拟供应链含义

虚拟供应链管理（virtual supply chain management）简称 vscm，最早在 1998 年由英国桑德兰大学电子商务中心在一个名为"供应点"（supply point）的研究项目中被提出。该项目旨在开发一个电子获取系统，以使最后客户能够直接从中小企业组成的供应链虚拟联盟中订货，并称之为虚拟供应链。

1. 虚拟供应链本质

虚拟供应链上是在网络信息技术支持下的网络化供应链，网络化虚拟供应链

（networked virtual supply chain，NVSC）是指合作企业通过 Internet，由专门、中立的支持中心提供技术支持和服务而组建的动态供应链。虚拟供应链可以被看作是：合作伙伴基于专门的信息服务中心提供的技术支持和服务而组建的动态数字化供应链。它是一组智能化的决策系统，以智能分析决策为主要功能的决策体系。如图 9-2 所示。

	智能分析决策			
	管理可视化	辅助决策	智网	大数据平台
智慧化布局	大数据网络规划 模拟仿真+耦合分析+云计算		供应链深度协同 协同建模+关联分析+智能交互	
数字化运营	全链路智能排产 负荷监测+智能匹配+排产算法		运营规则智能设置 规则建模+机器学习+Promise系统	
	仓储 智能存储+智能拣选+智能耗材推荐 WMS+算法		运输 智能调度 TMS+算法	配送 智能分拣+路径规划 青龙系统+算法
自动化作业	入库+搬运+存取+拣选+包装+出库		调拨+摆渡+传站	分拣+派送
	视觉识别+AGV+AS/RS+货到人+自动包装+分合流		动态路由	自动化分拣+配送员+智能终端
	码垛机器人+搬运机器人+货架穿梭机+拣货机器人+复核包装+分合流		无人货车	机器人分拣+无人配送车+无人机

图 9-2　虚拟供应链智能分析决策系统

2. 支持中心可以支持多个供应链运行

虚拟化供应链不需要某个核心企业建立支持系统，而专门的支持中心又可以支持多个实体供应链的运作。这样可以使供应链的组建和运作成本大大降低，效率和敏捷性大大提高。而专业、中立的信息服务中心既能够为供应链提供高服务质量，又使供应链合作伙伴感到平等和安全，更使得广大中小企业发起和组建供应链成为可能。如图 9-2 所示智能分析决策系统涉及智慧化布局、数字化运营、自动化作业等子系统供应链运行。

3. 增强客户对供应链的控制

NVSC 服务系统将给予客户对供应链更多的控制，从而得到更高质量的产品和服务。网络化虚拟供应链以 NVSC 支持中心的服务系统作为支撑，包括客户、供应商、制造商、承运商、分销商、零售商和其他合作伙伴等参与者。在传统的供应链合作中往往需要一个核心企业来提供技术支持和服务，这个核心企业必须具有很强的市场掌控能力、技术实力和服务能力。

其他企业则作为合作伙伴加入到供应链中。这样，一方面核心企业必须投入大量人力和物力扩建其网络、数据库和服务系统，另一方面其他合作伙伴却又担心自己会受制于核心企业。另外，对于量大面广的中小企业来说，在它们之间的合作中很难有企业能够有实力胜任核心企业的角色。NVSC 可以解决上述问题。

4. 技术助力供应链虚拟化发展

信息技术和物流相关技术装备的发展，助力供应链虚拟化发展。供应链虚拟化可以在不增加后端成本和复杂性的前提下，为客户提供简单的前端数据可访问性，从而将企业的人员、流程和技术更好地整合在一起，并且通过共享资源池简化物理和虚拟架构管理，让整个企业都能够从中受益（图 9-3）。

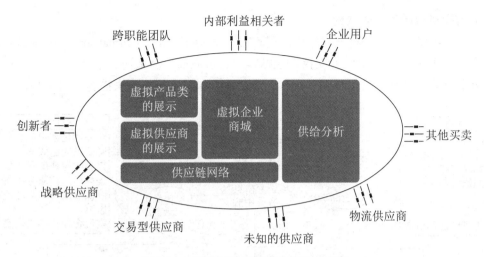

图 9-3　虚拟供应链商城与供应商关联图

未来，供应链成员间联系越来越密切，通过订单将各个供应商组合起来，做到能够快速响应市场需求。虚拟供应链将供应商网络中所带来的利益传递给客户，同时不用将巨额资金投在厂房、机器等固定资产上，而把资金用于扩大经营规模，有利于企业以最少的资源，做最多的项目。

9.1.3　虚拟供应链的结构

一个供应链不仅包括生产制造、原料供应、售后服务等，还包括运输、仓储、分销以及消费者自身等各个环节。所有的这些阶段共同组成一个复杂的网络结构，其中既有物流关系，还包括信息流和资金流，这是构成虚拟供应链的基础。

1. 虚拟供应链构建的背景

随着经济全球化趋势明显，供应链上的主体更多且关系复杂，使得整个供应链的复杂性和风险性不断增加。供应链管理中需要分析和设计的参数越多，通过传统的数学解析模型来对供应链进行分析的难度就越大。在考虑不同的约束和目标的情况下，仿真技术提供了识别供应链风险、理解和评估供应链性能的机会。仿真技术是一种可以用于供应链管理复杂决策分析和性能评估的强大工具。

2. 虚拟供应链软件技术条件

IBM 曾经开发过基于仿真技术和量化分析方法的供应链分析软件 AMT（asset management tool）。据估计，AMT 在 1998 年共为企业节省 7.5 亿美元，而 IBM 公司也因此获得了美国 INFORMS 协会在 1999 年颁布的 Franz Edelman 奖。通过后来的不断开发和完成，IBM 又在 AMT 的基础上开发了 SCA 软件（supply chain analyzer）。完善后的 SCA 基本包含了供应链运营管理中的关键问题，如库存水平控制、补货策略、运输策略等。更值得注意的是，该软件已经真正地融入企业信息系统和企业运营流程中，并且考虑到互联网发展的趋势，引入了基于 Web 端的界面和数据接口。为了保证软件的易用性，该仿真平台在用户界面的设计中考虑了使用者的定制化需求，可以想象，随着虚拟现实技术的不断发展，用户在未来甚至可以直接与虚拟的供应链模型进行体感交互。

3. 虚拟供应链的一般结构

虚拟供应链一般是一种网状结构,因此它的体系结构是以(virtual supply chain,VSC)信息服务中心的服务系统作为支撑,包括客户、供应商、制造商、承运商、分销商、零售商和其他合作伙伴。它可以从目标、任务、信息和技术等方面来描述(图9-4)。

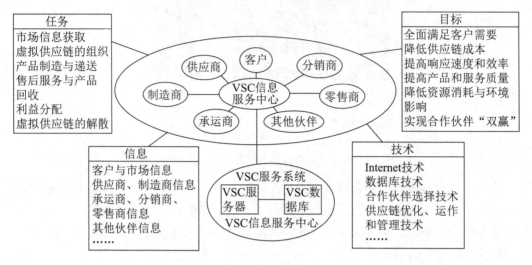

图9-4 虚拟供应链的体系结构

4. 虚拟供应链的运作步骤

基于VSC的体系结构,虚拟供应链的运作模式可以分为七个步骤:

(1)市场信息获取。直接从终端客户获取市场信息,通过投标、商业谈判等方式获取订单,并与客户签订销售合同销售商品。

(2)VSC发起与组织。虚拟产业集群是快速构建与运作虚拟企业的基础平台,是由具有一定专长的企业组成的集合体,主要功能是通过提供与调节成员企业的核心能力,参与虚拟企业运作,从而使成员企业分享市场机遇。虚拟产业群主要以"组织接近"来代替传统的地理接近,组织接近是虚拟产业群形成动力的新来源,而组织的接近则通过供应链和客户关系管理来实现。虚拟产业集群依托先进的网络技术,通过"组织接近"的形式把分布在不同区域的企业连接成群,从而达到跨地域性的作用。

(3)合同投标与获取。检查招标项目是否具备相关法规和制度中规定的必要条件;检查标段的划分是否适当;检查招投标程序和方式是否符合有关法规和制度;检查委托收费是否合理,是否签订委托合同;招标公告是否有招标人的名称和地址以及获取招标文件的办法,对招标人的资质等级的要求等事项;是否存在不合理的条件限制或者排斥潜在投标人;审查资格预审是否公正、是否按照预审公告规定进行操作。

(4)产品制造与递送。制造:安排生产、测试、打包和准备送货所需的活动,是供应链中测量内容最多的部分。递送:调整用户的订单收据、建立仓库网络、派递送人员提货并送货到顾客手中、建立货品计价系统、接收付款。退货:这是供应链中的问题处理部分。建立网络接收客户退回的次品和多余产品,并在客户应用产品出问题时提供支持。

(5)售后服务与产品回收。售后服务管理基于云计算、大数据等现代信息技术,对品牌客户售后服务中的物流、商流、信息流和资金流进行设计、规划、控制和优化。与此同时，电子产品更新换代的速度也越来越快，电子产品回收也随之走入更多用户的视野。

（6）利益分配。供应链利益分配问题，应考虑供应链利益溢出效应，线下努力推动线上需求增长产生推广溢出效应，分析供应链协调策略。在溢出效应背景下，采用 Stackelberg 博弈模型与合作策略，建立分散决策模型和集中决策模型，对比不同模型下供应链系统与各成员的最优决策和最优利润。

为解决供应链失调问题，协作方设计了成本分担与订货风险共担的联合契约模型，实现供应链协调发展和线上线下双赢。

（7）VSC 的解散。基于数字化的 VSC 作为一种现代的企业合作模式，对于降低供应链成本、提高响应速度和效率、提高产品和服务质量，进而高质量、快速和低价地满足客户需求有着重要的意义。

9.2　虚拟制造技术与虚拟供应链构建

9.2.1　虚拟制造与技术

虚拟制造能够在配置生产资源、压缩开发周期、降低生产成本、提高生产效率等方面发挥作用。虚拟制造技术将是未来供应链实现智慧化的关键技术，对供应链变革有着重要的意义。

视频 9.2

虚拟制造技术

1. 虚拟制造概念

虚拟制造是指在产品设计阶段，通过计算机仿真对设计、制造等生产过程进行统一建模，模拟出产品制造的全过程，进而分析产品制造过程与产品设计之间的相互影响，以此准确地预测产品性能和制造成本。

虚拟制造可以在产品的设计阶段就模拟出产品及其性能和制造过程，以此来优化产品的设计质量和制造过程，优化生产管理和资源规划，以达到产品开发周期和成本的最小化，产品设计质量的最优化和生产效率最高化，从而形成企业的市场竞争优势。

2. 虚拟制造与智能制造关系

智能制造是在数字制造的基础上发展得更前沿阶段，其实现离不开数字制造的基础，因此数字制造技术，包括产品数据管理技术、虚拟制造技术、快速成型技术、计算机辅助检测技术、数字控制技术等，均为智能制造的基础技术。但是，智能制造过程以知识和推理为核心，数字制造过程以数据和信息处理为核心，两者之间有着本质的区别

（1）数字制造系统处理的对象是数据，而智能制造系统处理的对象是知识。

（2）数字制造系统处理方法主要停留在数据处理层面，而智能制造系统处理方法基于新一代人工智能。

（3）数字制造系统建模的数学方法是经典数学（微积分）方法，智能制造系统建模的数学方法是非经典数学（智能数学）方法。

（4）数字制造系统的性能在使用中是不断退化的，而智能制造系统具有自优化功能，其性能在使用中可以不断优化。

（5）数字制造系统在环境异常或使用错误时无法正常工作，而智能制造系统则具有容错功能。

3. 虚拟制造技术

虚拟制造技术是指计算机辅助设计、呈现虚拟制造场景的计算机仿真、管控制造过程的数学建模等方面的技术。

虚拟制造技术已被应用于飞机、汽车等高端离散型制造行业。例如，波音公司应用虚拟制造，使新飞机的开发周期大幅缩短；各大汽车企业通过虚拟制造系统，使新车研发周期从几十个月缩短到了几个月。

虚拟制造技术可以应用于消费者定制的仿真设计，可以应用于订单交付过程的模拟，甚至可以对供应链的全链条运行进行仿真模拟。未来，供应链的运行结果如何，完全可以先在供应链仿真系统里面进行预演，用得出的相关结果（数据）再指导现实状况的改善。

在虚拟制造技术（virtual manufacturing technology，VMT）的关键技术中，除了上述高性能计算机系统软硬件设备之外，还包括实时三维图形系统和虚拟现实交互技术。利用实时三维图形系统，可以生成有逼真感的图形，图像具有三维全彩色、明暗、纹理和阴影等特征。虚拟现实是一种交互式的先进的计算机显示技术，双向对话是它的一种重要工作方式。就虚拟现实交互技术而言，人是主动的，具有参与性，而不再是观众，有时甚至还充当主人的角色。

以"数字化＋智能化"为标志的新型虚拟供应链模式正在快速兴起，构建"数智化"的精益供应链体系成为大势所趋。

9.2.2 数字化虚拟供应链建立

在2019年的全球智慧物流峰会上，快递飞艇、无人直升机、菜鸟AI空间、5G自动驾驶等物流"黑科技"集体亮相。菜鸟全链路无人操作智慧仓成为一大亮点：商品存储在自动化立体仓库，发货时由算法调度出仓，机械臂搬运商品交接给机器人，再由机器人完成运输，实现物流仓库的无人化操作。随着数字化技术的发展和智能装备的广泛应用，以"数字化＋智能化"为标志的新型供应链模式正在快速兴起，构建"数智化"的精益供应链体系成为大势所趋。

1. "数智化"与精益供应链

精益供应链是将供应链中的所有活动都视为制造企业生产活动的有机组成部分，通过统一规划和信息共享，在计划、运输、生产、存储、分销等环节协调并整合过程中的所有活动，以无缝连接的一体化过程实现供应链中每个环节（阶段）的资源占用最小化，实现整体收益最佳化。

在供应链的构建和运营过程中，减少资源占用和提升作业效率一直是其追求的核心目标之一。"数智化"的手段不仅可以缩短供应链体系的构建周期，还可以精确项目投资，降低资源占用，提升制造效率，同时还能够减少质量损失，降低供应链成本，最终实现产成品的精益交付。在推行"数智化"的过程中，需要对供应链体系的本质和内涵有一个清醒认识，遵循科学规律，重视体系间要素匹配和适用场景，使"数智化"发挥出应有的作用。

2."数智化"技术的应用

"数智化"技术在精益供应链中的应用，"数智化"在精益供应链体系运行过程中的应用场景主要有：

零部件的智能检收，智能立体库的高效存储，自动导引运输车（automated guided vehicle，AGV）的智能运输，RFID的智能识别，IoT的智能调度、协调，数字孪生技术的智能组合等。

1）基于计算机识别技术的零部件自动检收

比如卡车进入厂区大门时，卡车上的车牌被安装在门口的摄像头自动捕捉并识别，车牌车辆信息与系统提前预存的车辆信息进行比对。司机在车里露出面部，人脸摄像头扫描司机面部无误后，车辆驶入月台。司机不下车，门卫不出屋，全部信息自动记录在数据库。

车辆到达月台后，厂内可伸缩皮带被启动，一直延伸到卡车车厢内，皮带末端的夹抱机器人自动识别箱子的位置并抓取到伸缩皮带的入口端，箱子被伸缩皮带机连续输送到厂内的码垛区，码垛机器人抓取起箱子并分类码垛到不同的托盘上。托盘信息和数量被AGV自动读取和点数，箱子的信息和数量被输送机自动读取和点数，所有信息被自动记录到数据库系统里。

入厂收货通过自动识别技术，实现了卡车入厂自动识别、零部件验收自动识别，大幅度提升了零部件入厂验收的准确性和效率。

2）自动化立体仓库存储货物，增加存储效率

一个自动化立体仓库拥有货位数可以达到30万个，可储存30万个托盘，以平均每个托盘储存货物1吨计算，可同时储存30万吨货物。由于自动化立体仓库采用了高层货架和自动化管理系统，大大提高了仓库的单位面积利用率，同时提高了劳动生产率，降低了劳动强度。

自动化立体存储方式，在新工厂的建设规划和老工厂的升级改造过程中得以广泛推广使用，并取得了可观的经济效益。

3）AGV实现智能搬运

AGV作为一种高度柔性化和智能化的物流运输工具，在劳动资源紧张、人工成本较高或不适合人工作业的环境中被广泛应用。AGV通过接收控制中心分派的任务，按照预先设定好的路径（或者根据自己对环境的判断重新设计路径）智能化地完成相关作业，目前在生产制造、快递等行业中被广泛采用。

例如：某汽车车间原料托盘较重，厂内配置多台背驮式AGV自动搬起托盘到车间各个工位。每个工位都配有呼叫器，可以随时呼叫要几盘原料托盘。呼叫请求自动发送给AGV调度系统，AGV响应调度系统，按照数量和呼叫任务进行精确的托盘搬运。AGV会把原料托盘直接搬运到工位旁边。整个过程系统会自动记录，包括托盘的物料信息、去向和数量等。

4）RFID技术实现供应链的智能识别和调度

在商品流通领域，RFID技术使得产品的智能物流和库存控制技术成为可能。它在物

流行业的应用场景如下：每个产品出厂时都被附上电子标签，然后通过读写器写入唯一的识别代码，并将物品的信息录入到数据库中。此后在装箱销售、出口验证、到港分发、零售上架等各个环节都可以通过读写器读写标签。标签就是物品的"身份证"，借助电子标签，可以实现商品的原料、半成品、成品以及运输、仓储、配送、上架、销售、退货处理等环节的实时监控。RFID技术提高了物品分拣的自动化程度，降低了差错率，提高了整个供应链管理的透明度和效率。

5）IoT助力智能设备协同，提升供应链运行效率

IoT能够实现供应链以及物流管理信息系统对商品的实时监控，在一定程度上减少了信息丢失的情况。此外，IoT的云技术能够让货品信息快速地反映给相关物流企业，使得该物流企业能够及时地存储或者运输相应的货品，优化仓储吞吐能力；其次，IoT技术使得传统物流系统中的以人为中介点转变成了商品和商品之间的直接连接，减少了人为因素造成的错误，大大增强了物流配送和仓储能力。

与普通的条形码不同的是，IoT的应用使得每一件商品都有一个自己专属的网络ID。这个ID里包含该商品的所有信息，管理人员可以凭借网络ID获取该商品的物流跟踪信息，甚至能够知道该商品的来源地、材料组成和加工方式等，从而实现智能化的管理。

9.2.3 数字孪生技术在虚拟供应链中的应用

数字孪生技术的概念源自工业仿真软件，后者自20世纪70年代以来就一直服务于制造业、航空航天、半导体及其他涉及精密零件设计制造的领域。

1. 应用场景

IoT技术、数据分析与机器学习的兴起使得数字孪生能够模拟多个行业中的联网流程与物理资产。制造商可以在数字孪生中重现自己车间内的设备，通过模拟运行预测设备何时需要维护，从而抢先一步保障业务的正常运行。医学研究人员也在为人体器官建立数字孪生副本，借此设计出更安全、更有效的治疗方法。在拉斯维加斯，市政规划当局也在构建城市虚拟副本，希望改善城市的空气质量与能源利用率。

根据Gartner公布的一项调查，在已经实施物联网项目的企业组织内，有62%计划使用数字孪生技术。供应链正是数字孪生中的一大典型应用场景，其通常强调在众多数据流之上应用机器学习技术，借此模拟货物、物料、库存及仓储的实时运作状态。

2. 成功案例

国际托运商DHL就为其一处东南亚食品加工仓库建立了数字孪生副本，其中使用传感器加摄像头捕捉数据，数字孪生负责将仓库内的托盘表示为3D计算机模型中的虚拟对象。通过由孪生副本生成的实时运营数据，仓库主管就能确保易损货物在运达后的30分钟之内即正确摆放，而即将配送的货物也能在收到申请后的95分钟内做好发出准备。

数字孪生技术能够帮助数以千计的传统流程实现决策自动化与大规模实时管控，虚拟联盟中的一家成员企业就为自家ERP系统建立了数字孪生副本。该系统管理着2500多处设施、库房与最终用户端的超过12万个库存单位。每隔10分钟，孪生副本就会重新检查库存信息、确定每件货品的位置，并确定期间有哪些客户提交了订单。以此为基础，这套数字孪生系统每月提出25万条关于配送地点和配送方式的建议，并在发生特殊

情况时及时提醒管理员人为介入。

3. 数字孪生在供应链规划中的作用

（1）数字孪生助力现代产品流程设计。数字孪生通过设计工具、仿真工具、物联网、VR 等各种数字化的手段，将物理设备的各种属性映射到虚拟空间中，形成可拆解、可复制、可转移、可修改、可删除、可重复操作的数字镜像，这极大地加快了操作人员对物理实体的了解，可以让很多由于物理条件限制，必须依赖于真实的物理实体才能完成的操作，如模拟仿真、批量复制、虚拟装配等，通过数字孪生成为触手可及的工作，激发人们去探索新的途径来优化设计、制造和服务的积极性。

（2）数字孪生技术实现供应链建模分析。数字孪生可以结合物联网的数据采集、大数据的处理和 AI 的建模分析，实现对当前状态的评估、对过去问题的诊断，以及对未来趋势的预测，模拟各种可能性，并给出分析结果，提供更全面的决策支持。例如通过对供应链规划方案的仿真，可以及早验证零部件的运输路径是否合理，运输车辆的配置数量是否科学、准确，包装箱和器具的数量是否充足等情况；还可以验证制造企业的物流方案与工艺方案是否匹配，应如何采取优化对策等；也可以精准锁定、优化设备和设施的需求数量，做到精准投资和精准交付。

9.2.4 通过"数智化"实现虚拟供应链精益化

数字化是智能化的前提和基础。IoT、大数据、云计算等智能制造关键技术的有机组合，帮助企业实现由"制造"向"智造"的转变。实时数据中控系统通过实时采集、监控制造过程中的工艺参数、质量状态、能源消耗等信息，并对信息数据进行存储、分析，实现信息的快速查询以及整个生产环节的全信息化高效闭环管理。供应链的优化目标是通过"数智化"实现精益化。

1. 帮助客户实现价值

精益供应链是从精益生产的理念中蜕变而来的，是精益思想在供应链管理中的应用。其核心是追求消灭包括库存在内的一切浪费，利用尽可能少的资源创造尽可能多的价值。作为一种新型的供应链组织方式，精益供应链提供了一种新的思维方式。以顾客需求为中心。要站在顾客立场，而不是仅仅站在企业自身立场考虑，同时也不是从企业功能系统立场考虑哪些流程可以创造价值，而另外一些不能创造价值。对价值链中的产品设计、制造和订货等的每一个环节进行分析，找出不能提供增值的浪费所在，及时创造仅由顾客驱动的价值。

2. 以前沿技术掌握"数智化"

未来的供应链必定是从数字化到"数智化"，数智世界将是我们共同面临的时代。相信随着"数智化"技术在虚拟精益供应链中的应用更加普及和深入，未来的精益供应链体系也会更加健全和完善，将会为企业发挥出更大的效益。"数智化"是解决供应链问题和改善供应链现状的手段和工具。只有充分了解了数字化技术和智能化产品的适用条件并正确加以运用，才能让其发挥最大的作用并获得最佳收益。

3. 以系统思维指导精益供应链的建设

供应链体系是由多个关联要素组成的，各个要素之间相互作用，相互影响。所以，在构建数字化的供应链体系时，一定要在科学的整体设计前提下，合理匹配相关资源，使各要素发挥出最佳状态，确保整体效应；要在科学评价的基础上关注系统需求，以满足系统总体功能为标准，用系统思维和精益理念对系统各要素的状况进行评价，既要杜绝要素的功能"不足"，又要防止其功能"过剩"，实现供应链体系整体的精益化。

4. 坚持供应链的目标导向

构建精益供应链，就是要通过"数智化"的手段实现运行效率的提升、减少资源的占用与浪费，并以这个"初心"为核心，进行方案论证、资源调配和组织实施，并不断进行方案优化和改善运行，实现精益化的目标。

5. 消除数字化技术的局限

数字技术的应用前提是物联网、大数据、云计算、VR和多媒体等技术的发展与成熟，目前在一定程度上会受到技术水平、运行环境和企业自身管理水平的制约。因此，在应用数字化技术的过程中，一定要厘清其必要的输入条件和适用场景，充分认识到当前技术的局限性，并充分发挥人的聪明才智，以精益为"原点"，采取多条腿走路的策略，分步骤推进相关工作。

6. 科学运用精益方法论

科学精益方法论的思想是在实践中逐步完善的，重点在流程的持续改进上，因此也包括IT系统的逐步改善。一个致力达到需求拉动型管理流程的公司，可以首先执行一个整合计划和执行流程的系统，然后再迁移到一个纯粹的需求响应系统，并将计划视为"天气预报"，对长期生产能力进行规划和管理，以做到对潜在需求在更为前端的流程中做出快速响应。随着时间的推移，供应链越来越精益化，IT技术方案需要能对变化进行弹性响应，它必须推动虚拟供应链流程的持续改进和变化，而不是停止变化。

9.3 虚拟供应链体系构架

9.3.1 生产虚拟供应链结构

仿真技术可以在产品、系统的设计和配置阶段就进行试验和验证，因此仿真技术也被广泛地应用于制造领域，尤其是在当今数字化制造与智能制造的背景下，人们对于VR等仿真技术在生产制造领域的应用抱有极高期望。随着工业4.0的到来，以前大批量工业化生产的模式逐渐向多品种、少批量的模式转变。

视频9.3
虚拟供应链体系架构

2020年8月，京东物流与安徽省宿州市政府签署了战略合作协议。除了建设智能物流园区以外，京东物流还提出了一个既熟悉又陌生的概念：在"新基建"部署下，打造全国领先的智能一体化供应链产业基地。

1. 虚拟物流供应链到一体化智能供应链

京东物流建设的一体化供应链具有三个维度。第一层称为长度，基于入厂、生产、流通全链条物流执行的能力，并具有全链路全社会的资源整合能力；第二层称为深度，即基于算法的数据驱动的智能网络规划、智能预测、智能库存、智能计划等以及全渠道订单协同能力；第三层称为广度，即依托于京东集团的综合数字能力，如京东数科、京东云，以及外围体系的整个生态，以企业客户需求为核心，用社会化资源手段构建一体化供应链生态，为企业未来供应链变革提供全方位的支持和服务。如图9-5所示，数字技术成为虚拟供应链加速器和驱动器。

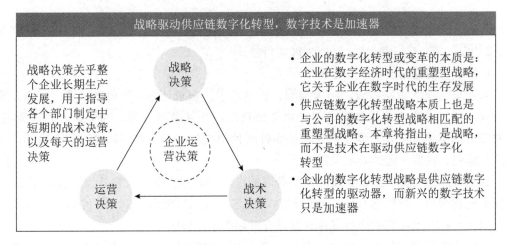

图9-5 一体化智能供应链企业运营决策图示

2. VSC 结构组成

VSC 是一条基于信息的虚拟链，它是整合供应链不同主体，将整条供应链的各个环节串成一个动态、柔性的企业联盟。

（1）VSC 的平台。在 VSC 运作中，依靠一关键结构—VSC 商务平台，该平台可由政府或行业筹备，依托某一商务网站组建，并由筹备者随时刷新，各中小企业以会员形式加入其中，供客户和企业查询，并在平台上组建虚拟供应链。

（2）VSC 的主体构成。在虚拟供应链形成中，有大量从事供应、制造、销售的中小企业作为其形成基础，不需由大型核心企业组建，各企业的合作是均势的，利益分配比有核心企业的传统供应链更趋合理；相关企业通过查询虚拟供应链商务平台上的信息，快速组建，迅速联合。所以更易于形成，并使其运作成本降低。

（3）VSC 的组织。VSC 的管理职能机构是建立一个符合现代化管理组织理论的扁平化组织结构，由发起企业构造结构网络，在相互信任的基础上，向其合作企业提供指导性管理支持和服务。

由于供应链虚拟企业的领导是根据成员所具有的核心能力来确定的，即组织中的领导是共享的或动态的，因而管理层能够对变化的外部环境做出快速反应。另外，流通在供应链中的信息关系着各成员的切身利益，这就能保证信息传递的及时性和准确性，从而保证所做出反应决策的科学性。

（4）VSC 运作模式。VSC 运作模式是：客户在 VSC 商务平台上发布需求信息，商务平台将同类需求信息聚集，供分散的供应商、制造商、分销商、零售商浏览。相关环节的上下游厂商的任一家都可作为虚拟供应链的发起者，联合有关合作伙伴组成虚拟供应链，相互约定合作伙伴的任务和利益分配原则。

客户在 VSC 商务平台上考察和比较参与合同投标的虚拟企业供应链及其组成单元情况，进行优化决策，选择一个综合最优虚拟供应链并签订合同。向供应商订购原材料及零部件，产品制造，向分销商、零售商分发产品。

9.3.2 顾客需求管理虚拟供应链

随着仿真技术，尤其是 VR 技术的发展，将"前台"的客户需求与"后台"的产品设计、生产、制造过程打通已经成为现实可能。

1. 需求管理数据的获取与分析

从需求管理（激发需求、销售预测、影响需求、需求计划）的角度来看，在激发需求方面，线下客户消费的数据资料难以全面获取，并且是离线的。为了扩大心理覆盖、激发需求，需要分析客户分布的区域从而针对性地投放广告，也可以通过门店内的广告和商品陈列、减价、促销来激发需求。

线上客户的购物痕迹是在线和易于获取的，通过数据分析比较容易识别客户在哪里，有什么购物偏好，同时客户可以在线触达，广告投放可以做到一对一，个性化，这也就是我们在互联网上看到的产品推荐非常贴合近期需求的原因。

全渠道零售客户的需求多变，并且由于互联网的实时在线和广泛传播性，一个热点事件会一夜之间迅速传播到全国各地，因此容易出现爆款商品。针对爆款商品，就要求供应端能够把握市场机会。爆款不是平白无故就变成爆款的，往往背后由供应方在推动，因此通过和供应方协同获得它们的在线市场计划就非常关键，但如果你的规模太小没有办法做到协同，那就需要广泛收集在线市场的情报，识别市场上的热点，进而响应这些热点市场需求（图 9-6）。

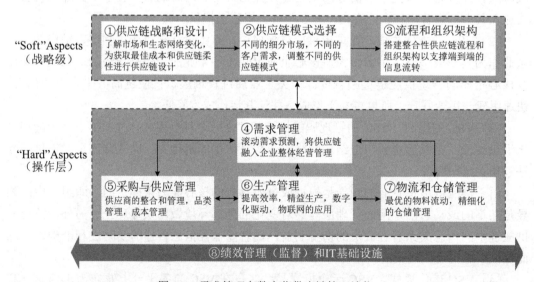

图 9-6　需求管理在数字化供应链核心地位

2. 需求管理 VSC 实施动因

在 C2M 模式实施之前，顾客很难看到产品设计和制造过程的图像，因此在产品制造出来之前，几乎对于产品没有认识。但是通过 VR 技术的形象化模拟，顾客可以更好地理解正在制造中的产品，因此也能更加明确地提出自己的需求。

最近，很多零售巨头已经尝试将 VR 等仿真技术现引入到电子商务和销售领域，如沃尔玛公司收购虚拟现实初创公司 Spatialand 以发展虚拟零售；阿里巴巴推出淘宝 BUY+ 计划，也是为顾客提供远程的产品体验服务，并以此来满足顾客的需求，正如 Rohrer 所说，人们通常相信自己真实看到的东西。

3. 需求管理虚拟供应链实施价值

VR 模拟出的结果，由于其"真实"的沉浸式体验，可以大大增加用户对于产品的感知度和信任度。利用 VR 的数据采集硬件，结合眼动实验、脑波实验等分析系统，仿真平台甚至可以直接获取客户对于产品的满意度，进而对产品进行营销评估，了解其对其他客户的潜在需求。

一旦这些需求被收集起来，那么该产品在设计和制造过程中就会有针对性的定制化生产，以便将客户需求与产品技术指标联系起来，并将其转化为零件特性、制造操作标准和生产要求，这种正向设计的思路将会给制造业带来变革，真正实现工业 4.0 中所描述的以顾客为导向的制造业。

9.3.3 虚拟供应链共享系统作用

VSC 组织的建立，为压缩前置时间，建立基于时间竞争的极速供应链提供了组织结构基础，而虚拟供应链组织的良性运作，却离不开信息共享系统的硬件支持。而影响供应链运作的最重要因素之一，是各成员不愿意与他人共享那些敏感的信息。由于供应商不能够全面地了解顾客需求变化的真实动机，只能根据顾客需求的变化来调整自己向上一级供应商的订货量。

传统供应链运行过程经常会产生所谓的"牛鞭效应"（buHwhip effect），即消费者需求一点点变动就能通过供应链使末端需求产生巨大的波动。

1. 消除牛鞭效应

随着供应链的延伸，松散式整体化造成的后果也愈来愈令人担忧。后果之一就是加重了"牛鞭效应"。"牛鞭效应"实际上是供应链中各成员理性行为的结果，由于各成员只是从自己的目标出发并缺乏对其他成员所作决策的了解，从而导致了看起来对于各成员是优化了的行为，而对于供应链整体来讲却是并非最优的结果。这种效应对于供应链管理危害很大，可能导致供应链运作的混乱。解决这个问题的有效方法是建立集成化信息管理系统，同时协调各成员间的关系，促进他们相互共享关键信息。

2. 采用集成化信息管理系统 EDI

通常采用的集成化信息管理系统（electronic data interchange，EDI）是指以一定形式的标准商业文件由一个公司的计算机系统，通过电子传递方式传向与它有贸易关系的公司的计算机系统。采用 EDI 使得供应链上的各成员都能迅速听到需求的呼声，并依赖柔性制造、自动化仓库和快速后勤等对需求做出及时反应。

3. VSCM 的一般做法

基于 EDI 的虚拟供应链管理的一般做法是：当零售商与顾客发生一次交易后，其数据由 POS 机通过 EDI 进入供应链的数据库，与原有的预测信息对照，以了解其差异，根据调整后的预测信息再考虑促销或特殊消费的信息,得到尽量接近实际需求情况的新预测值,供应链上的各成员根据这个较为准确的预测值安排生产和供应。

4. 提高整个供应链的运作效率和顾客响应

通过信息共享系统的建立和完善,确保信息在供应链中传递的真实性和及时性,并在空间概念上减少供应链的层次,提高整个供应链的运作效率。同时,信息的共享,构建以顾客为中心的闭环信息流通路,使顾客反馈信息成为可能,从而营造快速反应客户需求的硬环境。

9.4 虚拟供应链管理与运作

9.4.1 虚拟供应链管理主要内容

视频 9.4
虚拟供应链体系架构

供应链作为一个包含供应商、制造商、分销商、承运商的多层结构化网络,其网络系统的设计是一项艰巨的任务。其中既包括了设施位置、生产能力、库存量、运输模式等生产性指标,又包括了供应关系、合作关系、信息共享政策等商业运营指标。

1. 虚拟供应链设计的指导思想

VSC 与普通供应链在流程设计上有一定差异性,主要体现在人为因素考量与技术元素渗透问题,所涉及指标的组织优化空间非常巨大,虽然我们可以通过运筹学和大数据分析的方法筛选参数组合,但是由于供应链模型的抽象性,筛选后的参数组合并不能直观地给设计者以决策"信心"。而仿真技术可以最大限度地模仿现实中的各种情况,并尽可能地减少模型不切实际的假设。

在 VSC 设计的阶段,即使设计者完全没有运筹学或数据分析的知识基础,也可以通过调整仿真模型用户界面中的各个参数设置,来直观评估供应链设计方案的优劣。将仿真技术引入到供应链设计中,可以最大限度地描述出供应链中的非线性关系,辅助设计者处理大规模的设计问题,将仿真技术在库存、配送运输、生产调度、需求、销售及供应链网络设计等问题进行分类。

2. VSC 运营阶段

在实际运营过程中,可以通过建立供应链仿真模型为日常的运营管理提供过程控制、决策支持和前置性计划。在运营过程中,虚拟供应链时刻处于动态变化之中,但结合传感器技术和大数据分析,我们可以将供应链的实时数据和分析结果输入到仿真模型中,使得仿真模型也随着供应链的变化而演化,并始终保证二者在核心指标上尽可能的保持一致,有学者将类似的仿真模型概念称为"真实虚拟供应链"。虚拟供应链在供应链设计阶段,可用于评估供应链的不同配置。

在进入运营阶段后,该仿真模型同样也会演化并提供有价值的支持。在此阶段使用仿真技术可以支持供应链计划和调度以及供应链执行策略。对于供应链执行,通过评估发生意外情况时可用的替代行动方案,模拟并制定事件管理策略。

3. 供应链风险管理

供应链中的风险管理虽然与供应链设计和运营管理有一定的重合，但是考虑到仿真技术在风险管理中的广泛应用，在这里我们单独拿出进行详细的讨论。首先风险管理作为供应链管理中的重要课题，从"牛鞭效应"到供应链柔性设计，类似的风险控制问题一直以来都备受研究者重视。

由于完整的供应链网络中风险因素众多，其中的某一环节出现问题都有可能导致整个供应链的上下游出现生产停滞或库存爆仓的情况。而仿真技术可以利用 What-If 测试等方法，通过不断调试系统参数来模拟真实情况中的各种特殊情况，并检测供应链中各个企业的风险管理能力（图 9-7）。Wilson 应用系统动力学方法来模拟运输中断对供应链绩效的影响。Wu 和 Olson 建立了一个三级供应链的模型，并利用具有代表性分布的随机模拟数据来确定供应链绩效的期望值，探究了供应商选择中的风险管理问题。

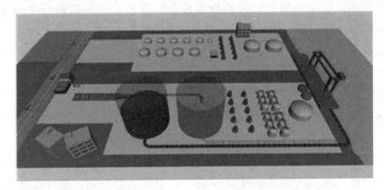

图 9-7　某天然气贸易公司的供应链仿真软件动画

4. 虚拟供应链利益相关方关系处理

结合 VR 等仿真技术，我们可以更加直观、切身地理解供应链管理中的核心机制和关键特征，这种动态、系统的洞察有助于帮助管理者树立科学的管理理念，进而提高供应链的效率。供应链各个环节都存在不同的企业，它们对供应链整体有不同的利益诉求和期望，所以经常会出现利益冲突的情况。

通过建立统一的仿真平台，让供应链上的各个对象最直观地了解到供应链整体的性能，并通过可视化的数字仪表盘来将各个主体最关心的指标表现出来，这样更有利于实现供应链协同。当然，在将仿真技术应用于供应链管理的过程中，也存在着一些困难，如供应链成员之间共享专有数据的问题等，但随着数据加密技术、区块链技术等数字化技术的进步，部分问题将逐渐得到解决。即使这些困难和缺陷依然存在，但是仿真技术在供应链管理上的应用优势已经得到了学术界的逐渐认可，并且在业界也有非常高的接受度。

9.4.2　基于虚拟现实及仿真技术的生产物流管理

产品定制化和个性化的要求不断提高，给生产物流系统的设计带来了极大的挑战。在这种情况下，仿真技术更加受重视。传统的制造系统仿真研究更多的是模拟物料通过不同的机器和物料处理系统的变化以及物流布局的影响。有的软件使用随机模型来仿真工件的加工和到达时间。这些模型对于分析机床利用率、加工时间、瓶颈工艺等具有重要意义。目前，仿真技术已经不局限于此，还在培训、排产计划、产品设计、人体功效等方面发挥作用。

1. 新产品的开发

从 20 世纪末计算机技术发展开始，很多产品设计的工作都已经直接通过计算机辅助软件来操作，如使用 3D CAD（computer aided design）仿真软件生成原型机并进行初步的有限元分析等，但随着计算机视觉技术的进一步发展，这些工作将会变得更加生动和逼真。在产品开发过程中，利用沉浸式或半沉浸式设备如 CAVE、HMD 和 BOOM 等，可以提高人与人、人与机器的交互。一个被称为 DiCoDEv 的仿真平台可以简化分布式设计专家与共享虚拟环境之间的合作。

VR 之前更多被定位为一种娱乐玩具而不是工具，然而现在它正在凭借其逼真的视觉效果和协同设计的能力，被应用于工业设计领域。尤其是在航空和汽车行业，由于其需要快速开发产品，很多公司已经开始根据自己的需求与研究机构合作研究开发 VR 工具。如学术界有学者提出了 CAD 仿真和 VR 技术的整合框架，并成功将其应用于产品设计过程中；工业界 General Motors 公司和 Caterpillar 公司也已经将虚拟现实技术引入到设计过程，以建立车辆的数字仿真原型机。

2. 生产布局规划

生产布局规划是指制造车间内机器/设备分配方案的设计。工厂的生产布局设计是一项多学科、知识密集型的工作，对于现代全球竞争环境中的制造商的生存至关重要。由于客户需求在产品数量和产品种类方面的快速变化，设计和建造新工厂布局或重新配置当前布局的需求已经大大增加。这就要求企业更灵活地规划，设计和重新配置工厂布局，以便能够将新产品推向市场并保持其竞争优势。使用预定义的对象，可以用 3D 仿真技术实现布局模型，避免设备和环境的重复绘制工作，并且创建的数字工厂为用户提供了在工厂模型中移动、浏览、检查和渲染动画的能力（图 9-8）。在汽车生产的过程中有研究提出一种导出装配线设计方案并根据多个用户定义标准的对其进行评估的方法。

图 9-8　某汽车零部件加工厂布局仿真模型

3. 车间物流流程设计

制造过程中的材料流动是指材料通过工厂内部的生产过程或价值流动来生产最终产品。在当今不断变化的制造业环境中，大规模定制、全球化制造和数字化制造共同形成现在的竞争新格局，企业需要更强大的能力，来更快响应市场动态和不同需求。采用优化的车间物流机制，结合新兴技术的实施，对于提高生产和服务质量，以及为客户提供服务具有重要价值。车间物流方案的规划过程中，我们可以基于仿真模型框架，整合场景建模技术，自动基于实际的模型布局生成物体移动的运动路径，并尽可能地避免与其他物体的碰撞（图9-9）。另外还有研究使用Java语言开发了一套船舶修理厂物流过程的仿真模型，该模型引入关键业务功能与生产计划，并可以结合调度计划和控制算法来支持船舶修理的现场管理。

图9-9　某汽车零部件加工厂部分加工环节仿真模型

4. 生产流程虚拟仿真

生产流程指的是使用一种或多种物理机制，来改变材料形状、性质的过程。在生产流程中，加工、装配和检测这三个环节是目前仿真技术应用较广泛的领域。现代产品配方、工艺和制造流程复杂，这就对加工工艺的模拟提出了更急切的需求以及更困难的挑战。经典的有限元分析软件，可以建立仿真模型以探究航空发动机组件的各种性能指标，最新的虚拟现实技术也可以从各个维度展示并联机床的加工过程。通过对物理原理和化学原理的高度模拟，我们可以对流程制造和离散制造、加工过程中的过程参数进行建模和标注，并通过用户友好的人机交互界面（甚至可以是逼真的视觉效果），将这些指标动态地展示出来。

通过建立仿真模型，我们也可以将产品各组件之间的交互关系模拟出来，并刻画出各组件装配过程中的相互影响和耦合作用，同时使用最佳装配算法的智能虚拟装配系统在虚拟装配过程中提供触觉交互。另一个触觉虚拟现实平台HAMMS可以仿真组件虚拟装配的性能，并对装配过程进行计划和评估，同时大部分的仿真平台还可以用于培训装配人员和维修人员。

物流流动是生产物流的主要目的，但只聚焦于物料流动的模拟有很大的局限性。现在的仿真技术已经比较成熟，仿真软件已经涉及生产物流中的其他主要流程和环节，如管理流程模拟、信息流模拟和人机交互模拟等。当各个领域的子模型整合在一起时，可能才能真正实现制造和物流系统的整体仿真模型，而这个概念有的学者称之为虚拟工厂和虚拟物流。

总之，VR环境可以为多个用户提供可视化、沉浸和与虚拟原型交互的能力。既可以有效地管理知识，还能在同一个虚拟物体上进行实时协作并对其进行验证，甚至可以使用数字人体模拟进行人体工程学评估。

案例讨论1

顺丰：硬核科技的践行者与受益

一家公司能够维持28年不容易。

一家公司能够蒸蒸日上，与时俱进28年就更加难得。

今天我们要谈的，就是这家正好成立28年的顺丰控股。

我们长期关注资本市场，也不断留意顺丰，它可谓目标纯正，心无旁骛，做正确的事，让时间提供答案。

战略上，顺丰也看得准、看得深、看得远；实践中，做得早、做得坚定、做得扎实、做得持久。更难得的是不折腾、不摇摆，目标坚定，行稳致远。

1. 顺丰科技硬核，长跑更显实力

2020年可谓是企业的魔鬼赛程，但是面对这个罕见的特殊时期，顺丰及时应变，把握重点，向用户交出了一份有相当多亮点的财报：规模利润同步增长、财务稳健下的市占率提升，顺丰持续扩展成长边界以及多元产品矩阵形成综合优势等，这都显示出一家长期发展良好公司的特别气质。

竞争实力的形成，不是一朝一夕。顺丰的业绩能够持续获得增长，除了上面年报所提及的几个因素之外，还有一个容易被忽略的优势——那就是科技底盘扎实，持续打造长期市场竞争力。

年报显示，顺丰控股目前共有时效快递、经济快递，快运、冷运及医药、同城急送、国际、供应链、其他，共八个产品业务线条。其中，时效快递、经济快递被划分为传统业务版块，快运、同城、医药、供应链、国际属于新业务板块。不过，无论是传统业务还是新业务，在今天，其板块的发展基础与核心竞争力，都离不开技术的实质支持与推动。事实上，作为行业龙头，顺丰有着自己的科技目标，以科技为底盘，带动产品体系建设，致力于成为独立第三方行业解决方案的数据科技服务公司，为客户提供涵盖多行业、多场景、智能化、一体化的供应链解决方案。

今天的物流行业，已经不是简单的送货概念而是脱胎换骨，登堂入室，成为移动互联网时代的主流行业之一。

随着物流行业对数字化、智能化、信息化发展要求不断提高以及图像、语音等技术不断进步，智能落地已经有了新的应用场景。顺丰建立了智慧大脑指挥调度中心以应对和解决多元、复杂的业务系统目标问题，结合大数据、机器学习、AI、运筹优化等前沿技术，基于收件、派件，时间维度、空间维度进行精准分析从而实现快递工作者服务的精细化、智能化排班及实时调度分配，进一步推动顺丰全城动态物流网络建设。在物联网、大数据、人工智能、云计算、GIS等技术综合应用的加持下，顺丰智慧大脑让机器解放双手，让AI助力决策，让智能设备汇集数据之源，促使物流行业进入信息化、可视化、精细化、智能化的科技时代。

顺丰的科技研发，正在践行"科技改变物流，物流改变生活"的理念：

2. 科技+新基建，顺丰在实践潜行

去年以来，新基建成为一个热门概念，也符合中国实际的发展方向。这方面，顺丰动作很快，也取得了相当的成效。

基于丰富的数据和业务场景，顺丰的科技致力于在大数据、AI等前沿科技的发展和落地，聚焦行业特性，从客户场景出发，深挖不同场景下客户端到端全流程接触点需求及其他个性化需求，设计适合行业客户的、差异化服务的产品，让技术和产品真切落地并更好地服务于客户。

以大数据这一环为例，其从市场的实际需求出发，同时又有前瞻性，顺丰已经构建了大数据整体生态系统，成为顺丰天网、地网、信息网的"黏合剂"，已完成数据采集与同步、数据存储与整合、数据分析与挖掘、机器学习、数据可视化等平台的构建。在建设底层平台的基础上，结合大数据与AI技术，广泛应用于速运、仓储、冷运、医药、商业、金融、国际等业务领域。建设了包括智慧管理平台、智能决策平台、物联网实时监控平台、智慧仓储系统、数据灯塔等一系列大数据产品和系统。

在很多企业都会提到的AI方面，顺丰也交出了具有自己特色的答卷——融合AI到实际业务场景中，打通各个流程，进一步推动物流全链路的信息互联互通，通过机器学习、计算机视觉、运筹学和全局优化等AI技术，实现物流系统状态感知、实时分析、科学决策和精准执行，构建顺丰物流体系的"智慧大脑"。

2020年，顺丰为各地特色农副食品建立了区块链溯源平台。该平台为产品提供唯一的溯源码，全程追踪产品从田间到餐桌的流向，实现农业端到端产业链的数据自动采集，确保每个环节食品质量、安全、来源等信息透明可追溯。特别是在新冠疫情的背景下，农副食品全流程可溯是实现防疫监控的有力保障。顺丰还通过自主创新和研发逐步解决物流场景无人化领域中的技术难题，在仓储、包装、运输、配送等诸多领域的应用场景中积极推进无人化。

3. 科技改变生活，这样的践行才值得看好

技术增长的本质是个正反馈过程。一家公司现有的条件越好，已有的这些技术越先进，就越是能够站在巨人的肩膀上，越能够使用更好的知识去生产新的知识，再做下一步研发就越容易，所以常规情况下技术进步一定是越来越快，而且壁垒越来越高。当然，能像顺丰这样做到长期持续投入研发的企业不多，除了华为之外，民营企业之中的硬核科技公司其实数量有限，顺丰能有这样的积累，是公司的优势，也是股东们的信心所在，同时也可以说是互联网科技对社会的一种贡献。

最近人们普遍觉得科技创新好像有点停滞了，研发越来越贵，速度越来越慢。以前被寄予厚望的无人驾驶汽车、AI、大数据、3D打印这些技术，好像并没有给公众真实的生活带来什么改变，好像只是在通信和虚拟的世界有所提升。这其实只是一种错觉，因为，我们身边有顺丰这样的优秀公司，引领行业，服务大众。其他企业谈重视科技，可能还有夸张套路的成分，但是对于技术研发以致用的顺丰来说，完全不需要靠这个作为噱头，它更注重长期的实效。

所以，顺丰提到："我们将打造物流和科技相结合的合作伙伴，深挖包括供应链在内的不同场景的客户需求，设计不同行业不同领域细分场景下的服务和产品。未来顺丰在服务B端企业科技赋能、科技解决方案的方向上持续加大力度，去探索、去深耕，将顺丰的科技能力、物流数据向更多的场景开放，发挥更大的价值。"

对他们这种积极的态度以及即将产生的效果，我们会信心多一些，期待也高一些。

作为中国的行业龙头，全球的领先公司，顺丰的谋篇布局，也已经有行业引领作用，而且中国幅员辽阔，物流需求五花八门，几乎没有案例对标可考。所以，这样一个企业只能从内到外都变革求新，致力于科技研发，落地技术应用。这样的企业值得喝彩，长远更值得看好。

（资料来源：https://new.qq.com/omn/20210327/20210327A03JMK00.html）

问题：

1. 顺丰自己的科技目标是是什么？顺丰的智慧大脑指挥调度中心的功能是什么？

2. 顺丰科技+新基建的主要做法是什么？在 AI 领域、大数据、区块链等方面顺丰的主要成绩是什么？

3. 物流和科技相结合方面，顺丰的努力方向是什么？在科技创新落地方面顺丰给我们的启示是什么？

思考与练习

1. 虚拟供应链结构组成包括哪些？
2. 虚拟供应链共享系统作用。
3. 基于虚拟现实及仿真技术的生产物流管理主要工作原理是什么？
4. 结合实际谈谈数字化虚拟供应链建立过程是什么？

扩展阅读 9.1
案例分析

即测即练

第 10 章　智慧供应链

本章学习目标

通过本章学习，学员应该能够：

1. 了解现代数字技术应用基础上的智慧供应链技术基础和应用前景，掌握智慧供应链在不同技术条件下的表现形式，理解智慧供应链的时代特点及现实价值。

2. 课程思政方面，要从实战角度出发，掌握智慧供应链管理的核心理念，通过创新思维方式分析，培养唯物辩证思想。

引导案例

打造智慧供应链，华宝新能进一步完善便携储能产业链

供应链数字化一直是企业数字化管理热门话题，随着数字化正式成为第五大生产要素，数字化供应链成为驱动企业生产方式、管理方式、组织方式及商业模式新变革要点。深圳市华宝新能源股份有限公司（以下简称"华宝新能"）正是意识到供应链作为贯穿企业运营的载体，数字化已经成为推动供应链竞争变革的关键要素，因此积极发挥领军企业在相关领域、行业的创新主导作用，整合行业内资源，与甄云科技&华为云携手打造了数字化采购管理系统。

据悉，华宝新能是集研发、生产、品牌、销售于一体的全价值链的 M2C 经营模式，旗下便携储能新品类可以满足户外旅行和应急备灾对便携、绿色和安静的能源新需求。随着便携储能产品不断创新，整体业务矩阵也同步扩大，企业采购需求同步发生重大变化，原有的采购模式遭遇挑战。自从数字化采购管理系统上线后，华宝新能将形成新的供应商管理模式，以及构建新的供应链采购流程，从而满足企业各个不同阶段的发展需求。

例如，华宝新能在研发、生产便携储能产品时，不仅需采购结构件、电子件、包材等生产性常规物资，还需采购固定资产、模具等工程类物资以及物流等服务类物资，且每种物资背后都拥有众多供应商。这些丰富的采购场景涉及供应商全生命周期管理、寻源管理、协议管理、订单协同、送货协同、结算协同、质量协同等，华宝新能数字化采购管理系统可以实现全程透明的电子采购，后续决策管理、供应商管理、库存管理、质量管理这些环节也能顺利实现数字化，确保其生产的便携储能产品安全、可靠。

华宝新能凭借持续技术创新走在行业前列，如今坚定不移地推进数字化供应链结构升级，促使领先型产品与市场为导向的企业运行机制相结合。接下来，华宝新能将有更多精力投入新技术新产品的研发、追踪和储备，并在行业内起到示范和引领作用，切实肩负起科技领军企业的责任和使命。

（资料来源：https://www.pcpop.com/article/6756090.shtml）

10.1 物联网与智慧供应链

智慧物流是智慧供应链管理中极其重要的一环,由此串联起智慧供应链的各个环节。随着以数字技术为代表的新技术推进与发展,以及整个社会对物流供应链重视程度的提高,通过先进技术来推动智慧物流与供应链协同是必然的方向。

视频 10.1 智慧供应链-物联网

10.1.1 物联网与智慧物流供应链

IoT 概念由 2009 年由麻省理工学院的凯文·艾什顿(Kevin Ashton)教授提出,他是 RFID 的先行者,也是 AutoID 的共同创建者,同时也创建了 RFID 全球标准系统。

1. IoT 概念

IoT 最简单的定义是将物理对象嵌入电子、软件、传感器进行网络连接,使这些对象能够经常使用因特网收集和交换数据。可见,物联网技术最佳的应用场景是物流与供应链。

IoT,即"物物相联"的互联网,是通过各类传感装置、RFID 技术、红外感应、全球定位系统、激光扫描仪等信息传感设备,按约定的协议,根据需要实现物品互联互通的网络连接,进行信息交换和通信,以实现智能化识别、定位、跟踪、监控和管理的智能网络系统。

例如,在智能仓储领域,亚马逊、京东、菜鸟、苏宁等不断升级的仓储系统,均是 IoT 的优秀应用体现;在智能配送及整个供应链上,依靠 IoT 技术,物流全过程透明可视化、产品的可追溯管理,以及智能配送等成为可能,为智慧供应链、智慧物流的实现奠定了基础。

麦肯锡全球研究所将 IoT 设备定义为"可以监视环境、报告状态、接收指令,甚至根据所接收的信息采取行动的设备"。

2. 物联网技术的应用

自 20 世纪 90 年代末,革命性的 RFID 标签问世以来,传感器技术已经走过了漫长的道路,它允许一个近似扫描器读取标签上嵌入的信息,以便跟踪物品和库存。现在,能够通过嵌入式传感器和传输器进行通信的项目以及连接的对象已经增长到数十亿。如图 10-1 所示,技术因素不仅是数字化供应链的成因,也是推动技术渗透和升级的内驱力。

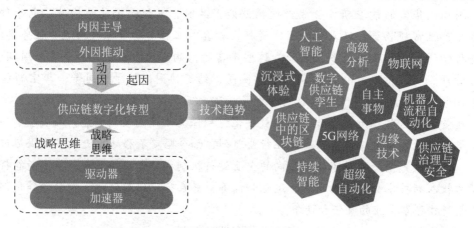

图 10-1 供应链数字化转型的结果与成因

IoT 是通过宽带互联网的普及使 WiFi 和蓝牙连接，这也使得传感器和发射机的小型化和功能的不断增长成为可能。

3. IoT 对智能物流供应链的价值

IoT 技术的推广意味着大量的数据整合与利用，该技术与新的通信功能叠加，应用范围更广。而且，因为它具有很强的数据处理能力，更多的数据价值将被不断挖掘出来。

现代供应链管理中，商流、信息流与资金流在电子工具和网络通信技术的支持下，均可轻松实现基于互联网的交互信息管理，而物流是物质资料的空间位移，无法直接通过互联网进行传输。因此，全链条智慧物流服务必然需要智能硬件设施作为基础支撑，其核心价值有两点。

（1）通过无人车、无人机、智能机器人等各类智能硬件，实现运输、仓储、配送等全环节自动化作业，降本增效。

（2）通过物流供应链各要素的 IoT 化，实现的全程可视与信息集成共享，进而实现全链互联网化与数字化。

物联网技术的推进，意味着新应用程序和服务不断呈现。借助这一技术，全球网络的信息共享成为可能。

通过人类开发的 GPS 系统，可以通过手机实时跟踪汽车、卡车、物品和人员。传感器敏感基础设施项目如桥梁报告结构信息。视觉系统可以识别制造环境中的标准产品，以便从生产线上检验它们。嵌入式产品或集装箱可以记录和报告有关货物和事件，如温度波动或过度重力条件的数据形成在整个供应链中的标签。

4. IoT 在物流供应链中的应用

物流业是 IoT 最早落地的行业之一，诸多物流系统都采用了激光、红外、无线、编码、认址、自动识别、传感、RFID、卫星定位等高新技术，已经具备了信息化、网络化、集成化、智能化、可视化等先进技术特征。新信息技术在物流系统的集成应用就是 IoT 在物流业应用的体现。概括起来，目前在物流行业相对成熟的 IoT 应用主要有四大领域。

1）产品的智能可追溯网络系统

目前，在医药、农产品、食品、烟草等行业领域，产品追溯体系发挥着货物追踪、识别、查询、信息采集与管理等方面的巨大作用，已有很多成功应用。

2）物流过程的可视化智能管理网络系统

这是基于 GPS 卫星导航定位技术、条码识别技术、RFID 技术等多种技术，在物流过程中实时实现车辆定位、运输物品监控、在线调度与配送可视化与管理的系统。

3）智能化的企业物流配送中心

这是基于条码识别、RFID、声、光、机、电、传感、移动计算等各项先进技术，建立的全自动化的物流配送中心。借助配送中心智能控制、自动化操作的网络，可实现商流、物流、信息流、资金流的全面协同。目前一些先进的自动化物流中心，基本实现了机器手码垛，无人搬运车搬运物料，分拣线上开展自动分拣，计算机控制堆垛机自动完成出入库，整个物流作业与生产制造实现了自动化、智能化与网络化系统。

4）企业的智慧供应链

在竞争日益激烈的今天，面对着大量的个性化需求与订单，怎样能使供应链更加敏捷？怎样才能做出准确的客户需求预测？这些是企业经常遇到的现实问题。打造智慧供应链，是智慧物流解决方案的重要组成部分。

以上四个领域中，物品可追溯领域的技术与政策等条件都已经成熟，很多企业已在全面推进；可视化与智能化物流管理领域，国外已有很多示范性案例，国内有战略方向的企业应该紧随其后；智能物流中心建设方面，目前在烟草、药品等高附加值行业应用较多，随着技术的成熟、普及和建设成本的降低，其他行业已经有条件逐步实施。如图 10-2 所示，在三年趋势中，人工智能、IoT 成为主要趋势之一。

2018年八大供应链 战略性技术趋势	2019年八大供应链 战略性技术趋势	2020年八大供应链 战略性技术趋势
• 趋势1： 人工智能 • 趋势2： 高级分析 • 趋势3： 物联网 • 趋势4： 智能事物 • 趋势5： 会话系统 • 趋势6： 机器人流程自动化 • 趋势7： 沉浸式技术 • 趋势8： 区块链	• 趋势1： 人工智能 • 趋势2： 高级分析 • 趋势3： 物联网 • 趋势4： 机器人流程自动化 • 趋势5： 自主事物 • 趋势6： 数字供应链孪生 • 趋势7： 沉浸式体验 • 趋势8： 供应链中的区块链	• 趋势1： 超级自动化 • 趋势2： 数字供应链孪生 • 趋势3： 持续智能（CI） • 趋势4： 供应链治理与安全 • 趋势5： 边缘计算和分析 • 趋势6： 人工智能 • 趋势7： 5G网络 • 趋势8： 沉浸式体验

图 10-2 数字化供应链战略性三年趋势

数字化供应链就是共同创建信息数据平台，以此推动包括物流行业在内的各行业高质量发展。物流业的发展需要先进信息技术的支持和其他系统的协调，这样才能适应数字时代的市场要求。

10.1.2 物联网在农产品智慧供应链管理应用

农产品供应链管理是目前国内外物流供应链研究的热点之一，农产品供应链管理是其中的一个重要的研究方向，并成为农产品生产、加工、交易和流通企业有力的竞争工具之一。随着农产品贸易自由化、全球化进程的加快，农产品从最初的生产到最终用户的管理行为日趋复杂，对农产品安全与质量的要求日益严格。在这种形式下，农产品的生产经营单位应从组织生产、满足日益变化的个性化需求、降低物流运作成本、严格农产品安全与质量出发，由农产品生产者到消费者组成的供应链管理来协调、解决这些问题。

1. 农产品供应链主体

农产品供应链是由农民（农产品生产者）、农产品交易商、农产品采购加工企业、农产品分销、零售商和物流配送者以及最终消费者等，"从田间到餐桌"、上下游企业构成的供应链网络体系。农产品供应链管理是农产品与食品生产、销售等组织为了降低食品和农产品物流成本、提高其质量安全和物流服务水平而进行的一体化运作模式。

农产品生产的区域性、季节性、分散性等特点十分突出；同时，生鲜农产品又是人们的生活必需品，消费弹性小，具有消费普遍性和分散性的特点。由于农产品的诸多特性，农产品供应链具有资产专用性高、市场不确定性较大、市场力量不均衡、对物流的要求高等特点。

2. 农产品供应链管理的现状

尽管农产品供应链成为理论研究的热点，但是国内农产品供应链管理实践发展相对滞后，影响了食用农产品的质量安全，也影响了供应链参与者的经济效益。主要体现为：

（1）市场导向观念认识问题。对农产品供应链管理的市场导向观念认识不足，难以形成计划、生产、运输、交易销售、服务和监管为一体的食用农产品供应链。大部分农户、经销商一盘散沙，农户生产或养殖的产品直接交由经销商收购，或者直接去农贸市场销售，没有计划性，对市场变化反应慢。生产组织分散，经营规模小，组织化程度低，削弱了供应链组织的竞争优势。

（2）行业核心领导能力缺乏。食用农产品供应链组织中缺乏真正有领导能力的核心企业。在现实的管理实践中，食用农产品供应链的核心企业多是加工生产企业或销售企业，然而这些企业受自身规模的影响，过多地考虑自己的利益，在供应链中所起的领导作用不明显，这削弱了食用农产品供应链作为战略联盟的整体竞争优势。社会化资源整合能力的不足等使得供应链管理中参与各方处于断裂或较少关联的自流状态下，形不成供应链的一体化组织协同运作。

（3）市场竞争的无序。市场竞争的无序导致供应链人为割裂，供应链一体化程度低。首先，食用农产品市场法律、法规建设的薄弱和区域性壁垒导致市场分布的人为割裂；其次农产品交易的市场体系、交易方式、服务手段建设的落后，很难使全国农产品供应链形成统一高效的一体化网络。

（4）农产品供应链流通基础设施建设落后。缺乏统一的食用农产品供应链质量安全管理信息平台；冷链物流建设落后；食用农产品供应链质量监管体系不健全等。不重视供应链管理中极为关键的信息化平台的搭建，造成信息不对称，从而引起经营成本、管理成本、决策成本、采购成本、运输成本、包装成本、生产加工成本、市场成本无形中被加大和农产品市场价格波动比较大。

（5）农产品供应链链条长，流通环节多，各结点之间信息流通不畅。这不仅影响了食用农产品的质量安全和供应链参与者的经济效益，而且严重制约了我国现代农业的发展。"IoT"成为目前国内的研究热点，也为产品供应链的优化带来了契机，使农产品供应链的高效管理成为可能。

"IoT"可以通过运用条码技术、射频识别技术、纳米技术、无线传感网络技术、智能嵌入技术、全球定位系统等各种信息传感设备及系统，在接入网与互联网结合形成一个智能网络基础上，对生产、流通的信息化发展带来极其深刻的影响，进而引领现代农业的发展。因此，IoT 在农产品供应链管理中的应用具有非常重要的意义。

10.1.3 物联网在医药品智慧供应链中的应用

IoT 是指通过各种信息传感设备，实时采集任何需要监控、连接、互动的物体或过程等各种需要的信息，与互联网结合形成的一个巨大网络。其目的是实现物与物、物与人，所有的物品与网络的连接，方便识别、管理和控制。

1. 应用背景

随着新一轮医改的全面深入展开,药品零差价在全国范围内的逐步推行,医药分离是必然趋势。药品在医院的流通将不再产生直接价值,而是逐渐转变为单纯的院内服务。

在这样的背景下,通过 IoT 技术,可以实现以病人为中心,更加有效地管理医院内的药品仓储物流,能有效地将医护人员从繁复的物流工作中解放出来,更好的投身到医疗行为中去。同时要针对我国医院内病区药品管理的实际情况,需求病区药品管理设备,用于医院住院各病区药品全流程的智能精益化供应链专业管理;以完善的整体性供应链解决方案,通过智能病区药品管理系统与医院信息系统进行无缝对接,实现病区内药品的全流程闭环式供应链管理,完全避免药品调剂差错,全面提升医院药事管理水平。

2. 应用范围

药品供应链的管理,是医药改革过程中一个重要环节,物联网强大的信息采集和共享等特点,将提升药品供应链管理水平。

1)药品供应链管理方面

药品供应链管理中,通过 RFID、红外视频、计量等感知技术可以实时获取药品当前的状态,然后通过 IoT 的网络层将信息传达给药品经销商,能够快速实现医院药品的补充,实现药品供应的快速反应,提升经济效益和管理效率。

2)医院药品配送方面

医院药剂科可以利用 IoT 中的 RFID、自动计量等技术,通过智能药柜的嵌入式软件,可以实现药柜内药品信息的实时记录、处理,再结合智能药柜的智能处理系统,实现药品的出入柜、盘点、补药配送一体化管理。

3)可视化管理方面

IoT 的传感器网络技术在医院药品仓储物流中进行应用,通过在智能药品管理柜上布置相应的传感器,当分布式药柜的药品有增减时,便可获知药品的取货时间、人员、数量等相关信息,使后台管理者实现可视化管理。同时可以实现冷藏药品的温度实时监控,可以达到药品仓储的透明度。

4)可追溯管理方面

应用 IoT 建立可追溯的智能系统,可以实现在药品管理过程中的常规管理和安全管理的要求。把物联网中的视频技术、指纹识别技术等应用到药品管理中,不仅能够实时监控药品取放,而且可以事后进行查询。在医院药品安全管理中采用 IoT 可以实现药品的追溯管理,提升用药安全。

5)医院药品仓储与物流的发展趋势

随着我国医药体制的不断改革与完善,医药行业竞争将会越来越激烈。因此,系统分析、设计医药行业的物流体系和医药供应链管理体系,对我国医药行业的健康有序发展具有十分重要的指导作用。目前亟需在理论方面对医药物流管理开展更加深入的研究,同时还亟需在实证方面去探究我国医药物流规范化发展的新思路,研究医药物流的绩效测度和考量模型,制定整个医药产业供应链的业务流程,以促进医药物流的理论发展,并在应用方面转化为现实的生产力。

10.2 区块链与智慧供应链

全球正处于一个充满未知的变局中，中国身处其中面临着复杂多样的挑战。区块链技术未来能够在科技、金融、工业智能制造等多个领域，进一步与实体经济融合，推动产业转型升级，推进数字化发展。

视频 10.2

智慧供应链-区块链

10.2.1 区块链含义与特点

区块链作为一项新的技术所带来的创新力很强，区块链技术将为未来的产业发展带来翻天覆地的变化：依托互联网，借助区块链、AI、大数据、云计算、IoT 技术和智能终端；融合医疗、金融服务、物流溯源、智能制造等领域，提升产业基础能力和产业链现代化水平，为建设创新型国家提供原动力。

1. 区块链含义

以比特币核心的区块链，是一个多方参与、共同维护，且不可篡改的分布式数据库系统。传统的数据库是中心化的，有输入、删除、修改和查询等四个基本功能，这就给信息的安全、共享和信任埋下了隐患。而区块链数据库只有输入和查询两个功能，这就保证了链上信息的安全可靠。

有了区块链以后，企业和企业、企业和银行互相之间就相当于有一个一般等价物，因为企业间互相信任，企业拿着下游的合约就可以抵押给上游，它在内部类似于凭证，最下游的订单到最上游的时候，只需要投入少量的流动资金，资金流便可以流转起来盘活全局。

2. 区块链的特性

具体来说，区块链所具有的特性如下：

（1）开放共识。区块链对所有利益攸关者进行开放，每个利益主体所使用的设备终端都是一个节点，所有的节点共同使用一套共识机制，信息进行同步更新，每个节点所具有的信息都是一个账本。

（2）去中心化。在区块链网络中，节点与节点之间的数据传输主要通过数字签名进行验证，采用分布式记录数据，每个节点都含有所有数据，这就不存在传统数据库的"中心化"。如果某个节点账簿丢失或被篡改，对整个数据库系统不会造成影响。

（3）信息透明。区块链在运行过程中的交易是透明的，每个节点的信息同步更新，所有参与区块链的信任主体都拥有相同的信息，任意两个节点之间的交易信息都对其他节点公布。

（4）数据真实可靠。区块链系统中应用了不对称加密技术和哈希算法，这保证了数据记录和传输的真实性，并且已经上链的信息不可篡改。系统内的数据记录方式为分布式记录，每个信任主体所构成的节点都含有相同的账本。因此如果有一个节点的信息被窃取或篡改并不能影响整个数据库，除非把所有的节点信息全部盗取或更改大部分节点，否则无法对数据库造成影响。因此区块链系统的数据真实可靠。

由于涉及分销等环节，所以目前的供应链管理起来特别复杂。供应链可能会因为产品的不同有上百个环节，跨越多个地区，存在大量的发票和支付手段，有多个个人或公司参与，时间长达数月。由于目前供应链的复杂性和缺乏透明度，所以区块链+供应链有很大的发展空间。

3. 区块链与智慧供应链的融合

区块链与智慧供应链的融合主要有存储与传递这两种模式。

（1）存储模式，包含信息存储与价值存储两种。信息存储模式主要是通过区块链分布式存储的特点，为相互交接的信用主体存储结算凭证等数据，其优点是数据永远不会被删除。价值存储模式的主要形式是所有权证明与公共记录，以区块链不可篡改、可追溯的优点，来记录各种价值类信息，而且方便对这些价值信息进行查询与管理。比如，仓单质押场景，可以在区块链上记录仓单虚拟资产与交易信息，以防欺诈。

（2）传递模式，包含信息传递与价值传递两种。信息传递模式主要是基于区块链的分布式存储和加密传输的特性，这在征信领域已得到应用。例如，征信数据在促进双方达成交易方面的应用，当前的征信数据是中心化的管理方式，很容易遭受黑客攻击或盗取，再者企业与个人的数据也没有形成标准的数据资产，无法进行流通。区块链能够把线下资产和权益数字化，通过权威机构将资产所有权进行背书，通过点对点网络的交易方式和链上记录交易的过程，在保证数据隐私前提下完成交易，从而实现价值传递。

10.2.2 区块链技术下的供应链流程优化

传统供应链系统是中心化的系统，由于信任问题和全程纸质化管理，其运营过程非常复杂，成本高，效率低。

1. 供应链流程优化

区块链与电子签名技术能够实现物流供应链运营过程无纸化管理，将单据流转及电子签收过程写入区块链存证，在承运过程中运用 RFID 等 IoT 技术，保证运输配送等过程中数据的真实性，结合车载 GPS 系统获取位置信息，使单据流、信息流和实物流在运营过程中保持一致，保证计费所需数据的真实、准确。在对账环节，从订单生成环节就开始上链，然后依次是询价、报价、配送等期间产生有效数据的环节都要上链，经过信用主体电子签收后，生成基于区块链的电子运输结算凭证，通过智能合约来完成自动对账，并将异常调账过程上链，整个对账过程是高度智能化并且是高度信任的。

全程无纸化管理，大量降低了供应链成本并提高了工作效率，最重要的是形成了高度安全和高信任度的运营系统，交易主体很大程度上减少了顾虑。

2. 供应链流程优化与追踪

物流供应链追踪方面，基于区块链的商品溯源平台通过区块链账本与 IoT 技术实现商品从生产、加工、运输到销售等全过程的透明化。区块链技术能够确保系统内存放信息的真实性，而 IoT 技术能够肯定数据在获取过程中的可靠性，故消费者可以通过商品上的溯源码追溯商品的信息。具体流程如下。

（1）在产品生产环节，通过 IoT 技术，把传感器节点布置在产品的生产基地中，实时获取产品在生产加工过程中的各种有效信息，如生产环境、生产时间和生产流程等信息,然后把这些信息自动地上载到节点数据库。

(2)在产品出库时,生产商要把产品信息、生产商信息、包装信息和存储信息等上载到链上,为系统提供源头信息。在生产商和下一信任主体物流商交接时,要把交易过程的有效信息上载到链上。

(3)物流商收到产品后,依次进行扫描,并把物流商自己的信息与交接过程中产品的状态信息上链,然后发车。在物流商与下一节点零售商进行交易时,零售商要进行入库扫描,并把交易信息、零售商信息和商品储存信息上链。

(4)在消费者购买商品时,可以通过扫描商品上的溯源码来追溯商品信息,消费者还可以对商品进行反馈,并把反馈信息上链。

其实对于消费者来说,商品溯源的最大作用在于食品溯源,基于区块链的物流溯源平台,能够确保食品的安全,这对消费者来说无疑是最大的福利。

3. RFID 技术实现供应链的智能识别和调度

在商品流通领域,RFID 技术使得产品的智能物流和库存控制技术成为可能。它在物流行业的应用场景如下:每个产品出厂时都被附上电子标签,然后通过读写器写入唯一的识别代码,并将物品的信息录入到数据库中。此后在装箱销售、出口验证、到港分发、零售上架等各个环节都可以通过读写器反复读写标签。标签就是物品的"身份证",借助电子标签,可以实现商品的原料、半成品、成品及运输、仓储、配送、上架、销售、退货处理等环节的实时监控。RFID 技术提高了物品分拣的自动化程度,降低了差错率,提高了整个供应链管理的透明度和效率。

4. IoT 提升供应链运行效率

IoT 能够实现供应链以及物流管理信息系统对商品的实时监控,能够及时地将货物的即时信息传递给智能物流管理系统,在一定程度上减少了信息丢失的情况。此外,IoT 的云技术能够让货品信息快速地反映给相关物流企业,使得该物流企业能够及时地存储或者运输相应的货品,优化仓储吞吐能力;其次,物联网技术使得传统物流系统中的以人为中介点转变成了商品和商品之间的直接连接,减少了大部分人为因素造成的错误,大大增强了物流配送和仓储能力,并且降低了错误率。

与普通的条形码不同,物联网的应用使得每一件商品都有一个自己专属的网络 ID。这个 ID 里包含该商品的所有相关信息,管理人员可以凭借这个网络 ID 获取对该商品的物流跟踪信息,甚至能够知道该商品的来源地、材料组成和加工方式等,从而实现智能化的管理。

10.2.3 区块链技术解决供应链问题的途径

区块链技术具有去中心化、去中介化、可追溯性的特点,为未来数字化供应链的构建与运作提供技术基础,也成为解决目前数字化供应链瓶颈性问题的工具与手段。

1. 提高了数字化供应链效率和透明度

虽然目前区块链在数字货币领域更为人所熟知,但实际上区块链在分布式、数字分类账等方面也有很多应用,并且可以用于任何形式的交易、协议/合同、追踪和支付。

由于每笔交易都记录在一个块上,并且跨越多个节点上分布的多个分类账本,所以它是高度透明的。同时它也是高度安全的,因为每个块都连接到它之前和之后的块。去中心化也让区块链具备高效性和可扩展性。所以,区块链可以提高供应链的效率和透明度,影响从仓库到交付的每一个环节。

区块链保证了供应链的可靠性和完整性。因为链上的所有交易都有相同的分类账本,所以这些交易不会存在争议。每个人都可以看到链上的资产属于谁,而且信息也不会被篡改,这对于保证供应链的透明性非常重要。

2. 区块链在供应链中的应用场景多元化

区块链可以不通过银行转移资金到世界各地,这对于全球化的供应链企业来说非常方便,如澳大利亚汽车制造商 ToCar 就是用比特币来支付供应商。

(1)在食品工业供应链中。可以有确信的记录来追踪每种产品的来源,所以沃尔玛才会用区块链来追踪猪肉的来源、加工、储存和销售日期。同样用区块链来进行食品溯源的还有联合利华、雀巢、泰森和 Dole。

(2)在矿业供应链中。全球最大的矿业公司 BHP Billiton 宣布,将使用区块链跟踪和记录整个采矿过程中与供应商的数据,这样做不仅会在内部提高效率,而且公司与合作伙伴的沟通也会更有效。钻石巨擘 De Beers 用区块链技术来追踪钻石,这样可以让公司避免因血钻而引起的冲突,也能让消费者确保买到正品。

(3)在物流供应链系统构建中。高效率低成本的区块链+供应链解决方案蕴藏着巨大的市场潜力,优秀的区块链系统可以为所有有需求的供应链、物流行业提供技术支持。

把区块链技术应用到物流供应链系统,以解决物流上下游企业交接成本高、产品伪劣和中小物流企业融资难等主要问题。但区块链在物流领域中要想真正地实施起来并不容易,这不仅仅是技术问题,最大的难题是怎样使物流供应链上下游企业信任一个去中心化的平台,这需要最大限度的信息资源共享与协作。

就如同数字经济在我国的发展历程一样,区块链可能也会经历很多挫折与不信任,这需要科研人员与社会相关企业共同努力去开发区块链的潜能。相信不久就会迎来区块链的时代,这将是对当前信任体系的一个巨大冲击。

10.3 数字化背景下的物流供应链

数字经济的本质即"数据+算法",是一种基于平台的数字服务,获取的数据中可以详尽描述过去时段发生的事情,从中可以对发生的原因和其他联系进行诊断分析;算法则是预测将来会发生什么,从而对基于未来的战略决策提供支持。

视频 10.3

智慧物流供应链

自 2018 年以来,我国国内的现代服务业、现代制造业在不同程度上已经开始数字化转型,无论是货主、第三方物流(3PL)、快递快运企业、专线还是其他服务主体,各家制造企业、各个平台的数字化实现程度不一、数据标准不一、参与者自成体系等致使生产与社会服务的运营与管理仍为基于业务需求的多条线进行,数据的归集比较困难。

10.3.1 数字化物流供应链的概念

创新的行业模式如新制造、智能制造以及新零售等，互联网和 IoT，一方面极大提升了数据获取的便捷度，另一方面也为企业的供应链管理带来了更多挑战。首先是消费者和客户需求的快速变化和不确定性，对供应链的预测和响应能力提出更高的要求；其次在供应链可视化、成本控制、风险管理、全球化协作等方面的挑战也与日俱增。

1. 新物流供应链的基本架构

供应链体系已被互联网数字化重构，推行柔性供应链、价值供应链等。其中，物流作为供应链的核心点，也在顺应互联网数字化的转型升级。

在新的商业环境中，数字化供应链将成为新的供应链形态，新兴数字技术（IoT、大数据、AI）与数字经济的发展，为供应链转型提供基础和前提，带来数字化供应链新形态。数字化供应链，是以客户为中心的平台模型，通过多渠道实时获取，并最大化利用数据，实现需求刺激、匹配、感知与管理，以提升企业业绩，降低运营风险。

实际上，国外很多企业在 2016 年就开始实施数字化供应链转型，数字技术在转型中的贡献率逐年提升，逐步取代传统工作方式。数字化物流供应链业务的基本架构，如图 10-3 所示，基于前台的人车场应用场景，中台数据引擎引发数据流，后台底层数据库存储处理数据。

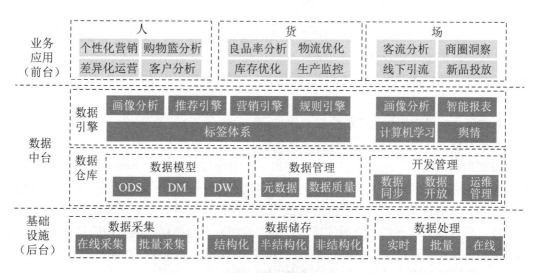

图 10-3　数字化物流供应链业务的基本架构

2. 物流供应链数字化的应用场景

研究资料显示，供应链为商品流通中商流、物流、资金流与信息流的集成，物流在供应链管理中起着至关重要的作用，它被用来以最安全的方式，计划和协调产品的运输，是企业降本增效的优化关键。供应链承接了从仓到仓，存储和配送阶段的履约，是产业互联网里能够确保稳定高效和高质量履约能力的关键因素。

物流供应链的数字化其实就是通过云计算、AI 等技术，联通物流供应链上的所有信息，实现可视化的管理。物流供应链数字化可以帮助物流企业提升物流供应效率，降低物流供应成本。物流供应链的数字化可以实现实时共享信息，通过物流供应链的数字系统协同各端同时工作，比如对于仓库端来说，物流供应链数字化可以利用大数据获取不同地区人员、货物、品类等需求量，为科学合力安排人员、优化库存提供决策依据。

3. 物流供应链数字化是未来的发展趋势

物流是由商品的运输、配送、仓储、包装、搬运装卸、流通加工，以及相关的物流信息等环节构成。但是由于目前技术应用深度的原因，远距离干线运输与短距离支线配送之间有时会出现衔接不畅等问题。随着互联网数字化的赋能，即"互联网＋物流"的出现，不仅使物流运作流程得到优化，而且使供应链整条链路都在走向一体化。互联网数字化也可优化运输路线，对网点布局进行分析。

我国物流服务的市场需求一直都是十分旺盛，在这种市场环境下，物流供应链的数字化也得到长足发展，由于传统的物流供应链缺乏复杂多变信息处理要求能力，大量信息难以转化为有价值的数据，使得物流运转决策缺乏有效数据支撑。而数字化将会解决这一难题。通过链接各环节数据，并挖掘有价值数据，由此提高了物流的运转效率。

虽然我国目前的物流供应链的数字化还在初期，但绝大部分企业都已经知道它的重要性并朝着这方面转型。例如京东，京东物流集团 CEO 王振辉就曾公开表示"供应链数字化是产业发展的最佳入口"，所以说未来物流供应链的数字化是必然趋势。

10.3.2　数字化赋能物流供应链升级

基于经济发展的客观要求，物流业一直扮演资源配置与产业格局重建的双重角色，而物流供应链的数字化对任何企业而言都是一种挑战，在数字化技术助推下，数字化与物流业的结合不仅改变了原有的市场需求结构，而且客观上重塑了企业业务流程，很多企业为此开始重新决策规划。

1. 物流供应链数字化的市场价值

对于消费者而言，物流供应链数字化也正悄然地改变着人们的传统生活和消费方式。传统物流指的是包装、运输、装卸、仓储的一个货物位移过程。而数字化供应链物流指的是物流系统化，称为智慧物流。应用互联网技术、物流软件去支持整个物流供应链，并组合相关的执行成员协同为企业的物流需求提供高效服务。数字化物流供应链的市场化运作，可以极大提升相关组织的运作效率与效能，不断拓展物流组织的价值空间和市场空间，促使消费者价值实现，实现在更大的范围内拓展企业核心竞争力。

2. 传统物流供应链与数字化供应链物流的区别

传统物流供应链与数字化供应链的区别主要有以下几个方面。

（1）服务功能不同

传统物流以仓储、运输为主，企业的功能比较单一，仅仅只是对不同地理位置的货物进行传统形式运作，服务意识不强。

数字化时代的到来，物流服务变得更加快捷、高速且划分细致。通过物流云平台调配集运，借助差异化的配送来实现更高的服务质量。客户还可以根据自己的愿望、需求、价格以及便利性制定个性化的服务。如图 10-4 数字化供应链框架价值结构所示，数字化时代供应链物流形成三层价值结构与三大驱动，使社会价值与企业功能架构的无缝契合，由此完成了传统物流向现代物流的功能转换。

（2）信息化程度不同

传统的物流企业还是采用纸张、电话、传真、对讲机等方式传递信息，不仅滞后而且烦琐。物流企业之间往往不通气，整个供应链上不透明，无法进行信息共享。

数字化供应链物流，通过借助信息技术、AI 和互联网让信息处理和传输变得数字化、电子化、网络化。

（3）管理水平不同

传统的企业在管理方式上比较落后，各部门之间衔接不当，效率不高。人力、物力、财力等方面形成不必要的浪费，对库存物资的使用率不高，秩序也比较混乱。

数字化供应链物流系统通过统计技术量化管理对象与管理行为，针对物流行业采用大型数据库设计开发一套物流管理系统软件，运行于互联网之上；对物流的整个过程进行数字化描述，更合理的利用空间、优化资源；更高效、可靠的处理货物与人员之间的复杂问题。

（4）资源利用率不同

传统物流受地域影响运输、仓储、货运代理等物流企业基本上还是各自为王，各自为政，没有整合也不愿意跟别的企业协同合作，也不存在利益的共生关系。数字化供应链流首先就是整合资源，使之充分、有效、高效而协调的有机连接运行。通过一个计划、管理、控制的过程，把这几个环节加以整合，以最少的费用、最高的效率、客户最满意的程度把产品送到用户手里。

（5）服务范围不同

传统物流只是由生产企业到批发企业和零售企业的物流运动，它是点到点或线到线的运输，而且运输工具单一。

数字化供应链物流构建的是全省或地区、全国甚至全球化的现代物流业，它提供的是一种门到门的服务，无论任何运输工具，通过数字化供应链物流软件都可以实现供应链透明化，衔接化；服务成本最低，效率却是最高。

总之，数字化供应链物流是一个持续优化，不停迭代的过程，涉及物流流程的每个环节、每个细节，传统物流企业后续发展必须通过数字化来实现，除此没有别的途径。

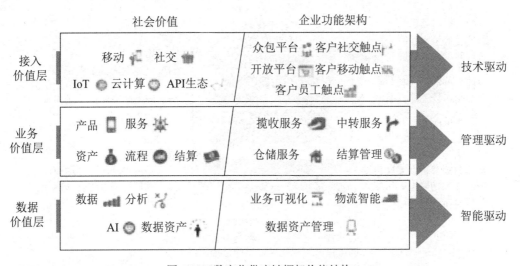

图 10-4 数字化供应链框架价值结构

10.3.3 我国物流数字化供应链发展现状

就国内而言，一些领先企业的数字化水平表现势头良好，已经走在世界前列，如华为、京东、阿里巴巴等。但是，由于我国地区性产业结构与业态发展的不平衡性，导致资源分布离散，为数字化推进带来重重困难，供应链数字化水平短期内提升速度较慢。如图 10-5 所示对于大多数中国企业，首先应该考虑的，是如何实现信息化与自动化——工业 3.0/2.0，以此为基础，再考虑智能化——工业 4.0。而中国供应链的数字化进程，首先将要经历一个整合期。

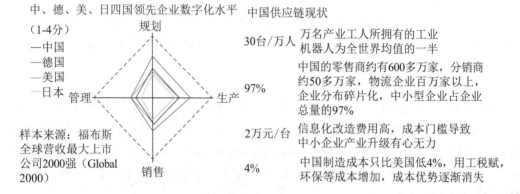

图 10-5 中国数字化供应链现状

（来源：爱森哲）

1. 物流数字化转型战略逐步清晰

企业朝数字化供应链转型是一个系统的工程，包括需求界定、团队组建、技术搭建和风险预警等方方面面，清晰的数字化转型战略是成功的必要前提，但目前多数企业还不具备这些清晰的意识或者偏重于硬件或软件某方面的投入。为匹配数字化经济与商业环境下的商业模式，数字化供应链需要在采购、计划、物流与全局控制方面形成协同，参考架构如图 10-6 所示。

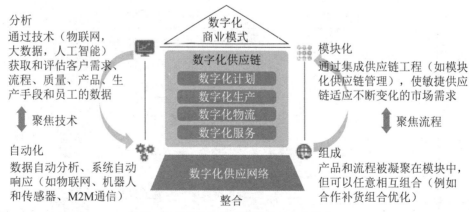

图 10-6 数字化供应链参考架构

2. 物流数字化供应链构建策略

第一是实施细分管理，从传统供应链的一刀切式的策略转变为数字化供应链下的细分策略，从对客户的细分、线下线上触点网络的细分、企业资源的细分到产品设计和产品提供在保证敏捷性的同时对成本和服务进行优化。

第二是协同，以实现供应链端到端的可视，提升供应链的响应能力。借助 IoT 和数字化协同平台等工具，企业可以与合作伙伴之间实现实时数据共享，共同感知客户需求，提升响应能力，这需要供应链成员之间从战略到战术的协作与规划。

第三是计划与采购，基于协同网络与准确数据的高效计划，在复杂的商业环境中，采购将更多应用大数据与 AI，为企业创造价值。例如，埃森哲提出的数字化供应链采购基础技术平台，它将拥抱新领域内采购和帮助铺平道路，建立新的内部和外部的价值主张。

第四是物流，物流各要素将进一步数字化，无论是仓储还是运输配送，巨大的技术变革将带来供应链效率的进一步提升，并带动商业模式和组织形态的创新。

第五是供应链控制塔与中台，数字化供应链平台需要一个"控制塔"来提供端到端的无缝整体可视化服务，并提供实时的数据分析和预测及决策，以便及时解决问题。供应链中台围绕会员、商品，以订单为线索，追踪供应链各环节活动，实现供应链可视化管理，并在这个过程中，沉淀企业经营发展相关各类数据，基于数据分析，支持企业的商业决策与预测。

3. 物流数字化供应链技术要素

随着物联网、云服务等技术发展及应用的普及，驱动资源的数字化，以及基于平台数据沉淀，可帮助企业实现的服务转化与持续改善。

其中资源数据化和平台的数据沉淀可以包括两方面。

一是供应链参与主体的数字化，包括供应链各环节（原材料商、采购商、制造商、分销商、零售商）和物流各环节参与主体（仓储管理、承运商、配送员等）的数字化沉淀。

二是设施设备的数字化，包括系统、机器人、传感器、仓库、车辆等。数据的沉淀和调度是打造数字化服务的基础。

4. 数字化供应链与数字营销

在当前数字经逐步推动的形势下，市场需求发生较大变化，数字营销、智能化决策以及操作无人化，这些技术表现形态都为物流供应链向纵深推进提供了条件。并且随着物流服务的边界不断拓宽，物流行业与互联网行业的不断融合，现在的物流不仅要服务消费，更要能驱动产业生产效率和提升产业经营效率。由此可见，物流供应链的数字化十分重要，物流供应链的数字化会成为趋势。

10.4 智慧供应链金融

视频 10.4
智慧供应链金融

"十四五"期间，我国供应链金融发展依然面对挑战，政府监管下的供应链金融业务在合规与风控上依旧要做好工作，数字化仍然是驱动产业供应链协同和智慧供应链金融生态形成的内生动力，基于"双碳"目标的绿色供应链金融，尤其需要形成政府与社会组织共同提供公共服务的合力。

10.4.1 智慧供应链金融概述

2021年中国供应链金融依旧稳健前行,李克强总理在2021年3月政府工作报告中首提"创新供应链金融服务模式",在人民银行226号文等纲领性文件的指引下,数十个地方省市发布支持供应链金融发展的专项政策,供应链金融正成为"深化金融供给侧结构性改革增强金融服务实体经济能力"的重要抓手。这也为智慧金融供应链发展提供依据与方向。

1. 资金流供应链数字化是智慧金融服务的重要基础

资金流上的供应链数字化服务由传统金融机构和支付机构共同开展。对于诸多线下小微企业而言,二维码支付是其开始供应链数字化改造的第一步。支付机构凭借线下支付对商户资源的积累和对商户运营需求的把握,从资金流产品入手,为其提供交易对账、流水统计、供应链上下游协同、集中采购等服务,且这些供应链数字化改造服务通常为支付产品的免费增值服务。

小微商户通过支付机构提供的组合产品可以完成简单的供应链数字化。而商业银行则可以借助支付机构奠定的供应链数字化基础,为小微商户提供有依托的数字化供应链金融服务。同时,商业银行依靠自身对核心企业的资源积累,可以利用核心企业的帮助完成其供应链上下游中小微企业的业务拓展,并创新供应链金融的业务模式,降低业务后期对核心企业依赖。

2. 金融服务创新是智慧金融供应链的发展方向

以京东云为代表的供应链金融业务板块,发布联结产业供应链的第三代数智化金融云,已经实现面向银行、保险和资管三大行业完整的解决方案,并创新推出独具京东特色的金融机构网点转型、区域银行支持乡村振兴解决方案,可助力金融机构实现线上线下数字化升级。IDC报告显示,京东金融云2021年上半年平台解决方案业务同比增速近80%,远超整体平均水平,在中国金融云(平台)解决方案子市场中稳居第一梯队。

在数字经济环境下,金融服务不仅仅是整个智慧供应链的一部分,而且是企业生产运营的基础和前提;供应链价值也不再仅仅产生于生产和销售过程,而是由企业和客户以及其他价值创造伙伴共同创造未来。

1)参数化的产品创新

智慧供应链金融丰富了金融产品创新模式,将传统境内供应链产品与跨境产品相融合,形成一体化的产品体系;从线下操作转变为线上全流程运行,将原本简单的订单融资、保理融资、存货融资、预付款融资等基础产品,通过参数化定制,创新成为涵盖贸易全流程的特色供应链金融产品,如:内外贸信用转递产品、账权-货权组合融资产品、流量融资产品、线上自助融资产品等,构建了更为全面的供应链金融产品体系。

2)智慧化的供应链金融支持系统

智慧供应链利用大数据、云计算、互联网整合了行内的会计核心系统、信贷系统、CRM系统,同时获取外部信息源(期货市场、大宗商品交易市场、海关等)、核心企业、融资客户(通过网上银行对接),从而实现融资网上申请、在线审批、即时放款、贷后自动监测预警等多项功能,形成了业务的全流程在线处理。

智慧供应链系统在设计和开发过程中融合了当前最新供应链金融市场需求和大数据

的创新理念,是集产品创新、信息管理、线上融资和业务监控于一体的全方位服务平台,为我行产品体系和行业定制方案提供了技术支持和实现路径。

3)京东供应链金融科技平台

该平台是"供应链+场景+数智化+产业"四位一体的平台,为我们呈现了面向千行百业的不同场景,提供高质量高效率实现定制"政+企+银"融合发展的生态平台的路径与方法。

随着新技术的发展,互联网背景下的供应链金融是一种基于企业合作的金融创新,它的产生为促进金融为实体经济更好的服务,为中小企业提供了一个良好的环境。但是,在供应链金融的发展过程中,存在着数据信息被篡改和企业间的信任度低等问题。利用区块链技术的鲜明特点,对于解决供应链金融中出现的这些问题有很大的帮助,对于促进供应链金融的健康发展有很大的作用。

10.4.2 定制化的行业综合供应链金融解决方案

国民经济各行业的生产交易模式差别巨大,甚至同一行业的细分领域也完全不同,产业链条上各类企业的金融需求更是千差万别,传统的供应链金融产品不能完全贴合企业的金融需求,同时,在部分行业,如健康医疗行业,还存在着供应链金融服务的空白地带。

金融作为数字化供应链运行中一种重要的服务投入要素,如何作用于生产运营,与服务化战略的逻辑相一致,我们可以从金融在生产运营供应链中发挥的角色和作用来区分供应链金融的运作模式和类别。

1. 生产运营领域的供应链金融模式

基于对生产运营领域的服务化战略认识,可以看出作为服务的提供者,以什么样的途径和方式满足差别化的客户价值诉求以及协同生产要求,决定了企业生产供应链运行的效率。

在生产运营领域的供应链金融模式可以通过一体化、完善的虚拟生产来实现。虚拟生产是指为快速响应市场需求,充分利用计算机技术和互联网技术打破传统的空间概念,组建扁平化管理、竞争与合作相结合的动态联盟,并围绕各自的核心竞争力开展生产活动的生产模式。

之所以会出现这种模式,是因为生产运营流程是一个复杂的过程,在当今生产全球化、外包化的背景下,参与方不仅为数众多,而且较为分散,在这样的情形下组织生产运营,容易产生信息不对称,从而推高生产运营的成本和费用。

服务运营商如果能运用金融资源实现生产运营流程的整合化,一方面帮助客户实现生产运营过程中的稳定性和持续性,另一方面有效消除因市场支配力的不均衡而产生的生产运营瓶颈,就不仅能实现客户的价值,而且能促成生产方式的巨大变革。在这种供应链金融模式中,金融活动的作用表现在两个方面:

一是虚拟生产网络的黏合剂。虚拟生产的主要特征是在整个生产过程中,货物、信息和服务达到高度个性化的综合,无论是产品、服务还是价格,都是将消费者选择赋予相关的函数;生产部门能够快速对顾客的需求做出反应,按顾客要求定制不同种类、任意批量的产品；集成顾客、销售商、供应商以及生产者各方面的意见，在网络中进行动态的个性化设计，直到需求者满意为止。

二是金融成为使生产扁平化的重要驱动力。由于地理位置上的距离以及物流过程的繁杂，使得全球化生产过程中经营活动的衔接产生了诸多的问题，特别是使企业的现金流量周期变长。而要降低现金流量周期就需要减少应收账款时间，延长应付账款时间，但是这一目标往往难以达到。而供应链金融通过服务运营商的融资行为连接了生产过程，在不影响买卖双方应收账款、应付账款的状况下，顺利地开展了生产经营活动。

2. 技术和特定产品服务相关的融资业务

供应链金融模式是与技术和特定产品服务相关的融资业务，即服务运营者通过金融性业务完成对特定技术和产品生产经营的过程。第一种供应链金融模式更加偏重于通过金融的作用实现生产经营流程性整合，而这种模式强调金融在定制化技术和产品生产分销过程中的作用，通过金融的杠杆作用，能够更好地与上下游企业结合，定制化地研发、生产和分销企业的自身产品。

3. 供应链金融增加供应链数字化价值链接密度

银行等传统金融机构是供应链金融服务的直接提供方，特别是在国家支持中小微企业普惠型贷款的相关政策和考核要求陆续落地后，银行开始大力拓展供应链金融业务，解决传统中小微企业融资困境。而在此过程中，支付机构通过对供应链上资金流的打通，可以帮助银行以更加合理的成本了解中小微企业的实际业务情况，从而评估真实业务风险。与此同时，出于为中小微企业纾困减负的核心目的，不论是支付业务收取的手续费还是供应链金融业务收取的息费，产业链上不同服务商的费率均维持在相对低廉、合理的水平。而供应链金融业务的开展，需要将资金流、物流、信息流上数据进行同步整合才能更有效地评估、控制风险，这一产品要求反向驱动信息流、物流与资金流产生互动，增加供应链数字化价值链接密度。

4. 供应链金融各方的利益与角色关系

在供应链运营中，金融活动不仅仅为参与方带来了收益，平稳了经营活动以及资金短缺的问题，让企业自身的生产经营或者产品分销产生了直接的效益，也稳定了关键供应商，确保了技术和核心部件的供应，还稳定了企业的网络渠道，确保企业的产品能顺利地获得较好的市场资源和地位。

与服务战略中系统集成打包型服务相同，供应链金融在生产运营领域的第三种模式综合了前面两种类型，即既整合了生产运营流程，帮助参与方降低了生产经营中的交易成本，实现了虚拟生产，同时也结合了自身的技术和产品，稳定了服务运营者的网络结构，提升了已有产品在生产或分销中的竞争力。

这种供应链金融的运用涉及生产运营的全过程，在这一创新模式中，服务运营商既是金融服务的平台提供者和综合风险管理者，同时也是供应链金融的直接受益者。

其目标不仅仅是稳定供应关系，促进产品销售，而且改变了整个供应链的管理生态，有利于优化供应链全局网络，服务运营者扮演了一个网络协调员的角色。

（1）供应链金融运营方式上将出现三方面的变革与发展：从交易性资产逐步转向以行为性资产为基础的供应链金融；从单纯的资金借贷逐步转向综合性金融服务；从围绕核心企业逐步转向通过建构生态开展供应链金融。从图 10-7 中国供应链数字化金融服务融资发生额可以发现，金融业融资规模和速度在逐年增加，扩张态势十分明显。

（2）供应链金融管理要素将发生变革与发展，以往供应链金融风险管理主要依赖于主体信用管理，但未来风险管理将会依赖"可信交易链""可信资产链""可信行为链"。

（3）从供应链金融的制度发展趋势来看，已从规范化向规则化发展。从供应链金融的具体应用来看，已从反应型供应链金融逐渐延展到前摄型供应链金融，已从纯商业领域延展至农业、"双碳"等更多的可持续发展领域。

图 10-7　数字化金融服务发生额

案例讨论 1

物联网：在供应链短缺期间满足全球市场需求

冠状病毒大流行使国家的供应链紧张，迫使它们争先恐后地获取关键物资。这在采购个人防护设备（PPE）等领域最为明显，这是医疗机构感染控制策略的重要组成部分。在大多数情况下，国内供应链无法扩展以满足国内需求，需求的突然增加也表明国际供应商并不总是像预期的那样可靠。

缺乏洞察力，生产线停产和供应链效率低下可能会导致短缺。这场健康危机说明了我们已经知道的一件事：基于 IoT 数据的洞察力在确保供应链活动推动危机时期的效率和响应能力方面发挥着关键作用。

但是，尽管物流公司应该尽快部署物联网技术似乎是一个无可辩驳的事实，但这些部署必须仔细管理。就在疫情暴发之前，经济学人智库（EIU）发起的调查和报告 - IoT 商业指数 2020 报告显示，28% 的高管认为供应链管理和物流从 IoT 增强中获得的好处超过了他们业务的任何其他部分。我们预计这一比例将会上升，因为目前对全球物流市场的预测显示，到 2021 年，全球物流市场将增长约 18%。该行业已经走在了满足日益增长的个人防护设备需求的前沿，并通过 IoT 找到了分配其他基本商品供应的创新方式。

在疫情暴发之前，EIU 的报告显示，工业部门也受益于早期采用 IoT，目前，它处于有利地位，可以帮助满足消费者需求。尽管全球经济活动减少，但 IoT 支持的自动化技术的部署正在增加：近一半的企业领导人正在加快实现业务自动化的计划。

在全球企业界努力应对如何避免供应链瓶颈的问题之际，有必要研究一下 IoT 公司用来采用新技术和新平台的一些工具，以及这些企业如何使用准确、可靠的数据在整个供应链中建立完整性网络。

1. 供应链缩短

供应链非常复杂且分散。从满足客户需求，与原材料供应商合作到生产组件，订单请求以及管理和交付服务，整个链上的所有环节都需要进行大量的数据管理工作。

在 COVID-19 之前，IoT 将供应链的许多部分整合在一起以创建一个产品。例如，全球最大的客机，空中客车 A380，包含来自 30 个国家的 1500 家公司生产的 400 万个零件。如果这些部分之一的供应链出现问题，可以阻止整个班机的生产。

随着经济转向更多的本地生产和分销市场，分散化的解决方案将倾向于创建更简单，更透明的供应链，而不是简单地减少每个产品的零件数量。

全球物联网领导者沃达丰商业（VodafoneBusiness）业务发展负责人 PhilSkipper 认为，缩短供应链可以使较小的公司更快地将其产品推向市场。相比之下，大型企业将需要更加关注安全性和规模，以管理无数的数字数据流，以获得真实的业务成果。Skipper 说，较短的供应链可以使公司"重组其流程，但也可以提供更多控制权，以更快，更一致地执行其计划"。

2. 智能标签缓解供应链压力

即使更多的生产进入本地，全球贸易也是必要的。然而，供应链上的纠结常常会阻止产品进入市场。

在全球范围内，数十亿美元的药品在不适当的温度下运输。相比之下，其他产品可能要等其使用期限到期后才到达目的地，或者供应商没有承诺。这些问题不仅对公司而言代价不菲，而且对依赖药品的人们来说可能危及生命。

智能标签看起来像普通的邮政标签。尽管如此，他们的 iSIM 技术仍由 SIM，电池，天线，微处理器和调制解调器组成，它们都集成在一个芯片中，是专为低功耗 IoT 设备设计的。这些智能标签通过公共移动网络连接，并通过其电源提供连续的服务。它们使公司可以通过供应链实时监视产品，并在出现问题时采取措施。例如，如果发生温度突然变化，则发送通知，触发警报以采取纠正措施或突出显示需要改进的区域。此外，在不限制产品功能的情况下也无法从产品上移除智能标签，使它们更加防篡改，从而确保了货运的合法性。

3. 自动化和机器人技术可满足客户需求

除了开发使用数据来提醒公司实时供应链问题的"智能"产品外，由于冠状病毒危机导致的收入下降也迫使公司加快对自动化和机器人技术的投资。

甚至在当前大流行爆发之前，就已经使用机器人来加速大型公司运营的仓库中的生产。在健康危机期间，风险资本家通过向 AI 公司 BrainCorp. 注资 3600 万美元，以提高物流业在满足消费者需求和解决人力短缺方面的自动化水平，从而推动了这一增长。随着越来越多的公司倾向于自动化，我们可以期待更安全，更具弹性的供应链。

4. 改变不会在一夜之间发生

多年来，企业一直在寻求在流程优化，更高的自动化程度和更好地使用数据方面获得竞争优势（统称为数字转换）。新冠疫情只是在加速这些计划。

在健康危机中，我们可以期望更多的公司满足全球市场需求，同时专注于数字化转型以在新的世界经济秩序中发挥作用。

（资料来源：http://www.qianjia.com/html/2020-12/08_373223.html）

问题：

1. EIU 发起的调查和报告——IoT 商业指数 2020 报告说明全球供应链存在什么问题？IoT 在保证全球供应链畅通中的贡献是什么？

2. 智能标签的构成如何，为什么可以缓解供应链压力？

3. 自动化和机器人技术在疫情之下的作用如何？为什么说自动化程度不可能在一夜间改变行业现状？

思考与练习

1. 金融服务创新是智慧金融供应链的发展方向是什么？
2. 物流供应链数字化的市场价值体现在哪些方面？
3. IoT 在农产品智慧供应链管理应用主要在哪些方面？
4. 结合实际说明生产运营领域的供应链金融模式。

扩展阅读 10.1
案例分析

即测即练

参考文献

[1] 谭征. 区块链视角下物流供应链重构研究 [J]. 商业经济研究，2019（5）：83-86.

[2] 沈庆琼，欧伟强. 区块链技术在物流快递行业中的应用场景探讨 [J]. 物流科技，2019，42（4）：36-38.

[3] 柳祺祺，夏春萍. 基于区块链技术的农产品质量溯源系统构建 [J]. 高技术通讯，2019，29（3）：240-248.

[4] 王红. 基于区块链的物流服务供应链应用模式研究 [J]. 商业经济研究，2019（7）：84-86.

[5] 刘睿智，赵守香，张铎. 区块链技术对物流供应链的重塑 [J]. 中国储运，2019（5）.

[6] 赵林度. 供应链与物流管理理论与实务 [M]. 北京：机械工业出版社，2003.

[7] 刘常宝. 现代物流概论 [M]. 北京：科学出版社，2009.

[8] 刘常宝. 企业战略管理 [M]. 北京：科学出版社，2009.

[9] 刘常宝. 电子商务物流 [M]. 北京：机械工业出版社，2018.

[10] 刘常宝. 项目管理理论与实务 [M]. 北京：机械工业出版社，2018.

[11] 刘常宝. 现代仓储与配送管理 [M]. 北京：机械工业出版社，2020.

[12] 刘常宝. 三维互动仓储仿真教程 [M]. 北京：中国林业出版社，2021.

[13] 刘常宝. 企业资源计划（ERP）原理与沙盘模拟：基于中小企业与ITMC软件 [M]. 北京：机械工业出版社，2016.

教师服务

感谢您选用清华大学出版社的教材！为了更好地服务教学，我们为授课教师提供本书的教学辅助资源，以及本学科重点教材信息。请您扫码获取。

❯❯ 教辅获取

本书教辅资源，授课教师扫码获取

❯❯ 样书赠送

管理科学与工程类重点教材，教师扫码获取样书

 清华大学出版社

E-mail: tupfuwu@163.com
电话：010-83470332 / 83470142
地址：北京市海淀区双清路学研大厦 B 座 509

网址：http://www.tup.com.cn/
传真：8610-83470107
邮编：100084